GRAVITARE

关 怀 现 实 ， 沟 通 学 术 与 大 众

Sudden Courage

Youth in France Confront the Germans, 1940—1945

Ronald C. Rosbottom

突如其来的勇气

[美] 罗纳德·C. 罗斯伯顿 —— 著

焦静姝 —— 译

法国青少年与德军的对抗
1940—1945

SPM
南方传媒 广东人民出版社
· 广州 ·

图书在版编目（CIP）数据

突如其来的勇气 / (美) 罗纳德·C.罗斯伯顿著；
焦静姝译. -- 广州：广东人民出版社，2025. 1.
(万有引力书系). -- ISBN 978-7-218-18024-3

Ⅰ.K565.46

中国国家版本馆 CIP 数据核字第 20242XC065 号

著作权合同登记号：图字19-2024-268号

SUDDEN COURAGE, Copyright©2019 by Ronald C. Rosbottom.
Published by arrangement with Custom House, an imprint of HarperCollins Publishers.

TURUQILAI DE YONGQI
突如其来的勇气

［美］罗纳德·C.罗斯伯顿　著　焦静姝　译　　　版权所有　翻印必究

出 版 人：肖风华

书系主编：施　勇　钱　丰
责任编辑：梁欣彤
营销编辑：常同同　张静智
责任技编：吴彦斌
特约校对：刘小娟

出版发行：广东人民出版社
地　　址：广州市越秀区大沙头四马路10号（邮政编码：510199）
电　　话：（020）85716809（总编室）
传　　真：（020）83289585
网　　址：http://www.gdpph.com
印　　刷：广州市岭美文化科技有限公司
开　　本：889毫米×1194毫米　1/32
印　　张：10.75　　字　　数：225千
版　　次：2025年1月第1版
印　　次：2025年1月第1次印刷
定　　价：88.00元

如发现印装质量问题，影响阅读，请与出版社（020-85716849）联系调换。
售书热线：（020）87716172

目 录

大事年表

1940 年 5 月—1941 年 6 月

- 德国入侵法国、比利时和荷兰，1940 年 5 月攻占法国；所有国家于 1941 年 6 月中旬停止战斗。
- 巴黎成为"不设防城市"（open city），德国国防军于 1940 年 6 月 14 日和平占领巴黎。
- 德国对法国相对"得体"的占领开始了，此时德国尚未向苏联宣战。
- 尽管大多数抵抗行为都微不足道，但德国依然进行了报复，甚至对抵抗运动成员实行处决。
- 菲利普·贝当（Philippe Pétain）的新政府——法兰西国（l'État Français）在维希建立；严厉的反犹太法令在国会投票中获得一致通过并随即迅速推行。
- 希特勒取消了进攻英伦三岛的海狮计划（Operation Sea Lion）。
- 不列颠战役打响，纳粹空袭了英国（1940 年 7—10 月），紧接着发动了"闪电战"（Blitz），对英国城市进行地毯式轰炸，一直持续至 1941 年 5 月。
- 各方都确信，战争和德国对法国的占领将会无限期地持续下去。
- 法国总理皮埃尔·赖伐尔（Pierre Laval）于 1940 年 12 月被贝当罢免。

1941 年 6—11 月

- 德军入侵苏联为人们带来一线微弱的希望：希特勒很可能贪多嚼不烂。
- 在 1939 年 8 月《苏德互不侵犯条约》签订后保持中立的法国共产党，开始积极反对德国对法国的占领。

- 27 名法国人质于 10 月 22 日在沙托布里扬（Châteaubriant）被处决，包括居伊·莫盖（Guy Môquet）；总共有 48 名人质在沙托布里扬、南特（Nantes）和巴黎被枪杀。
- 纳粹德国因多线战事而不得不向其占领国征收越来越多的物资和劳动力。

1941 年 12 月—1942 年 4 月

- 希特勒在日本袭击珍珠港后向美国宣战。
- 美国加入反轴心国的战争。
- 1942 年 3 月 27 日，第一批法国犹太人被驱逐至巴黎市外的德朗西（Drancy）集中营，随后被送往奥斯维辛集中营。
- 4 月，皮埃尔·赖伐尔再次担任总理。

1942 年 6—7 月

- 法国反德运动的监管工作从德国国防军移交给党卫军及其下属的盖世太保。
- "接班计划"（la Relève，粗略地讲就是应召入伍）：维希政府要求数以万计的志愿者前往德国劳动，以换取德国对法国战俘的优待甚至释放。
- 占领区所有六岁以上的犹太人必须佩戴黄色六芒星标志。
- 黄色六芒星强制令实施之后，包括法国公民在内的大批犹太人被法国警方围捕，为维希政府在国内招来更多骂名。

1942 年 11 月

- 盟军登陆北非，击败维希政府军队。
- 德国国防军占领法国的"自由"区（此前由维希政府全权管理）。
- 在 1942 年 5 月美国召回驻法大使后，美国与法兰西国断交。

1943 年 1—6 月

- 法兰西民兵（Milice française）建立，作为维希政府下的反抵抗运动警察和准军事部队，不久就遭到民众的鄙视。
- 由于"接班计划"没能奏效，赖伐尔又建立了维希法国强制劳工局（Service du travail obligatoire，即 STO），为德国输送所需的劳动力。
- 为逃避维希法国强制劳工局，许多年轻人躲藏起来或参加了游击队 ① （Maquis）。
- 德军在斯大林格勒被围困，德国国防军元帅弗雷德里克·冯·保卢斯（Friedrich von Paulus）投降；许多人预测战争的最终结局，不是盟军胜利就是双方停战。
- 党卫军军官阿洛伊斯·布伦纳（Aloïs Brunner）从法国警察手中接手德朗西集中营。

1944 年 6—8 月

- 盟军进攻法国；诺曼底战役于 6 月 6 日打响。
- 8 月 25 日，自由法国军队解放巴黎。
- 1942 年 3 月至 1944 年 8 月间，数以万计的犹太人及其他"不良分子"（undesi-rables），包括上千名儿童，被送往灭绝营。

1944 年 9 月—1945 年 5 月

- 法国的解放运动继续进行，但到战争尾声，德军依然把持着大西洋沿岸几个被围困的飞地。

---

① 游击队（mahkee，原意是丛林、密林）指隐藏在法国各地的独立地下组织，主要分布在法国西南部和中南部。这个词原指地中海人迹罕至的地区低矮、多刺且稠密的野生植物。这个词很快就成为抵抗运动研究者的专业用语，被用于指代非正规军对当局造成的各种挑战。

导 言

"高中生很可怕。但还没变得愤世嫉俗。"

——杰·福克（Jay Falk），18岁，弗吉尼亚高中高年级学生（2018）[1]

一提及战争时期，我们就会立马想到青少年。我在研究和写作我的上一本书《当巴黎黑暗时》（*When Paris Went Dark*），讲述德国占领时期巴黎的日常生活时，认为这样的反应是理所当然的。当我完成写作开始反思时，却发现青少年在抵抗德国占领的过程中扮演的角色，其重要程度仍远远超出我在书中的表述。早在1940年5月德国入侵时，就有相当大比例的法国公民，包括欧洲其他国家的移民，以各种各样的方式进行"抵抗运动"，其中就包括13—25岁的青少年。随着研究的深入，我发现尽管法国的历史学家、评论家、电影人和小说家，都对二战期间青少年的角色给予了一定的关注，但很少有相关的英语文献、故事或电影面世，而且欧洲的历史学家对于这一年龄段的人群在反对德国法西斯的斗争中究竟发挥了多大作用，争议仍然激烈。

总体来说，美国人对于"法国困境"（French dilemma）知之甚少。法国是唯一一个与德国签订合作协议的欧洲国家，该协议允许德国对法国大部分地区保持全面控制，并允许成立一个法国政权来控制法国其余地区。在其他国家，傀儡政权都是由德国人建立，由本国的法西斯分子和右翼分子领导的，没有一个国家在签订了分裂国家的条约后，还举行选举，用投票的方式终结上一届政府。

法国从过去到现在一直是一个爱国教育做得十分优秀的国家；法国人一直以人权和公民权的卫士自居，并一直为本国历史而骄傲。而德国自 1945 年以来，不断鞭挞自身的政治和文化——这是德国为自己对其他国家施加的长达 15 年的恐怖暴行，做出的勇敢、大方的回应。与德国不同，许多法国人并不觉得自己也需要道歉，因为他们坚持认为自己也是第三帝国和维希^①卖国贼们的受害者。他们称"法兰西"没有与占领军合作；相反，他们坚称，篡夺了第三共和国合法性的是在阴影下建立的法兰西国（又称维希政府，由国家元首菲利普·贝当元帅和总理皮埃尔·赖伐尔领导）。^②当时，直到现在，都还有许多人认为，从战败之日起，伦敦才是"自由法国"（包含法国的众多非洲殖民地在内）的所在地，且该政权由不屈不挠的夏尔·戴高乐准将领导。

但这当中仍有模糊不清的地方，因为许多法国人，特别是法国警察，确实曾协助德国人实施压迫。比如说，法国警察跟踪和逮捕的犹太人比盖世太保跟踪和逮捕的还要多（德国根本没有足够的兵力占领一个幅员如此辽阔的国家）。此外，在 1945 年法国大部分

---

① 非占领区的法国政府官方名称实际上是"法兰西国"。但不管是当时还是现在，人们都以政权所在地的名字称呼它为"维希政府"。维希是法国中部一个温泉小镇。

② 不光纳粹德国利用维希政府制造了"法兰西"假象，美国也与贝当政权保持着互派大使的关系，直到 1942 年。

地区重获自由后，具有敏锐政治嗅觉的戴高乐让世界相信，大多数法国人听从了他的呼吁，进行了消极抵抗，只有少数人参与了维希政府，依附于野心勃勃的腐败政治家，背叛了"永恒法兰西"（la France éternelle）的价值观念。

这种精巧的论调一直反复出现。2017 年法国总统大选期间，右翼政党"国民阵线"（Front National）候选人玛丽娜·勒庞（Marine Le Pen）就直言不讳："我不认为法国应该对冬赛馆（Vélodrome d'Hiver）事件负责……我认为，笼统地说，如果有人要对此负责，那应该是当时掌权的那些人，而不是法国。"[2] 她指的是 1942 年 7 月，法国警方对犹太人进行的大规模围捕，这些犹太人后来被拘禁在一座巨型体育馆——冬赛馆内。被捕的人数以万计，其中还有许多儿童，后来都死在集中营里。选举后不久，极左翼政党"不屈法国"（la France Insoumise）激情四射的领袖让－吕克·梅朗雄（Jean-Luc Mélenchon）对她的言论表示了赞同：

> 若说法兰西，作为一个民族、一个国家，要对这一罪行负责，那就是同意给我国安上一个……完全无法被接受的定义。法国只能是法兰西共和国。当时，共和国被贝当元帅的国民革命（National Revolution）废除了。从历史的角度来看，那个时期的法国，与戴高乐将军一起在伦敦，法国人在哪里抗击纳粹的占领，哪里就是法国。[3]

我无意通过本书批判 1940—1945 年的法国。没有经历过突如其来的军事占领的人，是无法从根本上理解法国人的。这个道理放之四海而皆准。但我的故事会更加聚焦另一个问题："抵抗运动"作为一股大无畏的力量抵御了法西斯主义，这一盛名有多少是建立在青少年柔弱的肩膀上的？这些男男女女时常感到，自己代表了某种比对法兰西的爱国之情更伟大的东西。

这是法德在不到一个世纪的时间里进行的第三场战争。法国人对德国人心存猜忌，甚至恨之入骨。普鲁士在普法战争中取得了决定性的胜利，一些已经是曾祖父母的法国人在 1939 年还能忆起这种耻辱。第一次世界大战在法国人的集体记忆中依然十分鲜明，不管是年轻一代还是老一代，都对此记忆犹新。法国人在这场残酷战争中的伤亡惨状，以照片和新闻短片的形式传回他们的故土，成千上万的伤员、失踪者和死者的姓名被公开，而且通常会附上他们的年龄。战后，人们拖着残缺的躯体在大街小巷上游荡，在这片举国哀悼的土地上，每个村庄都为死者竖起纪念碑。这一切都在提醒幸存者们，这几年中有多少承诺、纯真和活力烟消云散。人们理所当然地认为，年轻人不会再像羊群一样听话地上战场，或者至少不会在没有充分正当理由的情况下这么做。这些记忆在 1918 年后，导致了青少年正式与非正式教育领域中的一次重大文化转向。这些战争故事让青少年们胆战心惊，而他们正面临莱茵河对岸兄弟们的又一场战争。①

---

① 而且不要忘了，整个战争期间，有相当数量的法国年轻人被关押在德国的战俘营。当然，有些人在监禁期间用自己的方式进行了抵抗，比如策划实施越狱，或向仍然自由的兄弟姐妹传递消息，但实际上大多数受训的年轻人在将近 5 年的时间里无法参与自由法国运动和本土的抵抗运动。

||||||||||||||||||||||

世界各地当下发生的事情提醒我们，当年轻人热衷于一项事业，或批评长辈们制造出乱状的时候，会抱有多大的激情。在他们狂热秉持的信仰中，妥协是一种道德的失败，而不是一种策略。他们用告示牌般硕大的字体将这种不满写进自己的文化——歌曲、电影、网站和文学作品里。我们这些成年人会暗自思忖："等他们长大了，看清了世界的真实面目，就会改腔换调了。"而事实也确实如此。但就在短暂的几年中，他们提醒我们这些成年人，或许是我们妥协了太多。

在战争和军事占领的背景下，道德激情和对权威的不信任结合在一起，显得比任何时候都可靠。在任何战争中，青少年都是最快被影响到的。他们最先应召入伍，构成军队的核心，其中还有很多人是学生，他们的学业因此中断。他们主动或被动做出的决定，打乱了家庭原先的计划，并重新定义了他们的社交圈。在心理被迫快速成熟的同时，他们的情感关系也被搁置。那些不到参军年龄的人可能会加入一些不那么正式的青年团体，这些团体强调爱国、体育、秩序和等级。年幼的人会时时刻刻处在父母、家人、朋友、导师、教师、牧师和拉比的监督下，处在提防一切社会骚动的秩序之中。此外，青少年能在各种各样事件中应对任何惊人的变化，不管是以积极还是消极的方式。

二战中参与抵抗运动的法国人里既有随波逐流的，也有坚定不移的。这时，榜样就变得至关重要，他们振臂疾呼，往往能激发青少年站出来，捍卫某种伟大的东西，又或者让青少年心生退

缩，甚至和占领者站在一边。自 20 世纪上半叶以来，世俗主义
（secularism，有组织的宗教和国家之间的严格分离）得到了第三共
和国的大力支持，极大地削弱了天主教会在政治和道德上的影响
力。但宗教组织和个人仍对这一代青少年产生了显著影响。新教教
会战斗在抵抗运动的最前线，特别是在维希政府和德国颁布的法律
面前保护犹太人及其他种族的人方面。新教徒对其他移民也慷慨仁
慈，包括共产主义者。这些基督徒虽然只占人口的 2%，却对远超
过他们数量的其他人口产生了影响，并起到了榜样作用。至于天主
教会，一如既往地分裂成两派，一派是谨小慎微的主教，一派是与
需要帮助的人生活在一起的修女与神父，他们置身于占领者和受害
者之间。

那个时代让许多青少年面临学业中断、难以就业、支撑单亲家
庭等问题。然而，他们很难拒绝加入秘密团体的诱惑，特别是当德
国占领逐步深入的时候——即便他们只是参与一些次要行动。我阅
读并引用的很多回忆录，以及采访的几个当事人，都以这样或那样
的方式提及加入秘密团体时的兴奋之情。他们当然也会有恐惧，充
满冒险的日常生活总会引起某些不安情绪。但是，没有什么比来自
导师的赞赏和尊重更令他们感到被鼓舞。

一直到抵抗运动末期，仍有很多年轻人似乎不晓得，自己的无
心之举可能会造成毁灭性的后果。我仍然记得有一次与一个朋友的
母亲聊天，她告诉我，那个时候她一直情绪紧张，不是因为她和她
的丈夫加入了抵抗运动（他们并没有），而是因为如果错过最后一
班巴士或地铁，他们就必须在占领者武断设置的宵禁时间段里，沿
着空荡荡的大街走回家。她说他们知道，如果被警察抓住并在监狱

过夜，又碰巧遇上德国人需要人质进行报复的话，就会突然被判处死刑。那时，焦虑就像雾霾一样笼罩着大城市的日常生活，对青少年的影响尤甚；他们还没有意识到生活的无情，即使那时战争尚未开始肆虐。当然了，对这些青少年的父母来说，尽管他们通常无所畏惧，但这种焦虑依然倍增。

抵抗占领并不都是出于社会性的或情感上的原因，有时也基于刚需。占领区里也有就业机会，但并不多，待遇也不好。许多年轻人和他们的家人一样找不到工作，还不得不应对各种限制、配给和通货膨胀（按照与德国签订的停战协议，法国只能保留 10 万人的部队，其余人被遣散后没有多少职业选择）。抵抗组织并没有薪酬制度，但一些组织确实有资金来帮助组织成员，因此不少年轻人加入抵抗组织，无非是想口袋里能多几个法郎，接济自己贫困的家庭。虽然加入秘密团体的选择可能会带有一点爱国主义的色彩，但更多时候它只是一个无业年轻人无法忽视的一条出路。

法国历史学家阿利亚·阿格朗（Alya Aglan）在她精到的研究著作《抵抗年代》（Le Temps de la Résistance）中指出，要想理解德国对法国的占领，以及法国对此的反应，我们就必须理解那时参与过某种抵抗运动的人们的经历。[4] 大多数法国公民发现自己生活在不可预知的当下。然而，占领区的青少年与他们的父母或更年轻的兄弟姐妹不同，他们会不可避免且相当迫切地将自我定义跟社会习俗、父母权威之间的根本斗争，与时下德国方面提出的合作或共谋命令混为一谈。他们被未来因自己而不同的愿景深深吸引。一个人改变当下的决心决定了他是否会相信自己所获得的信息；对未来的想象则时暗时明。这些青少年试图描绘一个近似乌托邦的未来（无论这场战争谁"赢了"，欧洲都会变得更好），这个未来同时充满威胁（法西斯主义并不是唯一的极权幽灵）。人们在电影院观看德国的新闻短片，用收音机偷听禁播的英国广播公司（BBC）的广播，交换着从逃跑战俘那里听来的传言——所有这样的消息像疾风一样在普罗大众中间流转，并且有力地影响了青少年的认知。大多数青少年在目睹或听说法国军队在勇猛的德国国防军面前溃不成军后，要求政府对他们突然中断的生活做出解释。但许多人在提问的同时已得出结论，只有一种选择配得上他们对自由的热爱——行动。

随着时间的流逝，他们在自身安全无法确定的情况下做着所有青少年都必须做出的决定——关于是否挣脱束缚、关于是否建立新的友谊、关于如何度过他们的时间。青少年有自己的成长路径，但却被欧洲各地不可预测的冲突不停打断。尽管他们的身体在发育，但事态没有给他们的智识成长留出足够的时间。这种矛盾体现在那个时代所有人不尽相同的回忆录、信件和口述记忆里。在近 5 年的时间里，占领当局和抵抗运动团体都根据前线局势做过数次战略上的变更。一个在 1940 年时 10 岁的少年到 1945 年就 15 岁了。在战争期间，他的生理会成熟，他对世界的关注度会大大改变，在每一次重大事件中，他都会重新审视和调整他的态度——该不该抵抗，以及如何抵抗。

此外，还有一个影响他们做决定的因素——到底如何理解"爱国精神"，尤其是当他们的国家被狡猾的德国一分为二时。被点燃的爱国精神是最有效的武装号召，然而在此之前，和平和繁荣削弱了爱国精神最鲜亮的颜色，人们将爱国视为理所当然。但倘若这种理所当然突然间崩溃呢？还有什么能比下述行为更让人困惑：是看到国家军队如此无能，以至撤退的士兵要躲在平民中间逃避追捕？还是看到一个国家的政府突然从巴黎迁到波尔多，又在一夜之间被倾覆？抑或是一个人的父亲突然变成了战俘？这时，人们才会意识到，不仅国旗象征着一种漫不经心的骄傲，历史也赋予了一个国家和它的公民一份至关重要的责任，这种醒悟令人精神振奋。

||||||||||||||||||||||||||

战争或军事占领时期的抵抗运动究竟是怎样的？消极对抗等同于抵抗吗？政治意识形态和爱国主义，哪个更重要？ 1940 年 7 月，法国国会投票废除了老旧的第三共和国，支持建立新的法兰西国，许多人为此感到不安。加上其他一些事端，如弥漫在政府中的失败主义情绪，1940 年 10 月贝当与希特勒在蒙图瓦尔（Montoire）那次著名的握手，反犹太法的强制实施，以及与占领者明确的合作或共谋意愿，敏锐的青少年越来越多地将维希政府视为由外国军队扶持的敌人。年轻的法国保守派也发现自己像弹球一样被弹来弹去，他们先是决定支持菲利普·贝当这名战争英雄，然后看着他签署了被他们视为投降书的停战协议，再看着他和他的政府屈从于阿道夫·希特勒的各种突发奇想。

与占领当局的这种合作，属于串通合谋、叛国通敌，还是无伤大雅的协同配合？一个警官，因公民对政府首脑缺乏尊重就命令手下将公民逮捕；一个土木工程师，勤劳地维护公共桥梁、铁路及矿井的正常运作。两者之间孰优孰劣？一个算是串通合谋，另一个算是协同配合吗？这类问题不但在德国占领期间影响了舆论，而且在战后的肃清运动（épuration）中，使许多人因他们在二战中的行为受到审判，并引发了数千起非官方处决①。

此外，还有一些人别无选择，只能抵抗德国人和维希政府。比如犹太人，还有非法移民、政治异见人士（特别是社会主义者和共产主义者）的子女，这些人只能选择用行动保护自己的家人和朋友。这样的行动不需要太大胆，以免引起人的注意，于是这些年轻人替人传口信（他们当中有许多人家里都没有电话，只能口头传递信息）、看护儿童，或替一些过于紧张、不敢出门的人收集食物。但很快，他们就会采取更冒险的行动——加入战斗组织、藏匿犹太儿童、帮助他人穿越边境。特别是犹太青少年，他们立即就被卷入了抵抗运动的世界。他们突如其来的勇气格外引人注目，相较之下，他们的非犹太人朋友们则有更多时间决定是否要一脚迈进一个前路不明的未来。

当人们提起抵抗运动时，脑中最先浮现出的就是武装抵抗，这是公认能左右占领军习惯和心理的最有效的方式。但被人称作"软抵抗"的反抗，也一样有效。"软"并不等同于懦弱或微不足道。软抵抗指的是通过重复不断地宣传，通过坚持不懈地实施破坏——哪怕是轻微的破坏，通过在艺术中使用讽刺的手法，来破坏占领者的统治。事实上可以说，最早进行抵抗运动的人用了纳粹设计出来，并用以控制所有国家（包括自己的国家）的人民、让他们保持缄默的工具。除了广播和电影，德国人还借助了举报、谣言、传单、报

---

① 其中一些人被判定有罪，遭到监禁或处决。截至 20 世纪 50 年代中期，大多数"法奸"被赦免或减刑。菲利普·贝当本人被判有罪，流放到约岛（L'Île-d'Yeu），并于 1951 年在岛上去世，享年 95 岁。赖伐尔在德国占领期间曾两次担任总理（被贝当解雇过一次）；在经过审判和定罪后，于 1945 年 10 月被处决。

纸、海报和标语，而那些参与抵抗运动的法国年轻人同样借助了这些工具。

尽管抵抗运动的成员在政治和意识形态上存在差异，但抵抗运动给人的整体印象就是：爱国的法国人，以及寻求自由的外国移民，不愿意接受这个被改变的世界。于是，他们拿起石块或枪，印刷并分发反德传单，藏匿犹太人或其他"国家的敌人"，这些行为才是抵抗运动中最常见的斗争方式。乱穿马路，打趣一个穿制服的德国人，和学校里志同道合的兄弟饶舌，嘲笑那个支持维希政府并一脸自负地站在自己面前的老师，这些行为就代表了"抵抗"，特别是对青少年而言。当然，暗杀、重大破坏、制造列车脱轨事件、偷盗和交流情报等"硬抵抗"，也在某种程度上成效显著，至少可以让阿勃韦尔（Abwehr，德国国防军的情报机关）和盖世太保不得清闲。1944 年 6 月，在诺曼底登陆的头几个关键星期里，这些行动无疑帮助了盟军。但总的来说，大多数人都认同，武装抵抗对法国民众可能和对德国人一样危险，对可疑"恐怖分子"的逮捕和处决会增加，宵禁会被任意实施，各种服务也会中断。事实上，许多法国人厌恶硬抵抗行为，特别是在战争的最后一年前后，此时德国人对抵抗行为的反击越来越武断和残忍。这本书中列举的例子，既有软抵抗，也有硬抵抗。有些年轻人从未使用过武器，而另一些人开枪打死过德国人和法国警察。"抵抗"这个词涵盖了一系列广泛的行动，但有一条主线贯穿其中，那就是对占领者及其爪牙的仇恨，以及对法兰西这个伟大民族的骄傲。

这些青少年，起初独自一人或以小团体为单位，在道德勇气的激励下，自发做出决定。这些行动带有一丝成年人的冒险主义色彩，在不断进行的过程中，逐渐变得更有组织性、更有成效，但对参与者而言更加危险。尽管他们的抵抗对德国军队而言影响甚微，但他们执着地表达着想做些什么的意愿，以及通过自己的行动与法国民众产生共鸣，让民众渐渐开始质疑所谓的既成事实。对最早的抵抗者（无论是成人还是青少年）而言，抵抗占领不是一种选择，而是一种勇敢的责任。

当然也有很多青少年没有参与抵抗运动，至少一开始没有。有些人直到最后都置身事外，也有不少人选择加入另一边，比如早期维希政府下的战斗军团（Légion des combattants，即德国允许维希政府保留的 10 万人的轻型装备部队），或是 1943 年建立的准军事团体法兰西民兵。法兰西民兵身着深蓝色制服，其职责为阻止民众对抵抗运动与日俱增的支持。甚至有不少人加入了第三帝国党卫军的"查理大帝"师，穿着德国军装在与苏联战斗的前线卖命。

作为最成功的青年抵抗者之一，雅克·吕塞朗（Jacques Lusseyran）估计，在早期的抵抗运动中，有 75% 的法国成员在 30 岁以下。最近的研究则表明，1940 年在英格兰加入自由法国军队的人平均年龄为 25 岁，到 1943 年降至 23 岁。[5] 30 岁以上的成员只占志愿者的 22%，而有 34% 的成员不到法定成人年龄，即 21 岁。有将近 2000 人未满 18 岁。这个群体中男性占绝大多数，女性只占 3% 左右。①

————————

① 到 1940 年 8 月底，戴高乐的自由法国军队只有大约 1.1 万名志愿者，这个数字虽然在后来有所增长，但在整个二战期间都很小。这也许就是他直到战后都坚决主张法国人应该承担和其他同盟军同等责任的原因之一。自由法国军队的志愿者们不仅有年轻的法国人，还有西班牙人、比利时人、波兰人，甚至俄罗斯人。

||||||||||||||||||||||

当我写作这本书时，在世界各地民主的、不太民主的和专制的政权中，"抵抗"都已成为一种行动的代名词，这种行动的发起者们认为通过政治、经济或社会手段难以争取到舒适和自由的生活，因此必须发起暴力或非暴力的行动，迫使现实发生改变。这些尝试有时能获得成功，但大多数时候，只会出现有限的短期效应。而且这种行动通常还会适得其反，让他们寻求的改变延迟到来。当代的新闻头条提醒我们，不管身在何处，青少年往往都是第一批与政府的无能、腐败与压迫做斗争的人。从儿童向成人转变的过程中，正常的生理和心理发育，通常会给青少年带来不稳定的情绪和困惑。但试想一下，你既要处理上述那些问题，又要担心本应该保护你的父母和朋友；再想象一下，在成长的过程中，要避免与陌生人目光相接，保持低声说话，把热情隐藏起来，这是怎样的感觉？然而，在法国被占领的日子里，许多人都是这样的。

历史学家蒂莫西·斯奈德（Timothy Snyder）在他那本颇具煽动性的小书《论暴政》（*On Tyranny*）中，谈到了平民对抗暴政的问题：

> 抵抗运动要想取得成功，必须突破两个界限。首先，变革的理念必须能动员不同背景的人参与进来，这些人不一定在所有问题上都能达成一致。其次，这些人要离开舒适区，与先前不是朋友的人扎堆。抗议可以通过社交媒体来组织，但真实的抗议必须在街头完成。如果暴君认为抗议行动不会在三维世界

里造成影响，那么什么都不会改变。[6]

　　青少年近来走上俄罗斯、埃及、波兰、匈牙利、土耳其、阿尔及利亚和美国的街头。令人惊慌和担忧的是，有些人携带炸弹进入体育场、教堂和地铁，通过自杀式袭击恐吓平民。但不管受到怎样的意识影响，没有哪个年龄层的人会比青少年更乐意将自己几乎与生俱来的正义感和公平意识转化为行动。在 20 世纪 30 年代混乱的外交和政治局面下，唯一不变的就是时间的正常流逝。动荡成为常态：政府纷纷垮台；新的意识形态盛行；国际经济崩溃；从飞机到电信，科技蓬勃发展。青少年选择立场，又变更立场，用青春期的夸夸其谈掩饰自己的焦虑。他们的想象中充满了战争的枪声和硝烟，即使这些战争尚未打响，还在酝酿之中。他们看到自己的长辈和自己的政治、宗教和知识领袖们，如何日渐忧虑，也看到新闻是如何一天比一天变得更糟。另一场大规模战争似乎一触即发，虽然时机尚未成熟。

‖‖‖‖‖‖‖‖‖‖‖‖‖‖‖‖‖‖‖‖

　　这个主题的写作需要历史学家在叙述中保持一定程度的谨慎。处理"青年"或"青春"这样的概念并非易事。生理上的定义只能起到一丁点作用，用青春期来定义同样很麻烦，特别是从回忆录、书信和叙述中几乎不可能辨别这种生理变化是从何时开始的。年轻意味着还有未来可以规划，还有责任可以承担，还有很长的路要走，但灾难、战争和疾病夺走了年轻人的这些期望，让他们感到被抛弃，对保护他们的机构失去信心，并渴求能庇护他们的港湾。青春允许并鼓励青少年模仿成年人，但当"允许"被"要求"取代，而且是青少年被突然并迫切地要求成为成年人时，焦虑会影响他们所做的所有决定。

青少年正处在不上不下的年纪，还在试图弄清自己在世界上的位置。与日俱增的自我意识既对他们自己提出了挑战，也考验着他们的长辈；他们容易犯错，而我们希望他们可以在经历失败和尴尬后重新调整状态。"他们'改编'并'融入'上一代人的文化脚本中。"[7]他们与同龄人抱团取暖，并根据所属群体或接触的群体的主导观点，频繁地改变自己的态度和意识形态。所有的这些品质，在有社会危机的时代里，比如国内冲突、经济混乱和战争时期，都变得意义非凡。当正常生活被打乱，除了自己早期的自我意识、从长辈及自己所生活的文化环境里获取的矛盾信息外，年轻人无所依凭。尽管自20世纪40年代以来，我们的世界发生了惊人的变化，但青春期的经历却没有太大的不同。

这本书将为读者们，特别是美国的读者们，展示因被迫快速成长而焦虑的法国青少年在战争中的事迹。对这些青少年而言，时间或时机是重要的命题，因为过去的重量、当下的压力和未来的影响都不断地在情感上左右着他们的决定，而他们在1939年9月之前，连做梦都没想过自己会做出这样的决定。我们通过选取几个青少年可歌可泣的决定、行动、成功或失败的例证（这些例证源自他们的回忆录，或者他们熟识之人的回忆），构建出一部具有启发性的历史，这部历史表明我们经常低估了青少年在法国被占领期间起到的作用。

||||||||||||||||||||||||

50多年来，我一直在给年轻人授课，我认可并钦佩我上文勾勒出的且将在本书中研究的那些特质。随着年龄的增长，看着青少年在生理上蜕变为成年人的同时智识也逐渐成熟，再没有什么比这更令人高兴的了。他们渴望知道更多，质疑陈词滥调，当长辈的声音日趋温和时大声地宣告主张——这样的势头常常让他们的长辈感到茫然、沮丧甚至受到威胁。但倘若没有这样的智识和道德能量，我们的世界将黯然无光、枯燥乏味，我们的未来将不再——应该说远不再——那么乐观。

第一章

"现在！"

你可以把一只蜜蜂捏在手里，直到它窒息而亡。但它在死去之前一定会蜇你。这不算糟，你说，完全不算糟。如果蜜蜂不蜇人，它们早就灭绝了。

——让·波扬（Jean Paulhan）

年轻的居伊·莫盖的故事里充满了肮脏的巧合，以及来自维希政府和德国当局的恶意。1924 年 4 月，居伊出生于巴黎时髦的中产阶级街区——十七区。他的父亲普洛斯珀·莫盖（Prosper Môquet）是一名铁路工人，也是法国共产党（Parti communiste français，简称 PCF）中一名活跃的工人组织者。1936 年，工人国际法国支部[①]（Section française de l'Internationale ouvrière，简称 SFIO）在大选中获胜，莱昂·布鲁姆（Léon Blum）成为法国第一位犹太人总理，而普洛斯珀被选为共产党议员[②]。接下来，法国政

[①]　工人国际法国支部成立于 1905 年，解散于 1969 年，是现在的法国社会党的前身。——译者注

[②]　法国共产党成立于 1920 年，在之后的 15 年里，一直尝试在政治上联合其他左翼政党，主要是社会党。随着 1933 年经济大萧条和希特勒上台，法国的左翼政党有些心不甘情不愿地共同成立了"人民阵线"（Popular Front），于 1936—1938 年执掌法国政权。共产党的支持在那届政府选举中起到了决定性的作用，尽管政府部长中没有共产党员。

坛迎来了一个卓有成效的时期，在这期间制定的多项社会政策延续至今。但也有没能延续的东西，那就是布鲁姆领导的人民阵线。最终，布鲁姆在短暂的回归之后，就被一个更为保守的政府晾到了一边。[1]

1939年8月，希特勒和斯大林签署的《苏德互不侵犯条约》震惊了法国的共产党人；很快，法国共产党就不得不禁止所有成员进行反德示威，并在一场席卷整个欧洲的战争中极力倡导中立。许多追随者对从莫斯科发出的命令表示不满，但并未公开忤逆。不出所料，法兰西第三共和国开始提防法国共产党，担心法国共产党在德国威胁法国盟友波兰的当口拥护德国并充当"第五纵队"[①]。于是，忧心忡忡的立法机关通过了一项宣布共产党非法的法案。突然间，成千上万的法国共产党人若想继续进行政治活动，就不得不转入地下。

德国随即于1939年9月入侵波兰，紧接着是苏联与芬兰之间的"冬季战争"，法国对芬兰表示支持。然而法国的共产党员出于对政党指示的顺从，支持斯大林对芬兰的入侵，因此他们突然就被视为更危险的颠覆分子。所有的法国共产党议员都被要求与非法的法国共产党脱离关系，否则就会立即被剥夺议员资格。其中大约有40人由于拒绝辞去党内职务而被指控通敌，他们依然支持斯大林，但对事态的发展及自己突然成了希特勒的盟友，感到非常沮丧。经过审讯，他们的通敌罪被判成立，最高处以5年有期徒刑。普洛斯珀因此被送往阿尔及利亚坐牢，直到1943年才被盟军释放，而他

---

① 第五纵队是指交战国内同情敌人或为敌人效力的团体。——译者注

的儿子在他出狱前 2 年已被执行死刑。

居伊的母亲后来告诉研究人员，她的儿子答应过她，会争取让父亲重获自由。这名青少年有一帮同志，他们都是那些被攻击的法国政客的儿女。他们是最早开始抵抗的一群人，不是抵抗德国人，而是抵抗法国政府——这个政府突然无情地否决了他们父母的政治忠诚。尽管普洛斯珀和同事们被捕的事实令居伊很痛苦，但这件事却激励他向第三帝国的顽固和虚伪发起挑战。从 1939 年 10 月起，年仅 15 岁的居伊和他的同伴们——来自同是"非法组织"的共产主义青年团（Jeunesse communiste，简称 JC）的成员们，一起印刷小广告，并四处张贴在巴黎的墙上、街灯上、公共厕所里、书报亭中甚至汽车上，宣称逮捕和监禁包括居伊父亲在内的法国共产党议员是非法行为。1940 年 6 月，德国开始占领法国时，他们还带着反对维希政府的传单去电影院，买一张楼座的票，从楼上将传单抛撒给观众。他们宣称维希政府逮捕和监禁法国共产党议员是非法的（他们没有提及德国占领者，因为政党禁止他们这么做）。与此同时，居伊还公开写信给新成立的维希政府的最高官员，要求释放他的父亲。尽管这些青少年从来没有直接或间接地攻击过德国当局，但他们妨害了法国警察。他们以为自己的行动虽然有风险，但不会造成极端的后果。但情况很快发生了变化。

居伊的一个年轻的共产主义同伴勒内·皮尼亚尔（René Pignard）也制作并派发了传单，要求释放维希监狱中的其他共产主义青年。他所在居民楼的门房，为了避免法国警察的骚扰，向当局指认他，因为她见过皮尼亚尔在住所附近分发传单。这引发了一系列复杂的监视行动，目的是跟踪每一个与皮尼亚尔见过面或交谈过的人。在德国占领初期，法国警察主要将精力集中在共产主义者和共济会成员身上，而鲜有时间对付德国人很在意的种族群体。但后来，被想象出来的"犹太共产主义恐怖分子"成为德国人和法奸持续宣传针对的目标。通过这种方式，德国人和他们的爪牙就能将"法国良民"（bons français）与不爱国的共产主义者、属于"劣等种族"的犹太人（包括法国犹太人）区分开来。

维希政府成立了一支新的警察部队——特警队（Brigades spéciales），专门跟踪共产党人的行动。这支部队很快就为所有抵抗运动成员熟知。特警队队员都是从正规警察中招募的，之所以选择这些人，是因为这些人具备丰富的侦察经验、态度强硬但服从等级制度的约束，并且仇恨布尔什维克主义。他们年龄较大，通常从外省招募，这样的人被认为天生就更排外。随着形势的发展，符合条件的候选人越来越难找，更年轻的新人在被录用的同时，通常会得到高薪、升职及更好的住宿和饮食条件作为奖励。尽管如此，自愿加入特警队的人仍寥寥无几，而加入的那些人缺乏经验、意识形态模糊不清，且往往更加暴力。

特警队队员在耐心和伪装上都天赋异禀。他们经常装扮成流浪汉或乞丐，也能毫不内疚地佩戴六芒星，掩饰自己的任务。但他们最有效的工具，还是由他们耐心规划的"盯梢"。他们可以在监视的时候一坐就是几个小时，但绝不下手抓人，直到他们掌握了被监视者的组织中每个成员的名字。他们会跟踪，跟踪，再跟踪，一连好几个星期，甚至几个月；会与被监视者的邻居和门房交谈；会光顾被监视者社区附近的酒吧和咖啡馆；会熟悉附近大型公寓楼和建筑的所有安全出口。偶尔，他们会在逮捕了一个组织的大多数成员后，留一些人在外面自由活动，然后耐心地尾随这些人，直到他们加入另一个组织，或自己创立一个新组织。他们会保留详细的记录，精确地描述跟踪对象的外貌特征，包括他们的衣着，细致到袜子的颜色。如果跟踪目标察觉到自己被跟踪了，该特警小队会停止监视，直到他们的目标天真地以为自己已经安全多了。经过残暴的审讯（他们以殴打逼供闻名），他们可能会将可怜的抵抗运动成员移交给盖世太保，让他们接受新一轮盘问。德国反抵抗运动的官员机构依赖于特警队的帮助，以完成自身因人手不足而不能完成的事情。

1941年8月到1944年8月，特警队逮捕了3000多名年轻的地下党员。其中有超过200人在巴黎近郊的瓦莱里安山（Mont-Valérien）被处决，那曾是一座19世纪的堡垒。无论是德国的占领部队，还是维希政府的警察，都无法像这支由法国公务员组成的特殊队伍一样，卓有成效地瓦解重要的抵抗组织，特别是在大城市中。正是这群人锁定了居伊和他的朋友们。[2]

在严密地观察了皮尼亚尔和他的组织一段时间后，特警队同时向所有相关人员发动了突袭。1940年10月13日，居伊和皮尼亚尔在巴黎东站（位于巴黎最贫困街区之一的一个大型火车站）被铐上手铐，送进监狱。由于一连串不幸发生，居伊再也没能离开监狱，并在一年后被处决。鉴于被捕时年仅16岁，居伊被送上少年法庭，但因为在他的住所里没能找到任何有关共产主义活动的证据，他被判无罪，法国警方接到命令，要求释放居伊，让他回到父母的监护下。他的父亲还被囚禁在阿尔及利亚，监护的责任落到了他母亲的身上，但她永远都无法履行这项责任了，因为居伊的同伴们为了减轻自己的刑罚，不露声色地将居伊拖下了水，法国警方决定不遵循法院的命令，再拘留居伊一段时间。出于尚不明确的原因，随后居伊被从警察监狱转入位于巴黎郊外戒备森严的弗雷讷（Fresnes）监狱，之后又转回巴黎的另一所监狱，即臭名昭著的拉桑特（La Santé）监狱。最后，再次在没有任何解释的情况下，居伊被转入舒瓦塞勒（Choisel）的监视营（surveillance camp），那里靠近布列塔尼（Brittany）的沙托布里扬镇。在辗转于不同监狱的日子里，居伊继续给维希政府的——而不是德国的——检察官和法官写信，询问为什么自己明明被判无罪却还要坐牢。居伊并不知道，由于纳粹德国并未与苏联交战，德国占领者与法国警方在如何处理法国共产党的问题上还存在激烈分歧。在这种情况下，法国人似乎比德国人更在意共产主义的"威胁"。他们围捕了数百名共产主义激进分子，甚至包括那些没有证据可证明其参与了非法行动的人，他们的"罪行"仅是加入了被法律判定为非法的政党。居伊被卷入了这一混乱政局中。

舒瓦塞勒的监视营有点像青年营。被拘留的人可以在营内几英亩的范围内自由走动，也可以接受朋友、亲戚甚至配偶的探视（营内有为亲密探视设立的小木屋）。1941年5月，营内一共拘留了641名"营员"：222名共产主义者、65名毒贩和皮条客，以及354个流浪者（有些可能是吉卜赛人）。[3]这是居伊自被捕以来最让他感到愉悦的监狱了。这里安排了课程和各种体育活动，连食物都比其他监狱更丰富。善于组织的共产党人成立了一个社会委员会，他们向看守员及其长官保证，如果可以得到公平的对待，他们就不会惹出任何麻烦。令人难以置信的是，这附近还有一个可以探视的女子监狱！在居伊焦急地等待法院的回复时，一切都进展得比较顺利。但再一次，官僚主义的不作为决定了他的命运。

1941 年 10 月，3 名年轻的共产党人在光天化日之下，在南特（Nantes）的人行道上枪杀了卡尔·霍茨（Karl Hotz）。霍茨是一名德国国防军中校，负责统领驻扎在南特的占领军，而南特是布列塔尼的一个主要港口。希特勒得知了这次袭击后，要求德占法国军事管辖区（Militärbefehlshaber in Frankreich，简称 MBF），即德国国防军占领当局（Wehrmacht Occupying Authority），以最严厉的手段惩治"恐怖分子"。为了平息德国人的愤怒，维希政府的确处决了 3 名共产党人，但希特勒仍然态度强硬。他告知负责统领法国的国防军将军，他"只能将对 3 名人质的处决视为最初的应急行动"，并坚称"如果不能迅速抓住凶手，就（应该）再处决至少50 个人"。[4]

所谓"人质政策"，即一旦发生任何针对德国士兵的袭击就枪决一定数量的囚犯。从始至终被瞄准的都是既定目标。从一开始，犹太人和共产党人，偶尔还有共济会成员，就是当局执行枪决的首选目标。这一"人质标准"（hostage code）于 1941 年 9 月，霍茨被杀 1 个月前，在各警察部队中正式公布：

1. 我们所能辨别的……因违抗占领当局（如散布谣言、分发传单等）被捕的共产党人；

2. 犹太人，特别是已知的犹太共产党人；

3. 对占领国权威犯下严重罪行（如非法持有武器、侵犯或威胁德国国防军成员）而被监禁或被判处长期徒刑的普通法国公民；

4. 戴高乐主义①者，支持戴高乐并对德国国防军构成严重威胁的公民。[5]

负责维护"秩序与安全"的德国占领者及法国警察之间最大的分歧在于，处决无辜的囚犯是否有用。这些人可能并不是重刑犯，只是恰巧在错误的时间入狱。

一直到德国入侵苏联之前，德占法国军事管辖区都主要依靠法国警察来维持稳定，这些法国警察名义上归维希政府管，但实际上在大城市中是独立的。不过显然，无论他们采取多么严厉的行动，在德国人看来都远远不够，无论是在监禁、处决还是在审判结果上。1941 年初秋和晚秋的暗杀事件，让关于人质在政治、法律和军事上的争议被推到德国政策的风口浪尖上。柏林方面认为，他们必须释放一个强有力的信号，以保证在进攻苏联时，背后的法国不会捅刀子。

德占法国军事管辖区的指挥官奥托·冯·施蒂尔普纳格尔（Otto von Stülpnagel）将军在战术上反对这种高压政策，因为他想尽可能维持法国人民的温顺状态。但希特勒和德国武装部队最高统帅部长官威廉·凯特尔（Wilhelm Keitel）将军对他的反对意见充耳不闻。凯特尔在给冯·施蒂尔普纳格尔的信中写道："元首……已经下令，为了尽快粉碎这场（共产主义者的）运动，必须采取雷霆手段。我们可以大致认为，对于一名德国士兵的死亡，将 50—100

_____

① 令人惊讶的是，在戴高乐这个无名小卒于伦敦首次发出声明，呼吁所有"自由的"法国人追随他的领导后仅过了 18 个月，"戴高乐主义"就成了一项罪行。

名共产党人判处死刑是合适的惩罚。"[6]他继续写道，任何比这轻的惩罚都起不到震慑作用，无法威慑民众，因而是不可行的。因此，负责南特地区的德国国防军将军受命要找出100个人质并列好名单[①]，因为这里是霍茨袭击事件发生的地方，离沙托布里扬和舒瓦塞勒营只有40英里。

舒瓦塞勒营的囚犯们都被视为人质，因此都是潜在的受害者，但对于应该选择哪一类人下手，维希政府和德占法国军事管辖区产生了分歧：共产主义者？戴高乐主义者？犹太人？"法国良民"（即工程师、医生、律师）？最终答案自然是共产主义者。而年轻的居伊，尽管在暴力袭击德国人员一事上完全无辜，但却是一名公开的共产主义者。[②]

共产主义者、工会领袖、专业人士和未成年罪犯被分门别类地关押在不同的营房。10月21日，当霍茨被杀的消息传到舒瓦塞勒营时，整个营地陷入了静默，大家都在等待德国和维希当局的反应。

---

① 事后，希特勒"大发慈悲"，"只"要求先射杀50名人质，如果届时仍然不能将行凶者抓捕归案，则必须在48小时内再处决50人。鉴于德国入侵苏联后的6个月里，只有屈指可数的德国士兵（4人）被杀，贝尔利耶尔（Berlière）和利亚吉尔（Liaigre）认为这样的应对策略似乎太过严苛。但柏林方面对法国反抗力量或"恐怖分子"（不管是不是共产党）越来越警惕，并认为这种血腥的应对策略对自己在战略上更有利。

② 选择人质执行死刑的过程，是一部长篇电视剧《法兰西小镇》（*Un village français*）的主要情节内容。这部电视剧由弗雷德里克·克里维纳（Frédéric Krivine）创作、菲利普·特里布（Philippe Tribout）导演和埃马纽埃尔·丹塞（Emmanuel Dancé）制作，细致地展现了1940—1945年德国占领法国时期的历史及带来的后果。

关于"人质标准"的谣言已经传开了，而19号营房刚刚建成，重要的共产主义囚犯将被转移到那里。人们纳闷为什么需要设置这种特殊住所，但当局心知肚明：一旦需要处决人质，就从19号营房开始。

当消息传到舒瓦塞勒营时，大多数被预选的囚犯已经看清了自己的命运。但当居伊和其他几个很年轻的拘留者也被选中时，所有人都很惊讶。南特刺杀事件有一名幸存者，那就是当时和霍茨一起散步的西格尔上尉（Captain Sieger）。他在后来的报告中写道："（我和霍茨）正在边走边聊，身后突然响起两声枪响，显然来自同一把手枪……我立即转身，看到两名男性已经跑开几码远了。他们穿着帆布麻底鞋，或是橡胶的凉鞋，看上去非常年轻和警觉。"[7]

历史学家推测，居伊和其他6名男孩被选中，是因为他们符合西格尔描述的刺客特征，尽管他们都有不在场证明，显然不可能行凶。（在沙托布里扬被枪决的25名人质中，有几个人相当年轻，其中一个人和居伊一样刚刚17岁。）居伊和其他人被押上卡车，法国警察和党卫军[①]士兵在车前等着他们。据说，法国警察看到这些已经认识和交往了几个月的死刑犯时，眼中泛出泪水。党卫军拦住了营里的其他囚犯，一挺大型机枪对准了营房和里面的犯人，尽管如此，还是能听到人群中有人呼喊："你们不能向孩子开枪！""法兰西万岁！"另一句被反复呼喊的口号"再见了，同志们！"，也

---

① 党卫军（德语是 Schutzstaffel，意思是护卫部队，简称 SS）是纳粹的一个准军事部队，后来发展为纳粹的重要组织，负责维持秩序、围捕和监禁犹太人、在德国人和被占领国家的居民中散播恐怖情绪。党卫军的绝对领袖是海因里希·希姆莱（Heinrich Himmler），其最主要的警察部队是盖世太保。

穿过带刺的铁丝网传到那些等待被押送到刑场的死刑犯耳中。

3辆卡车，每辆各载着警卫和9名犯人前往一座采石场，那里距离营地大约1.5英里。死刑犯的站位已经定好了。陪同居伊的牧师后来说："居伊·莫盖面对近在咫尺的死亡似乎动摇了，但他的态度却是骄傲的。他没有哭，也不怎么说话。他对我说：'我将以最年轻的被害者身份，被历史铭记。'"[8]他的预言将要成为现实。一些报道称，他被带向木桩时晕了过去，没来得及苏醒就被射杀了。其他报道质疑这种说法。但一个失去意识的男孩，无力的身体被绳子捆绑在木桩上，等待被枪杀，之后党卫军军官给了他致命一击的形象，将在全世界引起反响。从这些传言中，一个关于居伊·莫盖的故事诞生了，尽管它有时与事实不符。①

法国共产党很快就利用了这个故事，并让它立即传遍法国：一名年轻的烈士，一个爱党就像爱父亲的男孩，为了共产主义理想壮烈牺牲。作家路易·阿拉贡（Louis Aragon）是一名共产主义者，也是法国最受欢迎的作家之一。他通过和妻子埃尔莎·特里奥莱（Elsa Triolet）一起经营的地下出版社，让自己创作的那些含义微妙的反抗诗歌在国内广泛传播。他还以准记者的身份为地下报刊写文章，报道诸如舒瓦塞勒营事件的内容。其中一篇是这样写的：

> 但为什么要叫他们"人质"呢？在战争还讲规则的年代里，人质是被事先指名的知名人士，因同胞的敌对行为而承担

---

① 居伊被处决的故事一直深深打动着法国人。2011年，德国导演福尔克尔·施隆多夫（Volker Schlöndorff）拍摄的剧情片《海的黎明》（*La Mer à l'aube*）讲述了这个男孩在沙托布里扬最后的日子。

后果的人。在（舒瓦塞勒营）事件里……这些所谓的"人质"是从一群囚犯里被挑选出来的，他们与一名德国军官的刺杀和密谋行动毫无关系。他们被政府的内政部长交给了敌人，这个政府自称是法国的政府，却主动起草了一份法国人的名单交由德国人行刑。[9]

之后，阿拉贡夸大了其他囚犯在听到居伊被叫到时的反应：

在10号营房，我们从另一个（目击者）那里了解到，（党卫军）中尉"在走廊里站了一会儿，带着病态的笑容环视四周，然后很快地说出一个名字：居伊·莫盖。这个名字就像我们脖子上的断头刀刃，就像我们心中的子弹"。莫盖是一个身材高大、无忧无虑的17岁男孩，也是所有囚犯中最受欢迎的一个。[10]

无论事实是怎样的，居伊都成了共产党希望他成为的烈士，可能像阿拉贡那首诗《行刑柱边的歌谣》（*The Ballad of One Who Sang at the Stake*）写的一个年轻人所想的那样："……如果必须从头来过，我仍会选择这条路。"[11] 在整个德国占领期间，共产主义宣传者都利用居伊被处决的故事招募更多人加入；其他许多非共产主义团体亦如是。记者兼业余历史学家皮埃尔－路易·巴斯（Pierre-Louis Basse）在他对莫盖被处决一事的研究中，对青少年在法国被占领早期的心态做出这样的解释：

对居伊·莫盖和他在卡诺高中（Lycée Carnot）的几个朋友而言，（反抗一个不合法的政府的）动机来自内心深处。也许它源自每个年轻人都有的强烈的不安情绪，尤其是当他（或她）迈入青春期时，这种令人眩晕的混乱感，能够造就最勇敢的士兵。（居伊和他的同伴们）就拥有这样的道德品质。政治是成年人的把戏，但真挚的情感不是。或许是出于一种带着困惑的愤怒，这些青少年看到了别人一直看不到的东西。[12]

德国人在南特、巴黎郊外的瓦莱里安山和沙托布里扬大规模处决了 48 名人质。德国人以为这样就能震慑住法国人民，让他们协助自己阻止共产主义者和戴高乐主义者对德国部队的袭击。但事态的发展恰恰相反。几个月后，阿拉贡的手稿被偷运出法国，并很快在英国和法国的电台传播。从戴高乐到丘吉尔再到罗斯福，每个人都通过演讲表达了自己的愤怒，演讲内容被发表在世界各地的报纸上。许多人，无论是不是法国人，头一次不得不接受一个事实：占领已经不再是"正确的"，德国人和法国警察不是法国的恩人或保护者，而是杀害年轻人的杀人犯，而年轻人高歌《马赛曲》慷慨赴死。居伊被处决的 4 天后，戴高乐通过 BBC 宣布："敌人以为开枪打死我们的烈士，就能吓倒法兰西。但法兰西会让他看到，法兰西不怕他。"他呼吁整个法国于 10 月 31 日的下午 4 点到 4 点 05 分为受害者默哀。我们不清楚到底有多少人参与了默哀，但也许正如戴高乐所预想的，他的策略就是让所有政府感到不安。

年轻人参与抵抗运动带来的好处更多了，但代价也更高了。

||||||||||||||||||||

以居伊·莫盖的故事作为这本书的开篇，是为了引领大家走进一片历史的荆棘丛。2007年春天，随着中右翼政党出身的尼古拉·萨科齐（Nicolas Sarkozy）当选法国总统，围绕着居伊·莫盖到底为谁、为何而死的争议，再次引起人们的关注。萨科齐上任后的第一项公共法令，就是要求所有中小学在2007—2008学年开始时阅读居伊·莫盖写给母亲的最后一封信。学校和政府将在10月22日（居伊的处决周年纪念日），用一整套课程纪念居伊·莫盖和他同伴们的牺牲。邮局发行了一款印有他年轻英俊的面孔的邮票；政府制作了纪念册在全国各地发放；他出生和生活过的巴黎十七区，在以他名字命名的地铁站前和街道上举办特殊的纪念活动。萨科齐因此被指责利用爱国烈士为自己牟取政治私利。共产党人尤其愤怒，右翼的作家和历史学家也对法国纪念一个根本没有反抗过德国人的孩子感到不满。这些事件让20世纪40年代末到60年代许多已弥合的裂痕重新出现，但讽刺的是，也将居伊·莫盖的名气抬高到连他最狂热的崇拜者都未曾设想过的高度。

尽管存在争议（或许正是因为这些争议），居伊依然是年轻人的一个好榜样，他在道德立场上坚定不移，毫不犹豫地开始抵制第三共和国的专制反共行为。当法兰西国取代了那个老态龙钟的政府，他继续写请愿书，反抗无理的监禁，要求释放他和他的父亲。他向那些对左翼政党的执政意见充耳不闻的法国人宣战。正是这种对正义的热忱，让他和同时代的年轻共产主义者在面对比法国右翼政党更凶残的敌人时坚定不移。

居伊·莫盖，以及他死于纳粹之手这件事，让他成为一个符号：一个青少年，身陷20世纪30年代末复杂的政治和外交局势，决定反抗那些试图镇压异见的人。巧的是，在他死后不久，他就成了许多人心目中的反抗榜样，这些人并不了解他在被监禁期间的细节，只知道他死于可恨的占领者之手。1942年9月，居伊·莫盖被处决不到一年后，一群年轻的抗德游击队队员决定，在靠近汝拉山脉（Jura Mountains）的贝桑松（Besançon）附近建立自己的独立小分队，他们坚持将小分队命名为"居伊·莫盖小分队"（le Détachement Guy Mocquet，还稚拙地把 Môquet 拼错了），"以纪念在沙托布里扬被纳粹杀害的最年轻的法国人，他也是一名学生（像我们一样）"。[13] 这群年轻的非正规军对德军发起过几次大的进攻，但最终被捕，其中16人于1943年9月26日在贝桑松被处决。值得一提的是，这支被判死刑的队伍由公教职工青年会（Jeunesse ouvrière chrétienne，简称JOC，由左派的天主教徒组成）及其对手法国共产党共同组成。居伊·莫盖这名"非暴力抵抗者"，超越了他的共产主义者身份，成为所有愿意为法国献出生命的年轻人的榜样。①

---

① 利用少年烈士进行政治宣传是法国共和党一个悠久的传统，该传统起源于1793年。当时，两名少年——年仅13岁的约瑟夫·巴拉（Joseph Bara）和14岁的约瑟夫·维亚拉（Joseph Viala），在与保皇党的斗争中殉命，据说其中一人死前高呼"共和国万岁"（Vive la République）。罗伯斯庇尔和其他人立刻就意识到了其中的价值，这两名少年的故事和形象很快以木版画和大报的形式传遍法国。在此后200多年的时间里，这两名少年出现在各种油画、素描、雕塑、故事和歌曲里。两人在巴黎都有以自己名字命名的街道。

1944 年 12 月，战争结束的前夕，戴高乐向居伊·莫盖追授了一枚荣誉勋章和一枚抵抗勋章；1946 年，居伊被追授法国荣誉军团骑士勋章（Chevalier de la Légion d'honneur），这是法国平民能获得的最高荣誉。同年，还有一条街道和一个地铁站以他的名字命名，这使他跻身法国有史以来最杰出人士之列。戴高乐是激烈的反共主义者，却多次承认居伊"为法兰西做出了勇敢和壮烈的牺牲"，并当众穿过众议院的立法大厅，与居伊的父亲普洛斯珀握手，当时普洛斯珀刚刚重新获得了众议院的议员席位。

关于居伊·莫盖的故事引起的骚动，法兰西学院常务秘书、著名的戴高乐主义反对者莫里斯·德吕翁（Maurice Druon）在 2007 年写道："让我们回到那个年代：重要的是去反抗，而不在于这个人是共产主义者还是戴高乐主义者。我们应当时不时重温那段回忆，提醒那些已经忘记或从不知晓历史的年轻人们，他们今天能生活在一个共和国里，都要感谢像居伊·莫盖这样的年轻人。"[14] 德吕翁强调，许多抵抗者身上被称作"早熟的抵抗"（précocité résistante）的精神，源自他们突如其来的勇气。

如果说居伊·莫盖的生前身后故事是这本书的绝佳开头，那我们现在还需要理解他成长的环境，理解和他相似的许多年轻人为何及如何反抗当时的德国占领者和协助占领者的同胞们。为此，我们要回到 20 世纪 30 年代。

第二章

在 20 世纪 30 年代长大成人

（一战后的法国）爱国主义……体现了为无解的问题寻求答案的一场越来越疲惫，也越来越绝望的求索。

——欧根·韦伯（Eugen Weber）

在 20 世纪 30 年代的法国，第一次世界大战"绞肉机"的痕迹还刻在死去或伤残的父亲、叔父、兄弟、儿子们身上，也深深烙印在人们的记忆里。数百万人家中的壁炉台上仍摆着镶了黑边的死者肖像，法国的每一个村庄里都竖起了纪念碑，碑上一个个反复出现的父姓令人难以忽视——死者都来自同一个家庭。11 月 11 日（一战停战纪念日）和 7 月 14 日（法国国庆日）的纪念活动，都会突出是法国军队战胜了德国军队，而很少提及英国和美国的盟军。1920 年，巴黎香榭丽舍大街的凯旋门下立起一座无名烈士墓。在法国，特别是在北部和东部，土地和田野已经被地雷和炮火永久破坏，每个月都有人因为残留的地雷或伤或亡。城市和小镇里还看得到大规模空袭和炮击的痕迹。战场附近建起了大型的坟场，许多埋葬其中的人至今身份不明；交战双方的死者被一起埋在凡尔登城外巨大的墓地里，这里是一战中炮兵和步兵交战时间最长的战场之一。随处可见身披黑衣的寡妇在吊唁自己逝去的爱人。男孩女孩们不记得这场战争，但那些年长的人记得，当他们紧张地试着判断未来时，战争就像一面鼓，在他们的想象里轻轻敲打。

一战绝大多数时间都是在法国北部和比利时境内进行的，几乎没有对德国的工业和人口造成损害。在那漫长的 4 年中，27% 的法国青壮年男性在军中服役，约 150 万人死亡，近 200 万人受伤。得益于医疗技术的显著进步，许多人免于丧命，但他们带着残缺的躯体、骇人的伤疤和心灵的创伤回到祖国，已无力参与祖国的重建和振兴工作。据估计，因为有太多男性死伤，在 20 世纪 20—30 年代，法国少了 100 多万个新生儿。

一名历史学家如此总结了一战造成的损失：

> 法国人为 1918 年那场得不偿失的胜利付出了惨痛的代价……（他们的）伤亡人数是英国的 2 倍，德国的 3 倍，美国的 60 倍。德国击沉了一半的法国商船；德国炮兵摧毁了 80 万座法国建筑、数千架桥梁和 4 万英里的道路。法国 4000 万总人口的 5% 都成了伤亡人口。[1]

10 年后，法国正在慢慢复苏，尽管不像其他国家一样债务缠身，但也没能躲过全球性的经济大萧条。因此，20 世纪的第 40 个年头是在一片阴郁中开始的。尽管对战争的仇恨催生了一场势头强劲，同时在政治上有影响力的和平主义运动，但对德国卷土重来的恐惧足以促使人们采取具有战争倾向的战略。

在 1930—1939 年的 10 年间，一代少年从孩童成长起来，但之后他们将面临另一场灭顶之灾。他们担忧地目睹着欧洲各国一步步走向另一场国际战争，但依然对法国有信心，认为它有足够的洞察力和敏锐度来抵御来自东面的任何入侵。如果战争不可避免，那这次会在德国境内发生，或者和一战时一样在比利时佛兰德斯（Flanders）地区发生。这种自满的情绪在 1939—1940 年被彻底粉碎，突如其来的战事让法国的青少年震惊——他们的长辈、朋友包括他们自己的判断错得有多离谱。历史学家欧根·韦伯以其著作《虚无岁月》（the Hollow Years）的书名来形容法国 20 世纪 30 年代这个错失机遇、政策失当、经济萧条、外交失败的时代。

||||||||||||||||||||||||||

尽管存在政治和外交上的焦虑，但法国尽一切努力"填补"那些"虚无岁月"。不过在某些方面，这几年绝对不虚无：新发明的无线电被大量引进，以更快的速度向越来越见多识广的公众提供信息，公众正在适应新的声音甚至新的景象。20 世纪 20 年代末至 30 年代初，科技领域一片繁荣，机械、建筑和艺术发明的爆炸式增长狂潮席卷整个欧洲。新的影像不断从美国传来，特别是神话般的纽约和那里不断建起的摩天大楼，传递出一个大胆张扬的信息：欧洲已经落后了。但这也激励着欧洲人跟上脚步。巴黎夜晚的城市景观很快就被各种令人惊叹的灯光占据了：探照灯、霓虹灯、成千上万辆汽车的前照灯和巨大的街灯。扬声器里大大小小的声音、汽车在鸣笛和换挡时发出的声响给了乔治·格什温（George Gershwin）灵感，这些声音中的节奏被他巧妙地捕捉进《一个美国人在巴黎》（An American in Paris），这部作品在许多家庭都拥有的无线收音机和留声机里被反复播放。即使是在远离都市的地方，无线电技术也同样走进了最普通的人家。广告常常夹杂着有关阶级和财富的意识

形态信息，并利用科技占领了纪念碑、大型百货商店、宽敞的街道甚至是头上的天空。城市生活的景象在不断变化，人们的注意力、欲望和社会关系也随之改变。

自从第一次世界大战上演了"空中骑士"这样惊心动魄的故事——男人们在脆弱的飞行器里进行光荣的战斗，电影院的银幕上便开始都是对空中旅行的幻想。好莱坞紧紧抓住了观众们想要看空战的心理。飞行器也被开发出其他用途，最瞩目的是运送国际邮件。作家圣埃克苏佩里（Antoine de Saint-Exupéry）就是一位无畏的飞行员，他在20世纪20年代末到30年代写下一系列小说，讲述飞行带来的兴奋和疲惫，尤其对独自飞行中的孤独感大书特书。他本人成为男子气概的新代表人物。女性飞行员也突然出现在新闻里，她们并不打算让男性像过去几个世纪那样把持着一项新技术。阿梅莉亚·埃尔哈特（Amelia Earhart）成了一位国际明星，她的名气几乎不亚于她的同行查尔斯·林德伯格（Charles Lindbergh）。法国人也是航空界的先驱，罗兰·加洛斯（Roland Garros）和路易·布莱里奥（Louis Blériot，他于1909年成为第一个飞越英吉利海峡的飞行员）的盛名人尽皆知。"似乎没有其他机器能代表人类决心摆脱古老的限制，去挑战地心引力，去摧毁时间与空间的专制统治。"[2]正如林德伯格在1927年独自飞越大西洋时展现的那样，飞机将为军事和商业带来巨大的利益，航空工程和生产因此大幅增加。时人对这种快速发展的着迷，如今的我们或许颇不以为意。但是在当时，一些国家中的大部分人在15岁后都没有继续接受教育，农业是他们主要的生计，城市化进程正在重塑城市本身。在他们看来，这种变化是牵动人心的。

在两次世界大战的间隙期中，电影在视觉文化领域取得了无与伦比的长足进步。据估计，在 1920—1938 年，电影院的月观影人数从 15 万增加至 45 万。巴黎的电影院有超过 2.2 万个座位，而各省会城市共有 1.3 万个座位。仅 1939 年，巴黎就卖出 200 多万张电影票。多种原因促成了这一增长，其中就包括 1929 年有声电影的诞生。声音——语音语调与演员的肢体动作相结合，让许多专注的电影观众学会了如何倾听，如何通过对话去解读肢体语言。而电影配乐，通过音乐去引导观众对画面产生情感共鸣，使看电影成为一种新的智力体验，电影也成了莱茵河两岸政治宣讲者巧妙利用的手段。

法国拍摄和制作的电影，力求娱乐而不是训导大众，在受欢迎程度上与好莱坞向国外输出的电影分庭抗礼。法国人头一次看到一部电影里，演员用观众的地方语言说话，但这些电影也让观众熟悉了许多门外语。在一个人人戒备的孤立主义年代里，电影将外来事物带到了大众视野中——即便人们不能接受它们，至少也可以有所了解。当然也会有战争片提醒法国人，他们在 10 年前为胜利付出过怎样的代价。但是，新电影也是在一种创作性冲动下被制作出来的，这种冲动是为了促成国际礼让，以避免战争再次爆发。那 10 年间最受欢迎的电影是让·雷诺阿（Jean Renoir）的《大幻影》（*La Grande Illusion*），片中凸显了阶级的消亡（国际贵族情谊也被削弱），强调"民间"外交（"people-to-people" diplomacy）有可能阻止其他灾难性战争。电影为天真的年轻人提供了更广阔的世界、各种各样的情感和策略。与歌剧、交响乐和戏剧不同，电影在很长一段时间里作为一种廉价的娱乐方式，将不同的社会阶层聚集到一个场所里，隐去他们的身份和背景；也在仅仅几个小时的时间里，让从年轻人到老年人的几代人置身于同一个黑暗的房间里。

正如文化历史学家指出的，对于品位的认知在这个时代发生着翻天覆地的迅速变化。越来越多电影讲述警察追捕盗匪、盗匪追捕其他盗匪的故事。虚构或真实的侦探故事让数百万杂志销售一空，并吸引更多观众前往电影院。无声片时代描绘出的美国西部的广阔天地，被迷宫般的都市取而代之。观众们热衷于看角色们（无论正派还是反派）逃跑和躲避，看他们在城市中寻找藏身之处，并利用城市的交通、贸易、建筑和人群掩盖自己的行踪。银幕上的这些情节看起来给年轻人和其他人留下了深刻的印象，因为他们在德国占领时期如法炮制。城市的建筑环境一直被人忽略，却将成为人民抵抗行动的重要助力。

电影还向观众凸显了意外、巧合和飞来横祸在城市中所扮演的角色。与陌生人或不想见到的朋友意外相遇，听到人行道上逐渐逼近的脚步声，在一个十字路口转错了弯，随意横穿马路，在熙熙攘攘的地方穿行，这些都是恐怖片、犯罪片和喜剧片中经常出现的情节。所有喜剧的根源都是出其不意（无论动作还是语言上），这种出其不意通过无数种形式表现出来后，提高了城市居民的警觉性，而这种警觉性在未来几年将是极为珍贵的。虽然很难说看电影能在多大程度上改变认知，但毫无疑问，大多数观众不会在散场后尝试他们从电影中看到的东西。但关于速度、声音和图像的记忆，以及电影为法国（以及欧洲）带来的各式各样的故事，即使面临当局的特殊限制，也将在战争年代中产生影响。

在法国被占领期间，尽管维希政府和德国当局对电影实行审查，但电影院仍维持着高且稳定的上座率。除了电影院，还能在哪个公共场所里时常遇到这么一大群青少年呢？电影票很便宜；比起女孩们想参加的舞会，父母在看电影这件事上会更宽容；当然了，漆黑拥挤的放映厅也为最胆小的人提供了庇护所。因此，在德国占领初期，最早的青少年抵抗行为反复出现在这些黑暗的场所里，这绝非偶然。男孩女孩们会在播放德国制作的电影时大声喧哗，在新闻短片吹嘘德意志第三帝国的军事进攻时大呼小叫，会起身大喊政治上的陈词滥调以冒犯年长的观众。

这一时期的社会历史学家一致认为，电影对当时属于法国社会边缘人群的少女及成年女性，产生了重要影响。电影银幕上的女性尽显机智、倔强、精明、执着，在她们的处境里泰然自若，并能老练地处理与长辈的关系。不同的观众坐在一起，时而微笑，时而哭泣，有时电影里讽刺政治家或其他领导人在智谋上完全不是妇女和儿童的对手，也会引来观众的大声嘲笑。电影倾向于为越轨的思想和行为正名（因此一再受到宗教机构的批评）。即使是最稳重的观众，电影也让其在黑暗中享受到了片刻的社会和文化自由。[3] 而那些黑暗的犯罪电影"唤醒了一个充满危险、神秘、不安、斗争和杀戮的世界"。[4] 尽管电影情节都是虚构的，但在法国观众发现他们和德国人紧密生活在一起时，电影对他们的影响已远远甚于现实。

如果一个年轻人足够幸运，他的家庭有些许可支配的收入，那他将经常从无线电广播直接获取信息。咖啡馆里的收音机往往放在显眼的位置，街坊邻里会请朋友过来一起收听晚间新闻。在这里，男孩女孩们头一次可以收听到原原本本的公告，能直接听到欧洲各地领导人的声音，这些信息都未经成年人的审查和删节。在每天的午间和晚上 8 点收听新闻并讨论，很快就像一日三餐一样，成为一个家庭的习惯。1932 年，法国总计有大约 100 万台收音机；到 1939 年，历史学家估计这一数字接近 500 万。[5] 尽管法国农村地区在电气化方面要落后于英国和德国（无线收音机必须连接电源），但大城市能定期供电，因此大多数收音机都在城市里使用。

从 20 世纪 30 年代中期开始，在青少年看来那些发生在巴黎的十分神秘的法国政治斗争，经无线电广播被广泛报道。尽管有数百份报纸详细报道了这些内容，但青少年算不上报纸的热心读者，因此无线电广播填补了这一空缺。例如，1934 年 2 月，有一系列关于法国右翼分子政变未遂的报道，此时正值希特勒在德国驱逐犹太人，同时，法国警察和拉卡古勒（La Cagoule）①，即积极反犹的右翼极端分子之间发生了激烈的冲突。突然间，青少年们开始向长辈提问："什么是犹太人？我们认识的人里有犹太人吗？"尽管很少有法国人熟识犹太人（当时法国只有大约 30 万犹太人，包括法国籍的和未入籍的），但面对越来越高涨的反犹太主义呼声，越来越多人被要求表态。与此同时，从德国、奥地利及后来的捷克斯洛伐克被驱逐出来的政治难民开始涌入法国。这些难民中，一些人十分富有，但大多数人并非如此。巴黎突然变成世界大都市中新移民最多的城市，甚至超越了纽约。如果法国公民没有意识到这一现象，那么政治家和评论家会提醒他们。

---

① 拉卡古勒又称"面具党"或"蒙面斗篷"。——译者注

||||||||||||||||||||||||

　　大多数法国人都确信，他们的国家足够明智，不会卷入不必要的、被条约强加的冲突中。他们的领袖还保证，不会使他们遭受战火。第一次世界大战刚结束，法国政府及其军事将领就开始进行军事演习，如果未来再有德国军队从莱茵河对岸入侵，应当如何自我防卫。法国人针对成本、工程、军备（如新开发的武器，特别是飞机和坦克）反复讨论了 10 年，且自信已经成功阻止了德国重整军备，于是决定建造一系列巨大的堡垒，这些堡垒将从瑞士的阿尔卑斯山一直分布到英吉利海峡，形成一道永久防线，其上的众多炮口将毫不遮掩地直指他们的日耳曼邻国。这道防线就是历史上著名的马其诺防线①。

　　20 世纪二三十年代，法国国防部内部爆发了激烈的争论：一些人认为大规模的防御工事看似是万能的灵药，实则毫无用处；而另一些人不确定下一场战争会以何种方式打响。领土防卫委员会（The Commission on the Territorial Defense）甚至发出了这样的警告："一座防御工事……绝不应被视作坚不可摧的，尤其糟糕的是，让国家战略，特别是国防战略仅依赖于防御工事。"⁶普法战争依然历历在目，第一次世界大战也给人们造成了挥之不去的创伤，这一切都让上述争论愈演愈烈。

　　法国的政治家们渴望在重新壮大起来的德国面前展现出强有力

---

　　①　安德烈·马其诺（André Maginot）在那一时期担任过几届内阁部长，为该工程争取了经济和政治上的支持。1932 年他在 54 岁的时候去世，这条防线便以他的名字命名。

的切实行动，因而最终认定这一大规模工程在经济和军事上都是合理的。法国政府支持开展如此大规模工程的首要原因是人口。第一次世界大战中，太多的年轻人或死或伤，根本没有足够多年满18岁的新兵来重振疲惫不堪的军队，法国在1935年之前几乎无力恢复到最佳军力水平，而德国仍然是人口最多的欧洲国家。因此，在与其接壤的边境上筑起巨大的防御工事，被看作合理的军费开支项目，而且马其诺防线将成倍放大几近力竭的法国军队的力量。然而，随着这道"长城"的开支越来越大，人们开始质疑，如果1914—1918年的战争就是法国人所谓的"结束所有战争的战争"，那为什么还要如此拼命地为下一场战争做准备呢？第一次世界大战难道不会持续影响好几个世代吗？为什么还要组建大规模的军队，提高另一场战争发生的可能性呢？

军事将领们的逻辑则简单得多：万一德军突袭，堡垒、地堡和掩体可以成为法国主力军队做好准备之前的第一道防线。重要的是，他们希望德军为避开马其诺防线，转而进攻英国的盟友比利时，使得法军能够集中在一条战线上。人们认为，如此一来，当英国被卷入未来的任何战争时，不会像一战时那样不情不愿。事实上，法国构筑这一巨大的工事，无非是为了争取时间，以防来自东边的突袭，并在未来德国入侵时让该工事充当永久屏障。

如此，法国便开启了这项声势浩大的工程，讽刺的是，10年后德国人自己也在法国的西海岸复制了一道"大西洋之墙"（the Atlantic Wall）。在20世纪30年代的大部分时间里，全世界都为马其诺防线这只军事巨兽惊叹不已，世界各国的领导人和军事领袖都前来参观学习。此时的法国尚未从经济大萧条中完全复苏，马其诺防线是它的骄傲。还有很多和平主义者支持马其诺防线，因为在他们看来，防御战才是唯一合理的军事活动。后来投身抵抗运动的历史学家马克·布洛赫（Marc Bloch）说，马其诺防线的建设着眼于战争的过去而非未来，但这并没有让规划者却步。

各国的报纸杂志和政府报告都对马其诺防线赞不绝口。美国杂志《现代机械》（*Modern Mechanix*）在 1931 年刊登了下面这段颂词：

法兰西铸就了世界上最伟大的防御系统

自从 2000 多年前中国人建造了中国长城，还没有哪个国家构想过如今正在瑞士和比利时东部边境上建设的如此庞大的防御工事。[7]

专家们反复强调，这道防线可以阻止任何军队占领法国。巨大的碉堡可以通过液压升降来调整火力和防御的精准度，且碉堡用坚固的材料筑成（至少一开始是），可抵挡已知最强大的火炮和坦克。这些大型钢筋混凝土堡垒通过绵延数英里的隧道连接在一起，还有特别打造的铁路线穿行其中。带空调的营房既宽敞又舒适，潜水艇的住宿条件完全不能和它相提并论，此外还有大厨房准备饮食，有医院和精心设计的卫生设施。所有堡垒之间都可以互通电话和电报。（事实证明，在随后的法国战役中，马其诺防线上下的通讯比地面战场的还要强大。）法国释放出一个明确的信号：我们不想要战争，但如果战争来了，我们已做好最现代化的准备迎接敌人。

这一工事后来被称为"昂贵的累赘"。1940 年 5—6 月，德国人直接绕过了这道战争爆发时尚未竣工的防线。成千上万的法国士兵和工程师被命令撤退，还有成千上万人被德军俘虏。许多设施在法国司令部的指令下被破坏，但大部分防线完好无损地保留下来了，还能被德国人加以利用，特别是在1944—1945年战争的最后几个月。直到今天，游客还能在防线所在的地区看到巨大的碉堡、地堡、小型堡垒和其他深达三四层楼的地下建筑，几近坚不可摧。马其诺防线从此成为政治和军事语境中的一种象征，表示一个令支持者和建设者都失望透顶、不能实现的"完美"计划。在20世纪30年代，这一计划的失败让四面受困的法国平民受到直接的负面影响。

|||||||||||||||||||||||||||||

在第一次世界大战中有数百万人战死的那一代人，与在20世纪30年代应召去参与"接班计划"的一代人之间，确实存在着"迷惘的一代"[①]。20世纪20年代末到30年代的青少年已属于这一世代，他们中的许多人是失去父母的孤儿。无数家庭不再是小家庭，而是数代同堂的大家庭。这一代人看到自己的国家陷于战争和叛乱，对未来的焦虑更甚。苏俄内战、几个大陆的殖民战争，以及东欧的领土战争，表明和平不过是一种幻想。而且年轻人受到时下欧洲最著名的作家和电影制作人在哲学和道德上的鼓舞，他们在寻求一个更稳定的未来时，便被和平主义深深吸引。

---

① 这个说法很可能是知名美国侨民格特鲁德·斯坦（Gertrude Stein）提出的，原本用来特指那些察觉不到自己的影响力或对创造自己的风格感到迷茫的美国作家、画家和音乐家们。然而，这个说法更多用来形容被困在两次世界大战之间的那一代年轻人。

对许多人而言，和平主义是一个勇敢而非软弱的选择，尽管在政治上它通常没什么用，但在一个依然紧抱着自己军事强盛神话的国度里，这 10 年间对和平主义的强烈呼吁从未消失。一些更保守、更传统的政党惊讶地看到，国内的众多和平主义者突然对 1918 年的惨胜发表看法。霎时间，那些批评将士、批评在外交上惨败的政客的人，不再被视作叛国者，而是新式爱国者。年轻人如今也可以在课堂上、在与父母的谈话中、通过报纸和广播听到并讨论这样的观点：战争不是法国伟大的顶点，而是它的最低点。众人皆认为这一说法显然入情入理。

西蒙娜·薇依（Simone Weil）是欧洲最著名的和平主义哲学家和活动家之一，她是一名年轻的犹太女性，她父亲的家族世世代代都是法国人。在薇依于 1943 年因肺炎去世后，她的神秘和平主义著作开始引发民众深切的共鸣。但她对 20 世纪 30 年代末好奇心旺盛的年轻人未能形成直接的影响，因为她的作品在生前鲜有发表，只有极少数刊登在左翼期刊或学术期刊上。不过，在刚刚从灾难性战争中恢复过来的年代，薇依所表现出来的激情，很好地代表了一个精力充沛的知识分子对下一场"伟大战争"的反应。

薇依认为，在战争中受难最深的不光是年轻人，还有穷人。战争源自传统的阶级制度，并强化了这一制度，因此反对战争就是反对工人阶级几个世纪以来遭受的剥削。令人惊讶的是，在西班牙内战期间，薇依曾前往西班牙，自愿与当地共和党人一同反抗法西斯主义。她于 20 世纪 30 年代初去德国旅行后，就一直在研究法西斯运动。在西班牙，她看到有了无情的炸弹和机关枪，即便是自己最钦佩的工人阶级也可以轻而易举地成为杀手。她还听西班牙的知识分子和战场上的士兵说起，有时在社会、政治和文化上处于弱势的群体，在一个不愿意承认他们的制度中别无选择，只能诉诸暴力。

在薇依的传记里，克里斯蒂安·兰切（Christiane Rancé）简要地描述了那一代人对和平稳定的追求：

> 无论身处哪一阵营，他们都抱着相同的野心：革新政治，抵制现行政府的腐败，结束国会的混乱。他们都相信凭着年轻气盛一定能做到，因为政治和经济危机不过反映了从更深层次威胁人类命运的精神危机，而他们年轻的生命对这场精神危机免疫。[8]

薇依对和平主义的热切主张中最重要的一点就是，她对何时当以暴力伸张正义的判断。她并不反对暴力本身，而是反对将战争用作实现政治意愿的手段。据称，她在慕尼黑危机发生时曾说过，为什么一个来自巴黎工人阶层的青少年要为保卫捷克斯洛伐克而牺牲？应该让那个国家做必要的牺牲去维护自己的独立；倘若它遭受另一个国家的攻击，就让它用适当的武力自卫。法国也当如此。①

在 20 世纪 30 年代中期的法国及其他国家，和平主义作为应对外交危机的可行方式，其地位已经达到顶峰。然而，仍有不少政治家认为，时下应当更强硬地回应意大利、西班牙和德国日益抬头的

---

① 当薇依看到德军扫荡一个法国城镇时，她什么都没想就加入了反抗军事占领的行列。她死时还在恳求伦敦的自由法国让她空降到法国，抵抗侵略中的纳粹势力。

法西斯主义。希特勒作为新上任的德国总理，第一次试探法国人决心的举动，就是收复莱茵河和法国边境之间的领土。当时有人强烈呼吁派遣更强大的法国军队迫使德军撤退，但人们无心发动另一场战争，特别是距离上一次大战才过去 17 年。巴黎的一份以讽刺著称的报纸开玩笑称："德国人正在入侵德国。"所有人都以为重新壮大的德国国防军不久就会匆匆返回祖国，但是他们留了下来。法国内阁会议因此分裂为两派，一派认为应该对希特勒迎头痛击，另一派认为莱茵兰（Rhineland）和那里的煤矿区不值得展开一场恶战。一名政治家曾说，"和平主义的龙卷风"震慑了政府，令其措手不及。[9] 我们不禁要问，如果英国和法国在 20 世纪 30 年代末，面对希特勒反复的入侵表现得更强硬些，纳粹会变得如何？法国在 1940 年 5—6 月惨败后，许多公民都会记住他们的政府谨慎回应咄咄逼人的独裁者的这一最初征兆。

||||||||||||||||||||||

对那些能接受高等教育的青少年来说，知识、政治和社会的中心当然是巴黎的拉丁区。拉丁区位于巴黎左岸，从卢森堡公园起，向北至塞纳河，向东至圣热讷维耶沃山（Montagne Sainte-Geneviève）和先贤祠（Panthéon），是法国主要的高等学府所在地，其中有法学院、医学院、矿业学院、高等师范学院、法兰西公学院（Collège de France），当然还有令人崇敬的索邦大学（Université de la Sorbonne）。

在 20 世纪 30 年代中后期，拉丁区成为两个政治阵营上演小型骚乱并进行大肆宣讲的舞台。圣米歇尔大道（Boulevard Saint-

Michel，俗称 Boul' Mich'）是拉丁区的主干道，由北向南延伸，两边布满咖啡馆、廉价餐厅和书店。这里很快就成了时不时发生激烈的口水战和斗殴的场所，因为左派和右派都想证明自己比对方拥有更多的支持。拉丁区主要的学校里，教师和学生群体大多倾向于中立。那时高等教育尚未普及，只有富裕的中产阶级才能供孩子在读完高中之后继续读书，而索邦大学、巴黎高等师范学院（École normale supérieure）和一些较大的高中庇护着左翼学生。事实上，圣米歇尔大道上双数门牌的一边是右翼严密守护的领地，而另一边的单数门牌则是左翼的阵地。"中立"的行人、公交车乘客和汽车司机在经过这条主干道的时候，经常能瞥见道路两旁彼此对立的海报和旗帜，甚至能听见双方阵营的叫喊声。这里也是巴黎为数不多的，共产主义者能和家境优渥的左翼资本主义者交往的地方之一。他们开玩笑地相互推搡，将自己最喧闹的举动展示给大道对面的反共产主义者和极端保守主义者看。[10]

许多政治摩擦开始在拉丁区爆发。那是在 1934 年 2 月之后，当时右翼和左翼派别在众议院对面的协和广场（Place de la Concorde）发生了激烈的冲突。这次暴力事件震惊了全法国。它反映了政治上的不满情绪，还暴露了一个更严重也更难解决的问题：法国终于在 20 世纪 30 年代进入经济大萧条，尽管比其他工业化国家更晚，但经济大萧条的影响整整持续了 10 年。经济大萧条带来的结果是经济衰退、群众失业，以及国家对贫困人口救助的减少。焦虑开始在工人阶级中蔓延，随后扩散到白领和企业主阶层。一个家庭中的父亲失业或被降薪时，这个家庭的母亲很难帮得上忙，因为女性在大多数情况下无法获得高薪的工作。当一个少年长到 15

岁，他之后的教育就不再免费了，他的家庭若无法供他继续读书，就必须把他推出家门，让他找一份工作来补贴家用。在这种大背景下，国家本身也像失了舵的船，没办法一次性解决所有的问题。

||||||||||||||||||||||||

1933 年 1 月 1 日，希特勒成为德国总理。整个欧洲都为之惊讶。这个人不是政坛常客，而是作为"人民的代表"当选国家元首。这个国家在第一次世界大战中蒙受了巨大的损失，且不得不承担军事失败后的经济后果和随之而来的政治混乱。尽管如此，德国的精神和自信，以及对在国际联盟[①]中重新获取一席之地的渴求仍占据上风。希特勒的计划不是秘密；事实上，仅在一年之后，法国的右翼分子、反共和党人、君主制主义者和反犹主义者就开始梦想建立一个消除不和谐及种族"入侵"的政府。

纳粹党虽然是通过合法选举上台的，但他们很快就开始明目张胆地无视魏玛共和国[②]确立的最基本的民主原则。希特勒的修辞风格，以及运用文化现象来影响人民的做法，深受贝尼托·墨索里尼的影响。墨索里尼从 1922 年起就统领着欧洲最大的法西斯主义国家。为了彰显自己的国家重新找回了团结的力量，墨索里尼下令让

---

①　国际联盟（League of Nations）成立于 1920 年，是第一个为维护世界和平而建立的国际组织。它曾在一些领域中颇有建树，但由于与伍德罗·威尔逊的意愿相悖，美国拒绝加入，导致其从根本上被削弱。它最大的失策毫无疑问是未能遏制 20 世纪 20 年代开始主导欧洲政治的法西斯主义思潮。

②　第一次世界大战之后，德意志帝国解体，在魏玛制定了新的民主宪法，并于 1919—1933 年建立起一个多党执政的民主政府，直到希特勒掌权。

军队侵略一个独立的非洲国家——埃塞俄比亚。通过新闻短片和电台广播，欧洲人民第一次看到和听到，空军、芥子气和集中营是如何杀死平民的。不难看出，墨索里尼的军队怎样对付非洲平民，就同样可以怎样对付其他国家。罗伯特·苏迪（Robert Sudey）在他的回忆录中记下了自己年轻时参与抵抗的经历，他回忆起战争爆发前夕的新闻如何影响了他："不公的事情令我厌恶。我记得我当时才 10 岁……意大利（于 1935 年）入侵埃塞俄比亚的消息令我无比愤怒。在我看来，这完全不可理喻，一个国家怎么突然就想征服另一个国家了呢！" [11]

希特勒确信自己充分了解了邻国政治上的谨慎和外交上的无能，很快使用"外交"手段开始改变 1920 年《凡尔赛和约》生效后的欧洲地图。1935 年 12 月，国际联盟将萨尔兰州（Saarland）的工业区归还德国，该地区自第一次世界大战后一直处于法国的统治下。5 个月后 [①]，希特勒下令仍然虚弱的德国军队进驻莱茵兰，这是德意志帝国被占领的最后一个地区，而法国人选择了"礼貌"地撤退 ［1919 年后，阿尔萨斯（Alsace）和洛林（Lorraine）回归法国］。尽管面对国际争端有相对和平的解决方式，但只有不温不火的抗议而没有军事抵抗，无异于鼓励希特勒继续壮大德意志的梦想。

||||||||||||||||||||||||

法国的政治左翼作为一个由极左翼政党和温和左翼政党组成的

---

①　原文为"five months"，但希特勒下令进军莱茵兰为 1936 年 3 月 7 日，即 3 个月后。——编者注

团体，受到组织日益完善的法国共产党的影响，逐渐将自己塑造成一支可替代保守右翼执政的政治力量。保守右翼自 1789 年法国大革命之后，一直以各种各样的形态统治着法国。然而 1936 年 5 月，出乎许多人的意料，一个温和的左翼政治联盟在立法选举中胜出，那就是"人民阵线"。在莱昂·布鲁姆——法国第一位社会党出身的犹太人总理——的带领下，人民阵线选举出自 1871 年短命的巴黎公社以来欧洲的第一个左翼政府。

法国的右翼恼羞成怒，1934 年就有一批人对左翼日益扩大的影响力反应激烈，这些人并没有因政治期望中的这些民主变化而平静下来。他们以为他们公开且时不时采取暴力示威就能阻止这种趋势。事实上，就在选举胜利前不到 4 个月时，布鲁姆险些在一次袭击中丧生：他在圣日耳曼大道上偶然遇到了一群示威的年轻右翼分子，示威者发现了布鲁姆，用铺路石和携带的棍子击打他的汽车，把他从车里拉出来，拳打脚踢，直到他的警卫将他救下。青少年们从广播中得知这起暴力事件，还有事后双方尖酸刻薄的争吵。许多人开始怀疑布鲁姆的当选会导致内战爆发。军队和警察会发动反对人民阵线的政变吗？

布鲁姆快速展开行动。尽管他在任不过一年多一点时间（1936 年 6 月至 1937 年 6 月，加上 1938 年初的一个月；而人民阵线本身掌权近两年时间），但布鲁姆政府制定的法律法规永久地改变了法国社会的结构：所有工人享受一年两周的带薪假期；基本时薪大幅增加；博物馆门票和火车票价格降低；义务教育延长到 14 岁；普及初等教育之后的教育途径；向受经济大萧条影响的农民提供慷慨补助；对集体协商制度实施多种重大改革；大规模投资和支持社会

福利住房；每周工作时间从 48 小时减为 40 小时；制定《劳动法》
（ Code de Travail ）；设立专门部门致力于发展体育和娱乐事业，旨
在让大多数法国工人享受从未有过的休闲时光。

中产阶级的汽车拥有量大幅增加，人们得以更加自由地出行。
许多家庭可以自由前往法国各地，而不再受限于铁路的时刻表。汽
车的普及和人民日益提高的支付能力，改变了法国的土地和城市
景观：

> 如果 1900 年的道路上有一辆汽车，到了 1920 年就会有
> 200 辆，1930 年则应有 700 辆；而 1940 年会增加至 1300 辆……
> 1930 年 1 月，有了泊车规定……付费停车场和更加顺畅的交
> 通。1931 年，人行横道出现；1932 年，发亮的交通灯出现……
> 1933 年，最后一辆有轨电车在巴黎街头消失。[12]

与此同时，汽车广告的重点都放在速度、动力和个性上。青少
年们都梦想着拥有一辆汽车，或者至少是他们的家庭有足够的经济
实力去买一辆。

左翼的人民阵线政府尤其关注法国最年轻公民们的身体健康。
在 1936 年 6 月的一次广播讲话中，主管体育活动、休闲娱乐和体
育教育的副国务秘书莱奥·拉格朗日（ Léo Lagrange ）宣布："我们
简单的人道目标，就是让所有法国青少年都有机会在运动中得到快
乐和健康，并为工人们创造休闲的机会，让他们能在辛苦劳作之余
得到放松的补偿。"[13] 焦虑的年轻人可能会竖起耳朵——这对他们
而言，似乎是一个暂时躲避家务和父母监视的机会，尽管只有几周

时间。琼·图布莱提（Joan Tumblety）在她的研究中，探讨了第一次世界大战后政府如何着力于让男性"重振雄风"（re-virilization）。她明确地指出"人民阵线在加强运动和体育教育方面大概比以往任何一届政府都做得多"。[14] 她提到，拉格朗日可以全权建造数百个新的运动场，将体育引入学校教学课程，并增加工人阶层的娱乐选择——这些工人到那时为止，从未在劳动以外，享受过资产阶级才有的运动机会。"人民阵线还尝试让航空、网球和滑雪等曾经是社会精英人士专属的运动平民化。"[15]

这些新的举措旨在增加男性明显减弱的男子气概，并将目光聚焦在下一代成年人（特别是男性）身上，以求塑造擅长在户外生存和工作，不会过分依赖家人的情感支持，能与来自不同社会阶层的陌生人一起工作，并学习在男女混合的人群中完成任务且与人互动的青少年群体。他们将在法国被占领的日子里热切地渴望投身抵抗运动，而这些旨在发展他们体魄和爱国情操的政策无疑使他们做好了准备。换句话说，坚持对年轻人的想象力和精力加以管控，建立等级组织，并在青少年中选拔领袖，这种教化不仅服务于政府的目的，讽刺的是，还让青少年在未来利用这种组织结构来开展他们的抵抗运动。

||||||||||||||||||||||||||

尽管快速发展的现代化进程掀起了一阵风潮，重新定义了人们的日常生活，知识的风潮又席卷了意大利、西班牙和德国，但法国在 20 世纪 30 年代泰然处之。它最紧迫的问题源自内部，即左右两翼主要政党之间的深刻仇恨。大多数成年人都认为一旦国际战争爆

发，法国人一定会团结起来击退入侵的敌人，就像他们在第一次世界大战期间结成的神圣联盟（Union sacrée）那样（那时各政党公开呼吁，抛开所有的政治分歧，联合起来对抗一个比政敌更糟糕的敌人）。但有一些人继续辩驳，认为法国注定会在冲突中失败，因为它在过去的 20 年里接纳了太多移民，也愈发不敬重天主教会的训诫和活动；如今法国需要的是新一代强健的年轻人，受复苏的信仰鼓励，实现法国的伟大复兴。这便是在 1940 年德国入侵后，法国更加分裂的样子。但在此之前，法国的注意力突然从自身的问题转移到一场横跨比利牛斯山的恶性内战上。

第一次世界大战造成的破坏、《凡尔赛和约》的条款、欧洲王室的空心化，以及经济大萧条，促使法西斯政党首先在意大利和德国崛起，随即便是西班牙。西班牙内战是一场由弗朗西斯科·佛朗哥（Francisco Franco）大元帅领导的殖民军叛乱，是一个由共和党人、社会主义者、共产主义者和无政府主义者组成的政府与企图促成政变的法西斯军队之间的对抗，也是法国青少年目睹的离他们最近的武装冲突。电影院的新闻短片里展现了实际作战中用到的大量新型武器；为迎合公众对彩色图片的需求，杂志和报纸也刊登出众多惊世骇俗的照片，包括被无名凶手残害的妇女和儿童的尸体。布鲁姆的支持者们向他请愿，向西班牙输送法国军队和物资以支援另一个合法的左翼政府，但布鲁姆拒绝了。其中一个原因是，在他的社会主义政党里，最有影响力的成员都是狂热的和平主义者。这么做能否算是明智的战术和政治举措，至今尚未有定论。但布鲁姆确实为暗中输送武器大开方便之门。他力图让顽固的英国和其他国家加入法国的统一战线，对抗佛朗哥和西班牙的法西斯分子——尽管没有成功；他允许成千上万的西班牙难民涌入法国避难。他也没有阻挠法国的青少年参军。但他从未正式承诺法国会保护西班牙共和国。而德国和意大利，也就是希特勒和墨索里尼，却从未掩饰自己对叛军领导人佛朗哥的支持，西班牙的空战基本上是由他们的军队主导的。苏联曾试图帮助共和党人，但他们并不与法西斯开战。最终的结果是，1939 年西班牙共和国战败，佛朗哥建立独裁政权。如此一来，法国就与 3 个法西斯国家比邻而居。

然而，最令法国人震惊并大大加深他们对战争恐惧的，是对马德里和巴塞罗那的"战略"轰炸，这两个城市和巴黎一样是一个国家的文化中心。1937 年 4 月，巴斯克（Basque）地区格尔尼卡（Guernica）镇遭受的恐怖轰炸已经引起了人们的注意，但像巴黎和里昂（Lyon）一样的城市在火中燃烧，激起了更多人强烈的关注。战地记者们一如他们会在下一场大战中做的那样，在战场上气喘吁吁地播报广播新闻，身边围绕着尖叫哭嚎的平民。最终，有成千上万的法国人穿越比利牛斯山脉，帮助西班牙共和国对抗另一种形式的法西斯主义。这些志愿者中有许多人回到法国后，成为反抗德国占领的先锋战士。

为捍卫民选政府而反对法西斯过分简化的社会解决方案的西班牙共和党人，影响了 20 世纪 30 年代末众多的法国年轻人，成为他们现实生活中的英雄，并在后来的抵抗运动中，与他们并肩作战。代际之间的效仿是这一政治演变的关键所在，年轻人们亲眼看见自己的父亲、叔舅和兄长为支持西班牙共和国，匆忙地印刷传单、在街头为孤儿募集资金、为逃亡的西班牙人在法国寻找避难所，甚至志愿参与斗争。他们所学甚多，特别是"口耳相传"可以补足无法从无线电获取的新闻，从而引发政治反应，这一战略将在抵抗运动中再现。西班牙内战让法国温和的左倾青年们变得激进，特别是同情共产党人或曾经是法国共产党一员的人。比如出生于 1921 年的让·拉茹尔纳德（Jean Lajournade）。他 16 岁之前都住在比亚里茨（Biarritz），在此之前，出于社会及意识形态的原因①，已经加入了共产党。他所居住的城市位于法国西南端，与巴斯克地区毗邻，因此他和朋友们都格外关注西班牙的战争。"这使他们意识到了军国主义法西斯的残酷本质。"他的女儿米谢勒（Michèle）对我说。让的朋友中有一些人曾穿越边境支援巴斯克共和军，而让也很快（在 17 岁时）成为当地共产党内的秘书。

年轻的学生们有时会因政治价值观而感到迷惑，但他们相信自己懂得善与恶的差别。他们也许会赞同军事力量是必要的，会认同自愿参战是一个国家的传统，他们甚至愿意为受到威胁的祖国而战。但他们在西班牙内战中目睹的对平民，特别是对像他们一样大的孩子们的无差别杀戮，是他们认定的决不可越过的底线。天翻地覆的世界引发了他们内心的呼喊，使他们认为有必要打破占领时期的法令，即使自己可能会因违法而被监禁或死亡。

---

① 这种情形并不罕见。我们还会在书中看到，许多年轻的共产主义者出于多种理由加入法国共产党：因为共产党组织有序；因为它平等地接纳女性党员；因为在德国和苏联尚未开战之前的德国占领时期，它领导人们进行了一定的抵抗；因为它有经费，这些经费一部分来自苏联的援助，一部分来自它自己募集的资金。意识形态当然也吸引了很多年轻人，但与自己的邻居和朋友团结一致，在这个混乱的国家里采取行动，对他们来说同样充满吸引力。

第三章

到底发生了什么?

我感到极度混乱。我们的朋友去哪儿了？我们的盟友呢？
我们能相信谁？谁？

——一个目睹了法国溃败的 14 岁男孩

　　1939 年 9 月至 1940 年 5 月，欧洲的参战国与非参战国都在
警惕地相互观察。德国入侵波兰后，这一段小心翼翼的观察被称
作"静坐战"（英语：phony war，法语：drôle de guerre，德语：
Sitzkrieg）。1940 年 4 月，德国接连入侵并占领了丹麦和挪威，打
开了波罗的海的港口，使德国海军可以在北大西洋肆意航行。英法
鲜有抵抗，且抵抗毫无成效。但法国并不担忧，毕竟虽然英国的陆
军不算庞大，也算不上训练有素，但英国的海军是世界上最强大的，
而且英国的空军拥有全世界最敏捷的战斗机和轰炸机。而法国既有
强大的海军，也有欧洲规模最大的常备军之一。希特勒若敢攻击这
两个国家或它们的殖民地，必将遭受钳制。

　　无线电广播继续向人们保证，法国已经为任何形式的战争做好
了万全的准备。遮光窗帘、汽车前灯的蓝色灯罩、搜寻德国轰炸机
的探照灯，以及要节约粮食的告诫，这些被统称为"消极防御"
（passive defense）。看到 20 世纪 30 年代末西班牙内战中马德里和
巴塞罗那遭受的毁坏后，人们在法国各地都建造了防空洞。卢浮宫

和其他大型博物馆将馆藏的旷世名作撤下，藏在乡间。在电影院的新闻短片和电台广播中，年轻人看到也听到了凶残的德国人对华沙的无情毁灭。他们因此紧张不安，迷惑间望向父母的脸，寻找让他们安心的迹象。他们的父亲、叔舅和长兄应征入伍；家里的母亲为弥补父亲的缺席而手忙脚乱。可即便如此，人们依旧不觉恐慌。年轻人始终相信，法国拥有强大的军队、英国的支持和无与伦比的马其诺防线。

但德军出其不意，于1940年5月10日，同时向卢森堡、比利时、荷兰和法国发起进攻。他们声东击西，将法军和英国远征军引向北部的佛兰德斯（一战曾在此陷入僵局）。盟军落入陷阱，德军即将威震四方的装甲师（panzer divisions）得以向西横扫，直逼英吉利海峡，截断了援军后路。德国国防军以迅雷不及掩耳之势穿过阿登（Ardennes）茂密的森林和山谷密布的地区，直接绕过了马其诺防线最坚固的部分。而马其诺防线上的炮口始终朝东，等待着永远不会到来的正面进攻。德军强渡默兹河（Meuse River），以令人瞠目的速度前进，在法国靠近比利时的海岸城市敦刻尔克（Dunkirk）围困了近40万盟军[①]。

疑虑使民众如惊弓之鸟，成千上万的法国人踏上逃难之路。他们与从北方涌入的荷兰和比利时难民一起，试图逃离迅速推进的德

---

① 令人称奇的是，有超过30万男性成功地从敦刻尔克逃到英格兰。这多亏了民间的大力援助，人们利用游艇、渔船、渡船、游乐船和其他一切能浮起来的东西载人渡海。约有10万法国和英国士兵在敦刻尔克大撤退中被杀或被俘。英国人也帮助了许多法国人撤离，但远没有法国认为应当撤离的人多，这在英法关系中留下一根刺，并将贯穿整场战争。

国军队。政府没有下达撤离的命令，只是在最后一刻才宣布巴黎成为"不设防城市"，即该地放弃军事抵抗，希求征服者不要破坏当地。尽管如此，手推车、马车、汽车、自行车和无数人，开始向着想象中的避风港"流亡"（exode，这个词被用来描述这一段充斥着大规模集体恐慌的短暂时期，至今，老一辈人听到这个词都心有余悸）。家庭成员四散，成千上万的孩子与自己的父母分离；老人在长途跋涉中死去；恶毒的德国飞行员向人群反复扫射，声称他们的进攻是为了防止盟军撤退和重新集结。纵横交错的人流时常会因机械或汽车故障而陷入停滞。比起麻木涌向卢瓦尔河（Loire River）的非战斗人员组成的洪流，法国平民注意到一件更加可怕的事：有穿制服的法国士兵和几百个穿便服的士兵也夹杂在人群中逃亡。步枪、头盔和其他装备被沿途丢弃。平民和军队之间关系紧张，时常发生争吵或更加激烈的肢体冲突。

在这一风雨不测的动荡时期，人们开始为抵抗全线溃败而协同努力。被击落的盟军飞行员被隐藏起来，秘密转移到中立国边境；撤退士兵丢弃的武器被收集掩埋起来以备后用；偶尔有落单的德国士兵遭到袭击，甚至被杀死。这种混乱的局面不仅给法国人带来了问题，对德国入侵者来说亦如此——他们的成功令自己像对手一样感到震惊。德军中与主力部队失散的部队，因迷失方向被法国人俘虏，被迫与临时抓捕他们的人一起逃往南方。

这段时间流浪和打劫的现象大大增加，年轻人以此养活自己和想保护的人。城市和乡村里弃置的房屋被洗劫一空，甚至在商店和邮局也出现了盗窃事件。这些现象并非表明人们在对抗已发生剧变的政治氛围，而是表明这个富庶的国家一夜间陷入了贫困。（如此大规模的青少年犯罪——很快就会升级成比打劫更严重的违法行动——将极大地困扰新建立的维希政府，迫使政府迅速推行严厉措施加以防治。）还有成千上万的儿童失踪，他们或是被陌生人收留了，或是被绑架、谋害、残杀了。法国各地的报纸和张贴海报上，都登有寻找失踪儿童的信息。那些待在家人身边的青少年，突然发现自己比和平年代的同龄人更早地担负起了自己的责任，成为家人的供养者、保护者和安慰者。即使在政府的帮助下，法国人也要好几个月才能回到自己家中，同时还需要更多时间来忘却所经历的恐惧和窘困，忘记他们如何在一瞬间失去领袖、家园和保护。

德国人来到哪怕是最小的村庄时，都会要求镇长陪同他们的官员去学校、药店和警察局，向当地民众宣示占领开始了。学校建筑经常被德军征用，因为它们是理想的宿舍、食堂和通信中心。虽然学校时有士兵居住，但占领者会允许学校正常开课，不过大多数情况下，师生都被命令到其他地方上课。对于一些少年人而言，在谷仓、仓库或巨大的公共会堂里上课起初是一种新奇的体验；在天气晴朗的日子里，他们会到室外学习历史和数学，那是学生们最喜欢的教室。但同时他们也知道，他们的家庭生活和其他习惯已经被一支外国军队扰乱，这支军队远比自己国家的军队强大，并在实施管辖时残酷无情。

埃弗利娜·叙勒罗（Évelyne Sullerot）是一名抵抗运动成员，后来成为一名社会学家，她编撰了一系列采访，采访对象是在大流亡时期还是孩童的人们。一些人在说到这场入侵时，提到了一战记忆对他们的影响。

我们家里经常提起战争（第一次世界大战）。我不止一次听到"德国佬"（Boches，直译为"德国泡菜"），"勇敢！我们必将胜利！"和"誓死坚守！"①。我父亲买了一部关于一战的六卷本著作，我从里面的照片上看到"条顿人"（Teutonic hordes）造成的破坏，看到堑壕战和刺刀战的情形。是的，在13岁的时候，我就被告诫要提防"德国人的野蛮"。[1]

许多年轻的抵抗运动成员都有一个共同的特点：往往会被某种形式的离别或德国人的暴力行为，激发出突如其来的勇气。也许是一枚落在附近的炸弹，也许是自己的家被德国人征用，也许是目击有人被德国人殴打或射杀，也许是眼看着自己的父母在沮丧、愤怒和羞辱中崩溃——这样的事常常令青少年目瞪口呆，继而发誓要报仇雪恨。当然，许多人会更加谨慎地行事，试图在这场不可预测的风暴中保全自己和家人的性命。而那些已经忍无可忍的年轻人，会在穿制服的德国人经过时冲他们大喊大叫或者竖起中指。叙勒罗采访的一名亲历者回忆道：

> 德国战争机器的胜利吓坏了我；我不晓得以英国的二流力量，就算逃过了入侵，又如何能够收复失地。美国与我们相距甚远，也没有太大意愿干预……我开始设想自己将长期生活在德国的占领下，不得不自谋出路。我必须顽强地工作、哄骗他

---

① "德国佬"是对德国人的蔑称，在1940年被德国当局禁止使用。这些一战中的名句体现了民众对法国军队的天真信念，倘若没有1917年末新生的美国军队抵达，法国军队根本无法取得胜利。

们、安静地站着、咬紧牙关顺从，或许会就这样直到死去。²

这个少年的世界被颠覆了，他的人生节奏也被打乱。"这一切何时才能结束"这个问题，将成为青少年参与抵抗运动的决定性因素之一。正如另一名受访者忆起的："历史粗暴地闯入我们的家，开始颠覆我们的整个价值体系。"³

德国国防军势如破竹的推进让许多人瞠目结舌，他们多年来都相信政府宣传，以为法国面对东边的入侵万无一失。突然间，法国政府未加宣示就从巴黎向南迁至卢瓦尔河畔的图尔（Tours）——卢瓦尔河是法国历史上的地理分界线，随后再次南迁到波尔多（Bordeaux）。如此仓促的行动令英国人大吃一惊。温斯顿·丘吉尔于 1940 年 5 月 10 日刚刚就任英国首相，当他接到法国领导人保罗·雷诺的电话时，简直不敢相信自己的耳朵：他们最关键的盟友竟然正在撤退。在 5 月中旬到 6 月中旬期间，他曾 5 次飞往法国亲自察看情况——这可不算小事，但每次都发现情况变得比他想象的还糟。敦刻尔克大撤退的成功很可能让丘吉尔坐稳了首相位置，也为戴高乐提供了一位重要的政治盟友和未来自由法国军队的基地。

法兰西第三共和国正在土崩瓦解。1940 年 5 月 17 日，在德国入侵一周后，抱着奇迹出现的希望，法国总理保罗·雷诺任命菲利普·贝当为他的政府成员，当时贝当正在佛朗哥统治下的西班牙首都马德里担任大使。（同时，他还任命了一个名不见经传的准将为国防部次长，这个人就是戴高乐。）报纸和广播都在努力跟踪快速发展的重大事件，这一消息被公开后，人民得到极大的宽慰。能够从灾难中解脱的希望极大。毕竟,贝当是凡尔登战役中的英雄[1],他当然知道如何遏制和击败德国人。强硬派的理由很简单:我们只要战斗,就是在警告希特勒和墨索里尼最好不要试图用武力输出自己的意识形态,法国会坚决地反对他们。但贝当早在加入政府之前,就认定战争已经失败了,因为他认为法国的政客们缺乏集中准备的意识,而这已经像白蚁一样蛀空了法国军队,只留下一个空壳。贝当在数周时间里不断恳请雷诺的内阁暂停与德国的敌对行动,但无济于事。[2]

6月14日,已是"不设防城市"的巴黎被占领,没有发出一声保卫的枪响。最终,雷诺辞去政府职务,贝当取代他,被推举为法国总理。翌日,即6月17日,这位84岁的元帅通过广播向全国宣布,战斗必须停止,并下令法国武装部队停火:

> 今天我怀着沉重的心情对你们说,我们必须停止战斗。今晚我与敌人对话,询问他是否已准备好与我一起,像战士与战士之间那样,在这场战斗之后,寻找光荣地结束战事的方法。愿所有的法国公民,在这种困难的时局中,团结在我所领导的政府周围,平息痛苦,只遵从对国家命运的信念。

各路评论员都注意到,他说话时声音颤抖,像一个年迈的祖父

---

[1] 在法国东部边境要塞发生的凡尔登战役是第一次世界大战中持续时间最长的一场战役,从1916年2月持续到1916年12月,历时10个月。双方伤亡惨重,最终贝当的部队实现防守反击,迫使德国放弃进攻。

[2] 雷诺在此后余生都将后悔邀请贝当加入自己的战时内阁。

安慰自己的孙辈：一切都会好起来，现在他会肩负起一切的。公众的反应也不尽相同，有些人如释重负般松了口气（"谢天谢地，我们终于可以回家了，轰炸和扫射也将停止"），有些人半信半疑（"他实在有些上年纪了，但他确实懂军事"），而有些人则深感愤怒（"我们的军队还在抵挡德国人，他怎么能说停战呢？"）。

但一切皆成泡影。1940 年春末，当德军涌入离西班牙边境不远的比亚里茨时，年轻的共产党员立即采取行动，试图动摇新建立的维希政府的根基。让·拉茹尔纳德在他未发表的日记中写道：

> 我们决定印发传单……反对贝当和他的政府，他们愚弄百姓，让民众配合。
>
> 我们找到一台旧油印机，破破烂烂的，但足以印出一些字迹清晰的传单。我们将它藏在圣公会教堂的圣器室里，那里已经无人使用了……我们想方设法分发这些传单。我们骑自行车到布科铸造厂（the Boucau foundry，该地区雇员最多的工厂）的出口，趁工人下班时混在他们中间，在跑路之前向空中抛撒传单。[4]

就这样，法国的抵抗运动几乎在战败的同时开始了。

||||||||||||||||||||||||||

关于法国这场大败，最扣人心弦的记述之一来自马克·布洛赫（Marc Bloch），他曾在法军向法国北部和佛兰德斯地区推进的时候，在几个法军指挥部服役。《奇怪的战败》（L'Étrange défaite）写于

1940 年德国胜利的几个月后，但直到 1946 年才出版，而在此之前两年，布洛赫就因参与抵抗运动（和他的种族背景）被德国人处决。该书精彩描述了历史事件，且对法军猝败于德国国防军的原因发表了卓越的见解。布洛赫的论点很简单，并以他和其他军官在停战后的对话，以及听来的诸多轶事为证：法国的战败是因为法国的军官阶层缺乏想象力——"指挥无能"。[5]

法国军方没有忘记 1914—1918 年的战争，也有信心像当时一样赢得胜利：最好在比利时，面对面地持续对抗。布洛赫恰如其分地指出，"德国人如今打了一场以速度见长的战争……我们不想知道或不想承认，由于新时代的动荡，他们掌握了这种新的节奏"。[6]在布洛赫看来，太多法国高级军官对一战的记忆过于鲜活，也过于刻板。然而大多数在前线的年轻士兵，只是云里雾里地听过那些流传下来的牺牲事迹。因此，两代人之间的脱节也是法军战术迅速瓦解的重要原因之一。（当 84 岁的贝当元帅被任命为新的法国总理时，这一论述得到了印证。）布洛赫认为，骄傲自大、思维懒惰和组织僵化，注定了法国军事的失败。

关于这场战斗的不同观点在接下来近 80 年的时间里持续发表，军事历史学家试图解释这次失败的原因，认为法军的失误和德国国防军超常的战略表现是同样重要的原因。即使如此，布洛赫的观点依然引人注目。例如美国的军事历史学家约翰·莫热（John Mosier），几十年来一直对一个显而易见的矛盾耿耿于怀——如此强大且高度机械化的法国军队，为何会在一支新建成且仍在发展中的德国军队面前迅速溃败？他的结论与布洛赫一致：这次失败不在于德国在机械化车辆，特别是坦克上的优势，也不在于其在空军方面的优势。法国两者皆有，甚至许多军备还优于德方。但"德国拥有比对手庞大得多的骨干队伍，其军官既有经验丰富的，也有尚未委派过的，其训练方式也更有效率……德军……主要军事力量的机械化程度更低，但其机动性更强，这不是因为他们的车辆，而是因为他们的头脑"。[7]

　　整个二战期间，最令法国忧心忡忡的问题就是领袖的失败。默默无闻的戴高乐得以迅速成为公众关注的焦点，原因之一就是他作为领袖所流露出的坚定。他那铿锵有力、无比自信的声音很快盖过了老将军贝当那千篇一律的陈词滥调。而这本书中的故事，在很多方面都讲述了年轻人如何寻求、定义并听从强有力的命令，无论他们有无军事背景、有无政治经历和年龄几何。布洛赫的《奇怪的战败》至今仍是为数不多的、由专业历史学家写就的实地分析著作，书中对法国在1940年春天短短6周内所遭遇的彻底失败的探究，始终有着切实的意义。

　　戴高乐迫切希望能迅速将所有反对德国占领的法国公民团结起来，包括生活在非洲、亚洲的法国殖民地的公民，以及设法来到英国加入他组织的新生军事力量的人。最终，他成为"自由法国"的象征，通过自己的个人魅力和丘吉尔的外交支持，逐渐建立起"一个永不投降的国家"的理念。这是一项非凡的成就。其他被占领国——波兰、荷兰、挪威、捷克斯洛伐克——的君主或民选领导人也都离开自己的国家，定居在英国这个"最后的岛屿"。但戴高乐不同，他虽然被维希政府革职并判处死刑，但对于许多法国人而言他还是个神秘人物，名不见经传，不像其他一些更知名的政治家和军事领导人。[8]许多人最初将他视为他的老师贝当的影子：保守、天主教徒、军人、傲慢、等级观念强。当贝当元帅无私地表示要领导法国度过这个艰难时期时，戴高乐为什么以一个战败国的名义发声呢?

停战的消息很快通过广播和撤退的士兵迅速传开——甚至比军队内部的通信还要快。在与德国人签署正式的停战协定之前，法军已经抢先一步缴械投降了。6月18日，就在贝当发表演讲的第二天，还是第三共和国最后一届内阁成员的戴高乐通过广播在伦敦发表了自己的讲话；尽管这段讲话当时只有少数人听到，但接下来的几个月，它在报纸和广播里被反复引用。戴高乐拒绝承认贝当签署的停战协定，号召所有"自由的"法国人继续与纳粹的战争机器战斗。他说："无论发生什么，法国抵抗的火焰绝不能熄灭，也绝不会熄灭。"几天后，他又在另一次广播中重申："荣誉、常识和爱国主义都要求所有自由的法国人继续战斗，无论他们在哪里，无论将来会发生什么。"[9]

我们必须再次强调，当时事态发展得如此之快，很多法国人甚至不知道他们的军队已被彻底击溃，以为法国还有时间做出其他选择。比如，一些坚定的和平主义者认为停战是个好主意；也有同样坚定的好战者认为，战争必须继续，而且要一路战到地中海，甚至更远的地方。还有一些问题也被反复提及：共和国应该继续保持原样，还是建立一个新的第四共和国? 倘若彻底放弃共和理念，转而采用君主制或独裁政体会怎样? 贝当值得信任吗? 是的，他是法国仍在世的最伟大的战争英雄，但他签署的停战协定将法国五分之三的领土拱手让给德国。这算是聪明的策略吗? 还是一个精神衰弱的老人的决定? 停战协定并未打消人们的疑惑。

让·弗拉涅（Jean Fragne）多年后回想，1940年5月时他自己才十几岁，却突然发现了法国已丧失军事能力的赤裸事实，他为此震惊又心碎。他站在一条远离前线的路上——当时前线的变化速度连无线电都跟不上，看到一大群法国士兵被缴去武器，慢慢行进着，几个只比他大几岁的德国士兵懒洋洋地看守着他们。他和一个朋友一起，对着筋疲力尽的俘虏大喊："快跑！逃！"但法国军官用几个手势，示意男孩们小声点——他们不想惊动守卫，引来报复。过了一会儿，他们便冲少年们喊道："回家吧！"弗拉涅继续说："在我们这些青少年看来，放弃抵抗简直不可理喻，但那确实说明了一些问题。我们已一败涂地……我内心裂开的伤口从此再也没能愈合。而那时才是 1940 年的上半年！"[10]

||||||||||||||||||||||||

在巴黎郊外那节见证过一战停战协定签署的火车车厢里，希特勒兴高采烈地草签了《第二次贡比涅停战协定》。这一协定还留下很多悬而未决的问题：贝当将被允许建立怎样的政府？戴高乐是谁？他有多大的胜算？[①][11] 没有被俘虏的法国伤兵一瘸一拐地回到家乡，郁郁寡欢，狼狈不堪，成为法国战败活生生的例证。法国人看到这些归来伤兵的惨状，士气低落。让这份屈辱感雪上加霜的是，将近 200 万法国战俘并未被释放。从签署停战协定的日子起，继续监禁法国战俘的行径就将影响新法国政府与德意志第三帝国之间的合作关系。还有另一个让法国人彻夜难眠的问题：我们的盟友是谁，他们在哪儿？一种强烈的被遗弃感充斥了整个国家。在敦刻

---

① 贝当和戴高乐曾情同父子，此时的贝当觉得自己完全被以前的门徒背叛了，说自己是"养虎为患"。

尔克大撤退中，英国不是先转移了自己的军队，才来装载法国士兵的吗？难道不是英国舰队在 7 月初，攻击了位于阿尔及利亚米尔斯克比尔（Mers-el-Kébir）港的法国海军，并造成 1300 名法国水手丧生吗？[①] 美国又在哪里？美国人没有看到正在发生的一切吗？

美国的不干预立场尤其令法国人沮丧。雷诺总理曾多次写信给富兰克林·罗斯福总统，向他寻求建议，特别是物资援助。但罗斯福正在备战他的第三次总统竞选，不想以战时总统的身份参选，因此按下了一切关于干预欧洲战争的建议。此外，亲德反欧运动在美国也声势浩大，愈演愈烈。美国优先委员会（America First Movement）的主席查尔斯·林德伯格[②]在德国进行过一次被媒体广泛报道的访问，此行之后，他确信美国应当同第三帝国站在一边，或至少应当保持中立。而这段时间对于美国最亲密的盟友英国来说，也相当煎熬。人们坐立不安地数着时日，不知德国何时会按照希特勒的预期，在战胜了欧洲最庞大的军队后入侵英国。直到 1941 年初，也就是德国进攻法国的一年后，美国才通过《租借法案》开始更多地帮助英国。该法案允许美国向英国（以及苏联和后来的自由法国）运送包括驱逐舰在内的战争物资，以换取英国控制下的加拿大和百慕大的基地。罗斯福开始践行自己的承诺，使美国成为"民主兵工厂"，但那时已是 1941 年的春末，对于法国和英国而言，为时已晚。

---

①　丘吉尔害怕德国人俘获法国舰队后，在实质上控制地中海。英国海军在投降谈判未果之前，就因混淆的信号对法国海军开火。

②　按照网络公开资料，查尔斯·林德伯格应该只是该团体最有影响力的发言人，而不是主席。——译者注

混乱让残存的法国政府陷入瘫痪。按照精心设计的停战协定，法国被分为 7 个区域：北部省份有部分地区被归入比利时；整个大西洋沿岸的海岸都禁止平民进入，尽管地中海沿岸仍将处于维希政府的管辖下；法国东南的小部分地区会受意大利控制，其余部分会成为非军事区；在东部，阿尔萨斯和摩泽尔（Moselle），以及洛林的部分地区，重归德国的管辖，这些地区曾在第一次世界大战后回归法国。法国不再设立常备军，只保留 10 万人的轻装部队，但海军舰队和殖民地仍在维希政府的控制下。[①]

|||||||||||||||||||||||||

1940 年 10 月 24 日，仅在德国占领法国且维希政府掌权的 4 个月后，发生了一件具有标志性意义的事件，影响了接下来的战争。事件发生的方式完全出乎参与者的意料，且不是事先谋划的。在皮埃尔·赖伐尔的敦促下，希特勒和年迈的贝当元帅在蒙图瓦尔的一座火车站会面。蒙图瓦尔位于法国中部，是一座建立在从法国西南通往德国境内的铁路沿线的小城市。希特勒之所以会同意这次会面，大概是因为他结束与弗朗西斯科·佛朗哥在西班牙附近的会

---

① 到 1940 年 9 月，维希政府在被允许管辖的所谓"自由"区颁布了一系列新的法规和制裁措施。德国生怕遭到法国大量人口的抵抗，因此密切地关注着维希政府的政治图谋，并实质上通过德国驻巴黎大使奥托·阿贝茨（Otto Abetz）的办公室管理法兰西国。

面①后返程时正好顺路。

希特勒下了火车与贝当见面，他礼貌地微笑着，向贝当伸出自己的手，却没有像对一名士兵那样敬礼。这次握手被广播和报纸（附有照片）报道后，引起了紧张的欧洲领导人们细致入微的分析。贝当是法国的元帅，凡尔登战役的胜利者，而他握手的对象希特勒是下士，他所属的军队刚在四分之一世纪前，在威廉二世的领导下打了败仗。法国公民也不断地审视这个瞬间：贝当怎么可以承认这样一个本应向他敬礼而非握手的小人物？消息传开后，贝当安慰他的国民："我是应元首的邀请，自由地去参加会议的。我不是'被勒令'前往的，也没有压力。两国之间正在计划合作。我也接受这次合作的原则。"[12] 许多人认为这是一个好迹象。那时"合作"还没有成为高度负面的词汇，尚未变成"懦弱""贪婪"和"毫无爱国之心"的同义词。大多数法国人，包括和平主义者，认为这次会面是贝当一次聪明的战术行动，从外交上智取了希特勒，这次会面意味着战俘很快就能回家了，法国领土将重新恢复完整，国家有幸能拥有这样一位智慧的领导人成为元首。但也有人持相反意见，认为贝当和他的追随者们都被愚弄了，维希政府的谄媚令人作呕，"合作"很快将被视为与德国的"勾结"，而正是纳粹德国羞辱了这个骄傲的民族。这次事件极大地影响了那些坚信贝当能够抵抗德国人

---

① 希特勒穿过法国与贝当会面时，很可能心情不佳，因为他此前与佛朗哥的交涉毫无成效。尽管德国和意大利在佛朗哥政变期间向佛朗哥提供了物资援助，但佛朗哥拒绝加入轴心国，且不允许德国的 U 型潜艇和其他船只使用西班牙及其北非殖民地的港口。尽管在意识形态上，佛朗哥与希特勒关系亲密，但佛朗哥足够狡猾，知道自己的军队实力太弱了，不足以抵挡来自英国的攻击或封锁。

无理要求的人们，因为这个凡尔登战役的英雄看上去像个乞怜者。蒙图瓦尔的闹剧，就像赖伐尔两个月后安排的另一起事件（将拿破仑儿子的骨灰从维也纳的墓中迁回法国）一样，在二战接下来的时间里为维希政府蒙上阴影。[13] 青少年看透了维希政府的卑躬屈膝，又多了一个追随其他领袖的理由。

第四章

盲目的抵抗

在幸福的土地上，孩子永远都是孩子。

——雅克·吕塞朗（Jacques Lusseyran）

教学楼外，生锈的铜铃乍然响起下课铃声，七八岁的男孩们无视老师的训斥，乱哄哄地涌向教室门口。7岁的雅克·吕塞朗戴着近视眼镜，想从挥舞的腿脚和手臂中间挤过去，不料一个同学推了他一把，他突然被绊倒了。他一个踉跄，右侧的太阳穴撞在老师的讲台边上，在摔向地面的同时，他感到眼镜的一条腿刺穿了他的右眼球，几乎将眼球捅了出来。被包扎后依然惊恐的他，立即被人送回附近的家中。

他的父母试图让他平静下来、停止尖叫，却从来访的眼科医生那里得知，他的右眼不得不摘除。吕塞朗的父母极力安慰他，告诉他就算只有一只眼睛也能生活得很好。然而令人悲伤的是，不到12个小时，他的那只"好"眼（视网膜在事故中被撕裂）也因失明被同时摘除。不到2天的时间里，一个如此热爱视觉世界的男孩再也看不见了。他彻底失明，只能感知到一片模糊的白色。但很快，年纪尚小的吕塞朗就证明了自己惊人的适应力。"（1932年）5月3日，我失明了，月底我又能走路了，当然只能紧紧地抓住父母的手，但还是能走，而且毫无困难。6月，我开始学习用盲文阅读。"[1]

于是，一个非凡的故事开始了：一个孩子勇敢地接受了一个大多数人永远无法迈过以至心死的悲剧。当你失明后，你如何能像孩童、少年那样自由而放纵地奔跑呢？雅克·吕塞朗可以。他无所畏惧地奔跑在小路上、树林里和崎岖的地形上，这都要归功于一个亲密朋友无时不在的支持与陪伴。让·贝斯涅（Jean Besnié）从不挽着吕塞朗的手臂，但有时吕塞朗会抓住让的手臂或肩膀；与吕塞朗在巴黎同一个街区长大的让，知道要以不露声色的方式关怀同伴，给他空间，让他按自己的节奏生活。令人踏实的友情加上认真习得的独立，使吕塞朗成长为一个富有想象力并勇气十足的年轻人，他从不认为自己的祖国被占领是理所当然的。

当吕塞朗到了上中学的年纪，要进入高中时，他的父母做了一个在那个年代十分勇敢的决定。巴黎当时有一所在世界范围内都享有盛誉（现在仍然是）的盲人学校——著名的第七区荣军院大道（Boulevard des Invalides）上那所杰出的法国国家盲童学院（Institut national des jeunes aveugles），两个多世纪以来，这所学校的社会学家和物理学家一直走在治疗盲人的最前沿。因此，当吕塞朗失明的时候，他似乎理应要到巴黎就读。但吕塞朗的母亲带着他短暂地造访过那所学校后，又考虑了他自身的诉求，最终决定让吕塞朗像其他聪明的男孩一样接受普通教育，而不是被隔离在一个"残障"的世界里。这一决定似乎出于天意，几乎可以肯定，如果吕塞朗在这样一所特殊学校就读，他就不可能进行后来的抵抗运动，因为这所学校将教导学生严格调整自己以适应这个视觉的世界作为最主要的宗旨。

雅克·吕塞朗的回忆录《就有了光》（*And There Was Light*）

由三个紧密相连的部分组成：少年成长在破碎的国家里；失明并学习适应；成为抵抗运动组织的领袖。他细致地讲述了这些彼此重叠、错综复杂的经历，以及当中如何充满了奇迹，而自己如何在失明后还能像在高空走钢丝一样保持平衡。后来在论文集《反对"我"的污染》（*Against the Pollution of the I*）里，他详细地阐述了他关于盲人心理维度的论述，称"自我"（ego）是自私又贪婪的操纵者，操纵着我们完全信赖的感官知觉。我们坚定但错误地认定，自己的身份建立在这些感官为我们创造的谎言里，一旦我们丧失了一种或多种感官，就以为自我的身份将永远地被削弱。西方唯灵论研究者克里斯托弗·班福德（Christopher Bamford）为这些论文作序，写道："吕塞朗……开始认识到，还有一个超越了普通听觉的世界，在那里，一切事物都有自己的声音。"[2] 这是这个年轻人的第一次反抗：他拒绝让丧失的视觉从精神或身体上定义自己。①

与同伴们相处时，吕塞朗从不以自己的残疾为借口。尽管无法看见，但他对自然世界有着敏锐的洞察力，能比同龄人更精准地"聆听"和"观察"这个世界，这一点毫无疑问吸引了那些想在战争世界中寻找答案的青少年们——他们的父母已在担惊受怕中失去生活的平衡。吕塞朗相信并辩称，盲人必须用想象力面对失明带来的挑战，他们很快就能学会感知无视力障碍的人无法感受到的"压强"（pressures）。他们将拥有超敏感的触觉，能够"读取"来自

---

①　吕塞朗在 20 世纪 50—60 年代做过好几次演讲，其中提到他对周遭世界的观察。阅读他的论述，我们会发现，他在失明后建立起来的这种新的认知模式，是他以自己在占领时期作为年轻的抵抗运动成员，并在布痕瓦尔德（Buchenwald）集中营将近两年的时间里得以幸存的经历试验而形成的。

被他人忽略的物体，如建筑、家具等，发出的信号，以及感知人体释放出的无数信号，这些信号常常被强大但肤浅的视觉所扭曲。也许所有青少年都渴望拥有某种"第六感"，帮助他们忍受长大成人的过程。雅克·吕塞朗相信，失明培养了他的直觉和悟性，这是没有因失明而被"削弱"的人不具备的。比如他回忆道，他出事之后，父母马上带他从乡下搬到巴黎，但这对他而言并不容易：

> （城市的）街道是噪声的迷宫。每一个声响都经过房屋的墙壁、商店的遮阳篷、下水道的格栅、密集的卡车、脚手架和灯柱，被重复了许多次，制造出一幅虚假的图景。[3]

然而吕塞朗通过建立新的认知模式，学会用他剩余的四种感官自信地理解这个世界，探知"真实的"图景。他甚至声称自己能"嗅到"道德秩序，并解读"道德声音"——这些能力将帮助他更好地领导青少年抵抗组织。很多人以为城市里的噪声会令盲人感到困惑和沮丧，但与此相反，吕塞朗这种能看透表象的天赋在大都市中尤其有用。他发现，在巴黎，特别是正常的感知被干扰的地方，例如墙壁，"会发出声响"：

> 当我将注意力集中到一面墙壁上时，我真的听到声音了吗？我不完全确定。但是，如果你仔细听的话，会听到一个颤抖的、很轻微但不断重复的声音。我认为，只要那面墙还在我身后，那个声音就会一直重复，并向我的身体施加一定的力量。[4]

他还不知道这种新的认知模式将在他后来的活动中变得至关重要。

1940 年 5—6 月的军事溃败，以及随之而来的纳粹占领，不但没有使吕塞朗更深地陷入寂静的失明世界，反而激发了他的能力，让他将自己神奇的注意力更多集中到影响周遭人与事的变化上。为了"看见"，吕塞朗必须训练出一种全新的、更敏锐的"触觉"。还有什么能比生活在一个面目全非的世界里更好地激励和帮助他呢？

那些在占领区转入地下活动的人，即那些需要动用欺骗性手段进行伪装和秘密行动的人会说，他们很快形成了一种"超"感，使自己能够在一个越来越可疑的环境中行动。虽然地下组织的成员没有像吕塞朗一样透彻地思考过这个问题——吕塞朗正在成为 20 世纪中期人智学最重要的支持者之一（人智学相信人们可以用客观、理性的方式理解精神领域），但他们很清楚长期进行秘密生活的非比寻常。[1] 无论是出于偏执、恐惧、期待，或仅仅出于明显的兴奋，抵抗运动的战士们都将这种高度敏感描述成地下生活的必要条件（sine qua non）。但吕塞朗从生理学和逻辑学的角度分析了这一现象；他会跟自己最亲密的朋友讨论自己得出的结论，这使他的朋友们意识到，面前的这个人才华超群，是一个领导者。吕塞朗回忆，当他的朋友们"迷失"在巴黎迷宫般的街道中时，他们会向他这个"盲人"求助，寻找回家的路。他的失明越来越被朋友们看作一种

---

[1]　吕塞朗在其短暂的一生中出版了若干书籍，这些书籍至今仍被那些有类似感官障碍的人翻阅。"注意力"在吕塞朗笔下是一个至关重要的概念，多次出现在他的作品中，强调了一种近乎可触的差异性的存在，而那些仅仅依靠视觉的人是感知不到这种存在的。

"特殊能力"，令他与众不同，并促使人们追随他。高中时，在他上学路上，他的同班同学在卢森堡公园与他会合后，会跟在他身后，从不越过他走到前面。跟在他身后的人越来越多，他们叽叽喳喳的笑声很快就传到学校管理员的耳中，管理员会说："看看，吕塞朗的游行队伍来了。"[5]这支尊敬和钦佩吕塞朗的队伍将构成"自由志愿军"（Volontaires de la Liberté）的核心，该队伍将成为巴黎被占领期间最受尊敬的早期抵抗运动组织之一。

吕塞朗上的是最好的高中，他惊人的记忆力和对盲文的娴熟使用，令缺乏想象力的学校管理者目瞪口呆。聒噪的盲文打字机成为这个非凡的年轻人的响亮标志。他在班上总是名列前茅。虽然他常常因智力过人而对学习感到无聊，但他知道，他必须做得比别人更好，才能成为一名学者或教师——这似乎自然而然就成了他的理想职业。他也学会了分辨哪些是可以依赖的朋友，能迅速识别并无视那些轻视或可怜他处境的人。"我真正的朋友一直都是那帮特殊的孩子，那些探索者，那些不知疲倦的人，那些被我们称作热心人的年轻人。"[6]他可以轻易看透青少年这个"族群"，这一能力为他后来成为一名成功的领袖做出了不可估量的贡献。

让我们姑且将吕塞朗的"缺陷"放到一边，回到这样一个问题上：这些年轻人拥有充分的选择自由，为何要拿自己的事业、名誉、家庭，甚至自己的生命来冒险，只为表达他们对占领的懊丧呢？就吕塞朗而言，他比同伴们更了解德国和希特勒。他十几岁就决定学习德语，主要是因为他父亲做生意经常去那里，而且吕塞朗渐渐被那位新的德国领导人吸引了，着迷于他的声音和承诺。在意大利墨索里尼上台、德国纳粹党崛起、西班牙内战的动荡年月里，价格低廉的无线电得到爆炸式发展，而希特勒利用无线电广播，将战争和革命的威胁进一步带进千家万户。吕塞朗每天都花数小时来精进他的德语（这项技能未来可能挽救他的生命）。通过斯图加特（Stuttgart）电台，他了解了法西斯主义的内涵，比他的同龄人更早地意识到德国人在 20 世纪 30 年代是如何在欧洲外交上取得压倒性优势的。1938 年，当他从无线电广播中得知德奥合并（Anschluss），希特勒将奥地利并入第三帝国的消息时，他震惊得不知所措："我凭借 13 岁的想象力想要承受这份冲击，但那种情绪太强烈，一下子扑面而来。历史带着杀人犯的面具向我袭来。"[7]

新闻里的报道变得越来越可怕，他也越来越清楚地看到法国政治领导层的懦弱：

> 大多数成年人似乎不是蠢货就是懦夫。他们不停地嘱咐我们这些孩子，必须为生活做好准备，换句话说，为他们现在所过的生活做好准备，因为他们确信，这就是唯一美好和正确的生活。得了吧，不用了。生活在毒气的烟雾中，就像在阿比西尼亚（Abyssinia）、格尔尼卡（Guernica）、（西班牙）埃布罗（Ebro）河沿岸、维也纳、纽伦堡、慕尼黑、苏台德地区（Sudetenland）和布拉格的道路上那样。多么美好的前景！
>
> 我已不再是小孩……德国电台既吸引我又令我感到恐惧，它正在摧毁我的童年。[8]

然后德国人就来占领了巴黎。吕塞朗回忆起占领一开始是多么微妙又危机四伏。他的朋友告诉他，穿制服的德国人无处不在，街上开始流行德语的路标和方向标。生活似乎还像以前一样——当然了，除了犹太人和反纳粹德国的移民。

> 那时我还不明白占领到底意味着什么，因为它太重要了，而一切又神不知鬼不觉。纳粹已经完善了一种将自己安插进欧洲各国的新方法。至少在法国，他们按规矩行事，十分注意不犯错。他们对我们行偷盗和抢劫之事……但从不或几乎不谈论这件事，也绝不威胁。他们满足于签署各种征用令。[9]

面对占领者时，人们最初的犹豫是可以理解的：大多数人在明白抵抗的道德意义之前，都会选择避免冲突。最初几个月，各方面都充满了不确定性。年轻人急切地想知道发生了什么，却无法参透军事占领造成的快速变化，这一定令人十分沮丧。

吕塞朗和他的同学一样，在一段时间里情绪低落、焦躁不安，并对时局的发展感到困惑。父母与老师们哀怨的借口和陈词滥调，也无益于改善他的精神状态，这些成年人也还处在近来事件带来的震惊中。他为此沉思道："在被占领的最初几个月，我就像经历了第二次失明。"[10] 这个绝妙的隐喻正说明了，法国的战败和德国的占领对大多数公民产生的影响。随后，吕塞朗用实事求是且谦逊的口吻，讲述了自己如何像加入学校的拉丁语社团一样，决定与同伴成立一个抵抗团体。鉴于学校、社团和家里都在进行的争论，做一些维护法国统一的事似乎是有意义的。这名青少年开始构想一个秘密组织——它将一直持续到占领期结束。

法国初高中的教师大多是进步分子，有些甚至是社会主义者。

他们中的大部分仍然是和平主义者，不少人是共产主义者；很多人在一战的战壕中服过役，因此反对德国不间断地煽动战争。部分教师在占领初期就加入了抵抗运动，但其他人仍然拥护维希政府，相信贝当将法国从全面战争的浩劫中拯救出来是正确的。他们鄙视德国人，但更担心共产党人。也有教师坚持向学生灌输一种不同的爱国主义，提醒他们不要忘记法国大革命的遗产，以及国家为保护人权所进行的斗争。

"几乎所有和我同龄（16岁）的男孩都忧心忡忡。那些不忧心的都是傻瓜，和我们不是一路人。"吕塞朗回忆道。[11]确实，在他的高中，和其他学校一样，有一些人并不因为德国人的存在而烦恼。他们发自内心地支持贝当，甚至欣赏德国军队。他们和他们的父母曾是20世纪30年代中期激烈反对法国短暂社会主义政权的人。在溃败已成定局的情况下，也许一个新政府给予一个正在衰败的国家一定的殷勤关切，正是创造一个更光明的未来所必需的（只不过法国犹太人的命运对持这种观点的人无关紧要就是了）。二战初期，法国的学校里每天都有争论甚至斗殴。一个学生的政治倾向往往被所有同学所知。

著名的历史学家和政治哲学家安妮·克里格尔（Annie Kriegel）在她的回忆录中写道：

学校不是一座与现实世界相分隔的孤岛。老师与学校管理层之间、老师与老师之间、老师与学生之间，以及学生与学生之间的紧张关系、政治对立和冲突（很容易）会演变成暴力。而男校的课堂气氛比女校更紧张。[12]

　　当克里格尔的学校在 1940 年 9 月重新开学时，大多数共产主
义者、共济会成员或犹太人教师被解雇，取而代之的是更年轻的新
教员（他们不一定是维希政府的支持者，但肯定不是犹太人或共产
主义者）。如此清洗之后，第一次有女教师来给男生们上课。很快，
学生们就注意到弥漫在留下的老师们之间的紧张气氛：维希政府不
信任这些老师。德国占领当局对青少年的教育没有太多关注，而是
将这些日常生活的事务交由维希政府来管理。当然，一些德国官员
会干涉学校的课程安排，以及有关近代史的教材内容。但总的来说，
是维希政府更关注对下一代法国人的培养（法国女性不在其中，因
为人们希望她们未来成为好母亲和家庭主妇），尽管收效甚微。不
管一所学校里有多少贝当派或亲德的学生（"那段时间，一些学生
踏进学校门槛是举着拳头的，另一些则高举手臂"），教师群体大
体由和平主义者、中立者或悄悄支持共和党的人组成。[13]

　　法国分治后不久，教育部就下达命令：停止教授 1918 年后的
法国历史。但吕塞朗最喜欢的历史老师会在放学后关起门，为想留
下的学生（除了两个人，班上的学生都会留下）讲述 20 世纪 20—
30 年代的历史，以及德国是如何被一个"江湖骗子"所欺哄的。
他向他们讲述《我的奋斗》（*Mein Kampf*）和戈培尔（Goebbels），
一直到纳粹意识形态的种族特征。在某个时刻，他冲着学生们大
喊："年轻的先生们，这不是一场国家间的战争。不会再有这样的
战争了。你们要牢牢记住！世界是一体的。这可能让人觉得不舒
服，但这是事实。所有的民族主义者都落伍了，都是顽固不化的守
旧者。"[14] 这名老师很可能是一名地下共产党员，他和他的同伴们
很可能会被维希政府解雇。但他们对这些高度是非分明的年轻学生

潜移默化或直截了当的教导，将产生深刻且持久的影响。

　　法国最有名望的两所高中，路易大帝中学和亨利四世中学位于拉丁区的山丘上，俯视索邦大学，环绕着先贤祠，那里埋葬着法国最伟大的思想家和领袖们。这两所高中从那时起到现在都是竞争对手，是法国知识精英的训练场。① 正是在这两所高中的空地上、图书馆内，以及位于它们之间的咖啡馆里，吕塞朗开始发表他对于这一代人应遵循的道德准则的见解。杰尔姆·加尔辛（Jérôme Garcin）以吕塞朗为主人公，写了一部充满真知灼见的小说，名为《先知》（Le Voyant）。小说着重描写了这群即将永远改变自己生活的青少年："这些奇怪的小大人，他们的嘴唇上方还长着桃子般的绒毛，手指上残留着课堂墨水的印迹，还未品尝过女性诱人的肌肤上苦乐参半的滋味。"15 周围的事件开始对他们产生越来越大的影响，他们通过自己的父母，也通过自己的亲身经历发现，占领者是如何缓慢而无情地让他们的日常生活变得难以忍耐的。人们都不得不面对现实：德国人如今舒坦地生活在巴黎和法国其他地方，而大多数法国人并非如此。

‖‖‖‖‖‖‖‖‖‖‖‖‖‖‖‖‖‖‖‖‖‖‖

　　到 1941 年春，纳粹已在巴黎盘踞 10 个月。在德国军事占领下的第一个学年即将结束，人们可以感觉到，随着战争的暴行不断侵入中学生的生活，他们的情绪变得越来越焦躁不安。吕塞朗指

---

　　① 那时这些高中都不接收女学生，因此女性在 20 世纪 50 年代前几乎没有可能进入政府最高层。但一切都会改变，特别是年轻女性在抵抗运动中扮演了十分有影响力的角色后。

出："我们的不安比那些完全长大的成年人更甚。"[16] 男孩们每每看到德语的路标，官方建筑上悬挂着的鲜艳的红、白、黑色相间的卐字旗，在最高级的商店和饭店外张贴的"我们说德语"（Wir sprechen Deutsch）的告示，以及德国警察指挥交通，就有种被冒犯的感觉。而每天他们都能从家人、来访的成年人和老师那里，听到他们心爱的法国正处于何种绝望的境地。父母的不安、沮丧和愤怒——所有绝望的混合体，让游移不定的青少年更加迷茫。

青少年与占领者的互动，通常不过是相互表达毫无新意的不尊重。比如说，在德国统治下的最初几个月，自信的青少年常因被拦下来检查证件而愤怒。曾有一个年轻人，在一个德国警卫要求她出示身份证后，猛地踩下汽车油门，带着后座上的父母绝尘而去。凭什么让我在自己的国家出示身份证？那些德国佬以为自己是谁？被甩在车后的年轻德国士兵目瞪口呆。让法国青少年更感到耻辱的是，那些检查站哨兵往往不比自己大多少。

人们的公共交通被限制，超过一定人数的朋友聚会被视为可疑活动，身份检查和宵禁变得更加严格。渐渐有消息传开，犹太人和其他加入早期抵抗运动的年轻人被捕，因为他们取笑德国士兵，或做了些更危险的事，比如切断电线或者打碎窗户。所有消息都经口耳相传，后来又以传单的形式被秘密印刷和分发。这些事就像约会和派对一样，成为青少年的重要话题。

1941 年 5 月，一小群 15—18 岁的男孩们在雅克·吕塞朗父母的公寓里聚会。该公寓距离蒙帕尔纳斯（Montparnasse）只有一个地铁站的距离。蒙帕尔纳斯在 20 世纪 30 年代是美国侨民的知识和社会生活中心。公寓离吕塞朗就读的高中，即索邦大学对面的路易大帝中学不远。公寓大门位于一家药店和一家糖果店之间，整栋建筑正好坐落在巴黎中产阶级的核心地带，街对面就是巴黎最负盛名的妇产医院。吕塞朗的家在公寓的四楼。吕塞朗的父母将住所后面的两个房间给他使用，这样他可以安静地学习，也能屏蔽他一直使用的盲文打字机的噪声。吕塞朗的房间因其隐秘性，成为这群男孩密谋策划的理想地点。令人惊讶的是，这些年轻人天真地忘记了，这样的聚会可能会引起德国或法国警方的注意，好在他们一直运气不错。①

在吕塞朗家进行的第一次会议上，这些年轻人就严肃地提出要创建一个组织，将抵抗占领的想法付诸行动。出乎吕塞朗意料的是，他的朋友一致推举他做他们的领袖，并表示愿意服从他的领导。吕塞朗最初十分惊讶：为什么是我？为什么是一个盲人？如今我们知道答案：吕塞朗在中学时期清醒坚毅地克服了失明的障碍，这充分体现了他的品质。他的幽默、智慧与忠诚，都是同伴们信任他的原因。

这个话题一被提出来，就使在场的年轻人激奋不已，但吕塞朗和他最信任的伙伴们很快想到了一件事：他们还要完成一些准备工作，才能直接对抗日渐多疑的敌人——德国人和与他们同谋的法国警察。他们需要招募成员、组织策划，并遏制一些干部成员过于高涨的热情和无的放矢的行动。他们需要协调行动。一个吕塞朗的密

---

① 年纪大一些的抵抗运动成员常常拒绝吸纳青少年进入他们的组织，其最常使用的借口之一，就是他们确信青少年是出了名的守不住秘密。恰恰相反，可能没有谁比那些为抵抗运动服务的年轻人更能守口如瓶。但在整个二战期间，人们普遍相信青少年管不住自己的嘴。

友当场问了几个十分重要的问题："你想要招募怎样的人？多少人？你何时需要经费？需要多少？你要把组织的总部设在哪里？你考虑建立怎样的组织纪律制度来控制成员的活动？你什么时候向伦敦告知组织的存在？"①17

吕塞朗后来回忆，自己和朋友们在很短时间内就将一个理念转换为行动计划；他也突然意识到，自己根本没有经过任何训练，就领导一群精力充沛的聪明小伙子与欧洲大陆最成功的军事力量进行对抗。"我想到了所有事，除了危险。"18

那之后又过了几年，吕塞朗写道："失明是一种感知状态……能够增强众多智力活动和组织活动迫切所需的能力。"19吕塞朗拥有惊人的记忆力（因此不需要写下任何东西），在不同信息碎片间建立逻辑联系的天赋，以及敏锐察觉哪怕是最微小细节的能力，再者，他因为失明而往往被视作残障人士。所有这些"优势"，都将他塑造成一名理想的抵抗运动领袖。在他领导这个组织的两年中，他强调，从没有人质疑他的决定，也没有人暗地里表示他们无法信任一个盲人的直觉。

然而，他还是心存犹豫，便召集了第二次会议。这次会议的地点是在他的好朋友让·贝斯涅的家里。组织创立时的每一名成员，此前都被指派去寻找可能对抵抗运动感兴趣的年轻人。50多名热切的高中生和一些大学生听说了这次会议，前来出席。他们坐在地板上，听着吕塞朗的演讲，兴奋地憧憬着即将展开的炫酷

---

① 至此，男孩们已得出结论：他们要加入总部设在伦敦且处于丘吉尔保护下、由戴高乐领导的自由法国。他们一直在寻找明确的目标，拒绝了很多其他的反维希抵抗运动，在他们看来，那些运动内部存在许多微妙的分歧。

冒险。但吕塞朗没有笑——这可不是儿戏，他警告说。他们即将展开的行动十分严峻，而且他们对此毫无经验，没有人可以请教，特别是无法询问自己的父母、老师或神父。他们没有印刷机，兜里只有些零花钱，没有武器（这个团体永远不会武装起来）。到当前为止，他们最严重的罪行不过是偶尔逃课或让别人代写作业，而绝不至于遭受监禁、驱逐出境或死亡的惩罚。但当时，一切都不一样了。

满屋子男孩的神色因此黯淡下来，但没有人提出怯懦的问题，所有人都同意去寻找更多人——那些可能成为这一宏伟计划一分子的同学们。吕塞朗的领导地位始终不容置疑。在回忆录里，他原本在讲述自由志愿军组织的成立过程，却插入了一个似乎完全跑题的事件：他请贝斯涅带他去上舞蹈课。吕塞朗解释说，这不是一个随意的决定，因为他需要训练自己的身体去习惯"长大"的新感觉，让自己足以领导一场针对残暴成年人的激情反抗。"我沸腾的思想传递到我的身体上，给我一种难以名状的力量……我的身体里好像有一列充满力量的列车，必须扫清道路上的一切障碍让它通过。"[20]每次上完课，他都觉得和女孩们一起跳活力四射的华尔兹、伦巴、狐步舞，特别是禁忌的"摇摆舞"，让他触碰到情色的边缘，一种他还未能完全理解的危险。他写道，跳舞帮助他赶走了内心的"魔鬼"，以及他的新敌人。

||||||||||||||||||||||

爵士乐。如果20世纪30年代的法国有一种文化基因，可与巴斯比·伯克利（Busby Berkeley）的美国电影相匹敌，那便是路

易斯·阿姆斯特朗（Louis Armstrong）和本尼·古德曼（Benny Goodman）的音乐。传统认为，美国爵士乐在欧洲的第一个音符是 1917 年在大西洋港口城市布雷斯特（Brest），由来自纽约第三六九步兵团的"哈林地狱战士"（The Harlem Hellfighters）奏响的。随步兵团同来的还有詹姆斯·里斯·欧罗巴（James Reese Europe）指挥的 44 人爵士乐队（恰到好处）。他们一登陆便开始演奏。一名记者描述了厌战的法国人听到这种音乐时的反应："詹姆斯·里斯·欧罗巴的乐队上岸后，第一件事不是吃饭，而是要让法国人知道他们来了，于是他们在城里演奏了一些平淡无奇的爵士乐……欧罗巴一指挥，那地方的法国人便知，希望还没有完全破灭。"[21]

新奥尔良和芝加哥献给 20 世纪的礼物就这样如暴风雨般席卷了欧洲。每当有文化现象突然出现，并被"易受伤害的"青少年迅速接纳时，总有道德、政治和文化机构对其大加批判，指责其影响恶劣，提醒公众提防它，甚至禁止它。爵士乐，就像 20 世纪 50 年代的摇滚乐和八九十年代的嘻哈在美国一样，也持续经受着这种过分拘谨的"道德分析"。人们认为爵士乐的韵律和起源是外来的，甚至是"野蛮的"；爵士音乐家都是陌生的，也就是黑人。爵士乐是嘈杂的、都市的、来自大都会且颇有侵略性，渗透至所有的社会阶层。但它的听众，特别是年轻听众，从中发现了一种性感的节奏，契合他们想与父母的刻板世界区分开来的渴望。[①] 爵士乐绝非源自法国（尽管维希法国时期有一些评论家试图证明，它直接脱胎

---

　　① 21 世纪，各大洲的保守国家都在拼命阻止他们眼中"堕落的"文化产品（比如嘻哈）通过互联网传播。这与 20 世纪 30 年代和 40 年代初，整个欧洲对爵士乐和摇摆舞（舞蹈界的爵士乐）的态度没有差别。

于法国农民的通俗歌曲）。爵士乐的歌手和演奏者通常来自多个民族——黑人、犹太人或吉卜赛人［罗姆人的俗称；最伟大的罗姆－法国爵士吉他手就是强哥·莱恩哈特（Django Reinhardt），他在占领期间将德国听众吸引到巴黎的圣日耳曼街区］。青少年在广播、电影（有声电影普及后）和留声机上听到爵士乐后，就迅速喜欢上了爵士乐；他们经常参加的舞会，也有乐队时常在演奏曲目中偷加几首爵士乐。

很快，"摇摆"（swing）这个暗语就被当作爵士乐的同义词，常常被人误用。它不仅是一个新的术语，也是一个暗号，用来表明那些乐队是暂时的外来者（Je suis swing，意为"我属摇摆"），以至于后来有一些勇敢的年轻人，虽然不是犹太人，但为了表示与犹太兄弟姐妹团结一致，而佩戴印有"摇摆"而不是代表"犹太人"（Juif）的黄色六芒星。此外，"摇摆"也令卫道士们心烦意乱。年轻的躯体在音乐和舞蹈的鼓动下相互触摸、拥抱和流汗。女孩和她们的男性舞伴一样激情四射，着装更加宽松，身体接触更加亲密。

可以预见的是，当法西斯国家开始禁止摇摆乐和爵士乐这种堕落的、阴柔的、黑暗的、民族的音乐时，青少年们只会更加渴望触碰界线，那条将他们的文化渴求与父母或政府的权威分隔开来的界线。[①] 父权制政府引导青少年将激情投入体育或准军事活动的努力，只取得了部分成功。年轻人想按自己的节奏寻找乐子，不管这种节奏是音乐上的，还是正在逐步建立的信仰上的。"摇摆"表面上以

---

① 1937 年，戈培尔在德国各地举办了著名的"堕落艺术展"（Entartete Kunst），展品都是现代主义的画作、音乐和图形，完美展现了纳粹对文化堕落、种族通婚和种族优越性的痴迷。

一种无伤大雅的方式僭越了道德规范和政治约束，是对维希政府道德主义的一种"抵抗"。年轻的法国人后来用"摇摆"揭穿了占领者们的虚伪面目。整个占领时期，爵士乐在法国从未被禁止，那些德国年轻人也一样很喜欢它。

记者迈克·兹韦林（Mike Zwerin）曾用让人心醉神迷的笔触，分析了纳粹统治下的摇摆舞：

> 爵士乐（和它衍生出的摇摆舞）……是一个由个体和群体不可分割的纽带构成的……纬度的系统。正因如此，它也许是所有文化中对自由最好的比喻……它好比一个完美的寓言，诠释了机会的多元化。在爵士乐中，任何会弹奏乐器并演奏一段曲目的人，都能借此表达自己认为美丽和真实的东西。[22]

历史学家杰弗里·杰克逊（Jeffrey Jackson）将两次世界大战期间爵士乐在法国的爆炸式发展解释为一种"流动性"（mobility）的结果，就是我们今天所说的"全球化"。一些保守派人士担心，国民的民族认同感正在被"外族"影响冲刷，比如黑人艺术。传统的法国风俗和习惯被来自美国和法国殖民地的移民侵蚀。在消费社会的"引擎"（比如广告）的驱动下，大众被引入一个享乐的世界，而这个世界在此之前是被上层资产阶级和贵族独占的。[23]这场每分钟78转的叛逆并不只在舞厅和客厅里上演。

20世纪30年代末，另一种社会文化现象突然出现在法国的大都市，并在几年后成为抵抗运动时期德法双方的重要模因。这便是一种被称为"扎族"（Zazou）[①] 的行为和着装风格。"扎族"这个词据说来自 20 世纪 20 年代美国爵士乐歌手发出的拟声音节，用来指代 20 世纪 30 年代末至 40 年代初青少年人口中占比很小，但极其扎眼的一群人。扎族大多是富人的孩子，因为扎族的派头价格不菲：要想表现得像个富贵的花花公子，就不能有工作；每天花几个小时泡在咖啡馆和舞厅里也需要钱；还必须消费得起人们都喜欢的那些古怪服装和发型。扎族是一群非暴力的煽动者，虽然不会公开批评政治，但聒噪、滑稽、举止疯癫。约翰尼·赫斯（Johnny Hess）是 20 世纪 30—40 年代法国爵士乐领域的重要人物，他创作的两首广受欢迎的歌曲——《我属摇摆》（*Je Suis Swing*）和《他们皆扎族》（*Ils Sont Zazous*），让扎族的概念和名称流行起来。他回忆道：

> 我绝对是个扎族……扎族的说法不知从何而来。我一定是在一次表演中提到过这个词。扎族、摇摆都是自发的反应，一种激怒占领者的方式（尽管扎族在战前就挺趾高气扬的）。我把头发留长一点，戴上墨镜。通敌卖国的媒体辱骂我们，却让我们乐不可支……这当然是一种挑衅……我所做的一切都是挑衅……我甚至去德国人光顾的夜总会里唱歌——那些德国人没穿制服，穿便服。我是在瑞士的德语区出生的，完全听得懂德语。在歌与歌的中间，我听见他们说："我们应该把那个家伙

---

① 金龙格在《一座城堡到另一座城堡》（*D'un château l'autre*）中将 Zazou 译为"扎祖"，本书稍改一个字，体现其作为"扎眼一族"的外在特征。——译者注

关起来，那个怪胎。"[24]

扎族并不算最勇于反抗德国人及其共谋者的一群人，但他们是反主流文化的，有时也十分勇敢。起初在 20 世纪 30 年代末，他们起身反抗那些欺负他们的右翼朋克族，之后他们又反抗维希政府和德国的道德警察。在某种程度上，他们的存在嘲弄了第三帝国和法兰西国最珍视的纯洁和男子气概。女孩穿着男性化，男孩穿着女性化，这种对性别的嬉弄令形形色色的保守派即使不至于诉诸暴力，也足以大动肝火。这些年轻的反叛者们穿着色彩鲜艳的锥形裤，顶着让人感到被冒犯的蓬巴杜式发型，还拿着"张伯伦伞"——一种以那位无能的英国首相之名命名的大伞。他们热爱摇摆乐，在有摇摆乐演奏的地方就能看见他们跳舞。尽管扎族更多表现出一种蔑视和满不在乎的态度，而不是愤怒，但他们仍然被一个约束性强且自以为是的体系视作颇为扎眼的批判者。

吕塞朗尽管只短暂地尝试了舞蹈训练，却将自己置身于青少年特有的轻微叛逆的氛围中，再次证明了没有视力障碍的孩子能做的事，他也能做。

|||||||||||||||||||||||||

明智的是，紧密围绕在吕塞朗身边的一群人，决定在父母的公寓之外会面。他们在巴黎南郊找到了一栋破旧的楼，里面挤满了暂居者和外国人，由一个自鸣得意的门房看守。这栋楼里来来往往的流动房客掩护了这群青少年偶然的出现。接下来，他们在人员招募上也更加严格——不加筛选地邀请人加入，必然会让组织暴露。关

于这个"新组织"的消息已经在随意传播了，于是组织的原始成员们决定从头再来，通过一套在抵抗运动中超前的面试系统来招募新成员。感兴趣的青少年，即使参加过最初的聚会，也必须"面见那位盲人"。幕僚们一致赞同吕塞朗成为唯一的招募者，即唯一可以对申请者说"是"或"否"的人。他们如此信任自己失明的朋友，这是完全违反常理的：难道一个人不需要先看见，才能识别危险，才能直视那些渴望成为自由战士的人吗？但在当时，大家的选择迅速而一致；没有其他同伴能像吕塞朗一样被信任和尊重。

吕塞朗的朋友们后来称他拥有"人类感"（the sense of human beings）[25]。吕塞朗在后来出版的作品中，详细描述了自己是如何获知这种"感觉"的。起初，他早已忘记了自己是盲人，但与之交谈的那一方却做不到，因此他从一开始就占有战略优势。接下来，他意识到自己与这个世界的联系不仅仅局限在触觉上，他能感受到人或物体释放出的能量。"当一个男人的声音传到我这里时，我能立即感知到他的身形、节奏和大部分的意图。"[26] 他将其称作自己的"即时认知"（immediate cognition），并认为这是他在诠释这个被视力局限的世界时，最强大的工具。[27]

自由志愿军的"中央委员会"很快确立了抵抗运动成员的招募规则：没有吕塞朗的同意，任何人都不得加入组织。这一决定不仅让吕塞朗信心大增，还帮助他坦然接受自己无法像其他成员一样参加地下活动的事实，比如跟踪尾随、分发报纸、携带武器、在大街上或地铁里传递消息。他对组织的贡献是智识和洞见上的，没有人可以指责他无法用身体与占领者对抗。

招募面试是这样进行的：吕塞朗（大多数后来的申请者都不知

道他的名字）在公寓里听到一阵加密的敲门声后会来应门，首先欢
迎这名年轻男性的到来（那时还没有女性），询问他的姓名，然后
领他走过光线黯淡的走廊，进入他昏暗的房间。房间里的陈设很简
单，有两把正对着的椅子放在正中间 [①]。一开始，吕塞朗失明的双
眼会令申请者感到不安，这对吕塞朗来说是一种优势。他会让对方
坐在他对面，然后开启一段无关紧要的对话，谈论面试目的之外的
任何事情：学校、课业、天气或申请者的家人。他不会直接提问，
比如"你对维希政府有什么看法？"或者"你父母是共产党员吗？"

陌生来客想要急切探讨如何加入组织，并向面试官表明自己如
何能够守口如瓶、全心投入，但吕塞朗会耐心等待，直到他觉得自
己掌握了对方的身体动作、语气表达，以及当下的节奏。来访者是
如何遣词造句的？他紧张吗？如果他紧张，能使他放松吗？他会抖
腿吗，还是用手蹭裤子？有汗味吗？这些指标不会马上降低申请者
通过的概率，但申请者镇定从容的态度、说话时的谦逊自信、所表
达的道德价值观，将在最终决定中占据重要地位。

吕塞朗会在最初的提问之后，抛出一些较敏感的问题，如德国
占领可能对申请者造成何种影响，倘若被家人得知加入地下组织，
申请者会做出何种反应。申请者还可能被问到朋友都是谁、最喜欢
的老师是谁、阅读过什么书籍等。面试结束后，申请者会在带领下
再次穿过长长的走廊来到门口，然后吕塞朗会感谢对方前来，并告
诫他不要让任何人知道这次会面。年轻的准抵抗运动成员当然希望

---

① 巴黎南部的公寓之所以被用作行动策划而不是招募面试，是因为中央委
员会不想暴露他们的藏身之处。但吕塞朗会在父母的公寓进行面试，这仍然令人感
到惊奇。这种青春期的天真与抵抗运动所需的精明常常相伴而行。

自己能被接纳，但吕塞朗没有做出任何承诺，也没有安排下一次见面。

最开始来面见吕塞朗的是一些 17—19 岁的男孩，然后年纪稍大的大学生开始出现。"他们就读于文学院、理学院、医学院、药学院、法学院、高等农学院、化学学院和物理学院。这场运动以细胞分裂的速度发展壮大。"[28] 每一次面试后，吕塞朗都会和自己最亲近的顾问们（中央委员会成员）讨论这名潜在的新人。他从面试中收集的，不光是传记般的、哲学的或政治的信息，也有被他称作"道德品行"的信息。尽管目不可视，但他可以敏锐地察觉出对方是否试图隐藏秘密、刻意给人留下好印象、粉饰真相，甚至撒谎。吕塞朗说，他在担任组织领导人的两年中，面试了大约 600 名年轻人。这个数字令人难以置信，却千真万确。寻求积极抵抗的青少年人数稳步增长，不管是出于个人承诺、效法同龄，还是出于不为人所知的私密原因，大家都志愿加入吕塞朗声名日盛的组织。面试就是吕塞朗最主要的职责，而他完成得相当出色。

他可以记得哪怕是最微小的细节，头脑中装着数百人的名字、电话号码和地址，这对保密工作来说是一大优势。他的诚实、他的正直（真正的正直，他的行为、言语和情感都是明证）和他的聪明才智，让那些时常紧张的年轻人倍感安心。当吕塞朗说"不"的时候，没有人提出异议。偶尔会有准成员只是被暂时接纳，需要在考察期间接受其他人的监督观察，直到他充分证明自己的诚意。吕塞朗在这数百次的面试中只失误过一次，而这一次是致命的。

自由志愿军们认为他们的首要工作是"将消息传递出去"。什么消息？所有占领当局认为不适宜印刷传播的内容。"法国人民对于战争情况一无所知，因此只能依赖直觉。"吕塞朗总结道。[29] 他们知道，法国惨败造成的混乱和绝望很快就转变成冷漠，而冷漠正是占领者进行掠夺并让法国放弃抵抗时，最有利于占领者的品质。这群年轻人的任务，就是为一个抑郁的国家重新注入活力，使其缓慢但持续地积蓄力量。他们会收集各种传言、向组织领导递送加密信息、重印他们从伦敦和瑞士的非法广播节目中听到的内容；他们呼吁读者们行动起来，对时代做出回应，并且鼓励他们不仅是为了法国，更是为了欧洲更美好的未来而奋斗；他们质疑贝当签署停战协定的前提，揭露了维希政府不过是纳粹的帮佣，并且高声歌颂全世界勇于反抗的人们，特别是殖民地的人们。

我们很难获知这种非暴力行动有多大效果，但详细研究过占领期间法国抵抗运动的学者认为，这种精神上的抵抗在民众中引起了共鸣。自由志愿军所回避的暴力抵抗有其存在的意义，但往往会给碰巧发生暴力行为的街区或社区带来灾难性后果。人们反而会对一帮非暴力且跑得飞快的男孩们抱以同情与支持。共产主义历史学家阿尔贝·乌祖利亚斯（Albert Ouzoulias）精准地描述了普通公民是如何帮助这些扰乱当局的小混混的："商铺的店主、工匠和街区的门房，带着冷静的勇气帮助这些爱国者们。他们拉上窗帘，关闭公寓大门。我们那些被德国士兵追赶的战友奔跑着，却惊奇地发现有门在他面前打开，并在为他们打开后立即关上了。"[30]

正如吕塞朗解释的那样，他的组织每踏出"抵抗"的一步，都会迎来一个战术问题：协调有效的抵抗比他们想象的要难得多。大城小镇的居民们很快就开始期待，从数十种这样散播着未来信心种子的"报纸"中获取一份来读。但要做好一张正反两面的传单，需要一丝不苟、守时又持续的劳动。它所要求的统筹协调能力、信息收集能力，以及更多的相关技术技能，是这些男孩都未必具备的。他们去哪里寻找油印机、墨水和纸张呢（特别是纸张）？去哪里印刷才能掩盖噪声？如何确保规律的编辑和发行？如何散播这些时事消息？还有最重要的是，从哪里获得能支持活动继续下去的经费？材料在黑市上都能买到，但那里的东西可不便宜。作为一个新成立的学生组织，他们没有从已建立起的抵抗组织网络中得到任何资金支持。出于这种需求，他们开始秘密进行募捐筹款，就像他们暗中分发传单或在墙上贴小纸条，呼吁法国人民起来抵抗纳粹一样。

吕塞朗的野心不仅限于印刷《老虎报》（*Le Tigre*）——该报纸后来更名为《法国防卫报》（*Défense de la France*）[1]，他想要建立一个复杂的情报团体，该团体不只印刷"消息"，还能帮助所有进行抵抗的人，不管他们通过何种方式抵抗：有人将被击落的盟军飞行员藏匿起来，送往国外；有人在敏感场所工作，接收伦敦和戴高乐迫切需要的信息。还有谁能比青少年更胜任这类工作呢？[2]

> 我们这么年少，可以轻易去往任何地方，一边假装自己在玩游戏、胡言乱语、双手插在口袋里吹着口哨，一边闲逛到工厂外边、军营或德军运输队附近，在厨房里或人行道上闲逛，翻越围墙。一切都站在我们这边，我们甚至会得到女孩们的帮

---

① 报纸的第一个名字来自乔治·克列孟梭（Georges Clemenceau），他是第一次世界大战期间法国最著名的总理。当时的报刊称他为"法兰西之虎"，因为他面对看似不可克服的困难依然能够坚持不懈地寻找解决方法，特别是在一战末期。

② 所有类似的团体都理所当然采取了相同的策略，以他们的年轻作为伪装从事卧底工作。也正因此，维希政府对"不良"青少年的问题十分警惕。

助（当她们也能被招募时）。³¹

他们印刷和分发的报纸，以及地下活动取得的成功，很快对年轻的吕塞朗造成了负面影响。作为自由志愿军的指挥官，没有人能指引他如何适应组织发展的节奏，也没有人听他倾诉自己的焦虑。他找到了一两个老师，他们会拍拍他的背、给他一些建议，但他需要的是一个与他并肩作战的战士，一个明白抵抗运动残酷本质的人。

吕塞朗通过他的亲密同伴认识了菲利普·维阿内（Philippe Viannay）。他是一个 26 岁的"成年人"，在巴黎和法国北部成立了另一个组织——"法兰西防卫军"（Défense de la France）。吕塞朗和他的左膀右臂很了解法兰西防卫军的报纸，事实上还曾将它连同自己的报纸一起分发过。令他们惊叹的是，这份报纸并不是油印的，而且用的是一流的纸张，其发行量已接近 2 万份。维阿内告诉吕塞朗，他的组织不但有印刷机和好几处印刷据点，还有机枪这样的武器（藏匿在巴黎的隧道和下水道里），可以伪造身份证件的机器和专家，以及一台无线电发射机，可以接收来自伦敦的关于戴高乐和自由法国的信息。他们也有虽然年轻但经验十足的特工在巴黎中心、巴黎北部和勃艮第工作。在吕塞朗看来，他的志愿军和维阿内的组织比起来，就是一支童子军和一个准军事组织的区别。他立刻对维阿内产生了信任（维阿内日后成为战后法国最有影响力的记者之一），并决意敦促自己的志愿军加入法兰西防卫军。大多数人都同意了，吕塞朗也因此成为执行委员会的成员——该委员会还有 3 名女性成员。

两个组织合并后，很快开始印刷并分发成千上万份报纸。这些报纸出现在公寓楼里、咖啡厅露台上、地铁中、公交上、教堂外，一切他们能迅速穿过或混入人群的地方。报纸的编辑委员会与组织的执行委员会一致认为，应当尽量避免让自己的报纸和组织牵涉政治——也就是说，不支持任何一个意识形态团体——以避免一切因试图控制其他抵抗组织和其行动结果而产生的争斗。许多成员依然不确定，当德国人离开、维希政府被废除后，法国应建立怎样的政权；他们当中有共产党人、社会党人、右翼党人，甚至保皇党人，还有反对戴高乐和拥护戴高乐的两派人。维阿内和吕塞朗都不想将他们的精力浪费在内部争吵或更糟的事情上。①

继德国占领整个法国，紧接着 1942 年 11 月盟军进攻北非后，法兰西防卫军的规模迅速扩大，并发展到此前的"自由区"（非占领区）。女性在秘密活动中的重要性与日俱增。组织强大的渗透性，在 1942 年 7 月 14 日的法国国庆日大白于天下。尽管德国人严禁法国人在占领区举行爱国主义游行或示威，但收效甚微。吕塞朗带着毫不掩饰的自豪描述了当时的情景：

> 40 支十人小分队，从早上 8 点到下午 5 点，在地铁车厢里，向一个接一个的乘客，公开地、冷静地发放（一共）7 万份报纸，他们面带微笑，就好像这是世界上最自然不过的事情。德国军队的士兵和军官们，更别提那些无法辨认的便衣间谍了，都用惊诧的目光看着刚刚递到他们手上的报纸。[32]

---

① 去政治化是一种相当令人钦佩的尝试，但很难在编辑委员会的狭窄范围之外取得成功。政治联盟和分化将一直困扰着抵抗运动和与其相关的记忆，甚至延续到二战结束后很长一段时间。

这是一次彻底的胜利：没有暴力，没有逮捕，没有人告发参与行动那400个人中的任何一个人。吕塞朗和组织的执行委员会欢欣雀跃。这是法兰西防卫军（和被吸纳的自由志愿军）的全盛时期，此时吕塞朗还是领导人之一。

||||||||||||||||||||||||||

吕塞朗在进行地下活动的同时，也兼顾着自己的个人生活。他仍然和父母同住，而不是躲进某间废弃的公寓里；他也没有终止上学。毕竟，他是一名优秀的学生，继续为进入法国最好的大学备考，特别是巴黎高等师范学院，全法国最有成就和最受尊敬的人文社科教授都曾是那里的学生。吕塞朗以几乎顶尖的成绩完成了他的预科课程，也就是所有大学备考课程中最严格的那些。他知道他的失明可能带来麻烦，特别是在维希政府颁布了一项法律，宣布禁止残疾人或"畸形人"担任政府职位（在法国，薪酬最高且最受人尊重的教师职位是由政府资助的）后。尽管如此，他还是收到了16位老师的推荐信并将信件寄到教育部，最终吕塞朗获得了教育部授予的豁免权。

但在6月的一个早晨，他带着盲文打字机出现在入学考试的考场时，监考人员却拒绝让他入座。他争辩说，教育部已经给予他豁免权，但监考人员向他出示了另一封信件——这封信由教育部部长亲自执笔，严禁他进入考场。吕塞朗怒不可遏。虽然他想说但没说出来：我这个年轻的盲人已经组织并领导一个庞大的抵抗运动组织，我当然能参加考试！吕塞朗突然意识到自己是个"残废"，至少在法国政府的眼中是如此，不管他如何努力地证明自己能独立行事，总会有人认为他是有缺陷的。他被禁止参加考试，不是因为他被列在某个秘密名单上，也不是因为受到了维希警察的跟踪，而是因为他在7岁那年双目失明。这样的判决并非毫无恶意："对我而言，这不是一场考试，甚至不是一次利害攸关的竞争；而是我的整个未来，我在自己国家的社会体系中的未来。"[33]但吕塞朗从没有顾影自怜，也没有时间一脸愁苦地反思自己的学业状况。他还有一个庞大的组织要协助管理。在德国向苏联发动袭击的第二年（1942年），苏联军队重整旗鼓的传言让最消沉的法国人都倍感振奋，更别说那些激情四射的志愿军了。

吕塞朗在刚开始进行地下活动的时候，就坦白地告知了自己的父母，并向他们保证，他失明的双眼将保护他免受警察的骚扰。"他们勇敢地压下了自己的恐惧，给予我全力支持，但我们一致同意，从现在起我不应该再告诉他们任何事情。增加风险有什么好处呢？他们将公寓交给我们使用就已经很危险了。"[34]但随着抵抗事业的扩张，组织需要商讨更加复杂的计划，大家也开始过于频繁地聚集在吕塞朗家位于皇家港大道（Boulevard du Port-Royal）的公寓里。吕塞朗决定寻找另一个聚集点，用于面试新人并制订策略。①

吕塞朗选择了玛莱区（Le Marais）的一个藏身所，那是一个主要由工人阶级和犹太人组成的社区，位于塞纳河右岸，与他居住和上学

---

①　他的父母从未被逮捕或扣押过。一些年轻的抵抗运动成员却没有那么幸运，他们不仅担心自己被德军监禁，还担心他们的父母，因为他们中有不少人的父母被押走了。关于这一主题，可以参见查尔斯·凯泽（Charles Kaiser）引人入胜的书籍《勇气的代价》（The Cost of Courage）。书里讲述了一个有三名地下组织成员的六口之家。这三人得到了兄姊和父母的帮助，但最后，三名抵抗运动组织成员都生存了下来，他们的父母和兄姊却在德国的集中营里罹难。

的地方一河之隔。但在他将这一决定付诸实践之前，1942 年 7 月 20 日清晨 5 点——这是盖世太保最喜欢造访嫌疑人的时间，有人敲响了他父母家的门。他被人出卖了。警察在家中的出现让吕塞朗的父亲惊慌失措，这种紧张的情绪如此强烈，反而让吕塞朗冷静下来，并意识到自己的首要任务是保护他的父母。家里一共来了 6 个德国人，包括 4 个士兵和 2 个便衣警察。吕塞朗感知到，他们发现他是盲人时十分惊讶；而他们搜查他的房间时，除了数百张盲文纸，什么都没找到。幸运的是，吕塞朗前一天晚上将一包假证件和一批催泪瓦斯装置（能发射瓦斯的钢笔）送到了让·贝斯涅那里，因此没有什么东西能直接证明他或他的家人有罪——吕塞朗的弟弟并不参与哥哥的秘密行动。

　　是谁出卖了他？我们今天知道，吕塞朗的"犹大"就是埃米尔·马洛根（Émile Marongin），他在德国人那里的代号是"埃利奥"（Élio）。在自由志愿军和法兰西防卫军新结成的联盟加速壮大时，吕塞朗曾快速面试过埃利奥。他对朋友说，他不喜欢埃利奥握手的方式和说话的语气，但他没有说"不"，而这导致的后果是毁灭性的，因为埃利奥效忠的是博尼－拉丰帮（Bonny-Lafont gang）——巴黎最臭名昭著的黑市团伙之一，因与盖世太保关系甚密而被称为"法国盖世太保"。这群人主要是些骗子和黑市商人，盖世太保给他们极大的自由逮捕、折磨和移交可疑的"恐怖分子"。这样，德国人会任由他们从事其他不法勾当。吕塞朗领导数百名年轻抵抗运动者的使命就此终结。①

① 二战结束后，马洛根被新政府逮捕、审讯并处决。他在审判席上向吕塞朗道歉。博尼和拉丰也在二战后被处决。

||||||||||||||||||||||||||

在 1942 年 7 月至 1943 年 1 月的 6 个月内，吕塞朗被关在法国最大的监狱——弗雷讷（Fresnes）监狱里，几乎每天都被传讯，或被带到巴黎爱丽舍宫（Élysée Palace）出口的索赛路（Rue des Saussaies）上的盖世太保总部。他从未披露过自己是否遭受了折磨，却明确表示过，他曾极力克制自己不去想那些可能发生的事。德国人在很长一段时间里都不知道吕塞朗精通德语，他们在审问这个可能举足轻重，也可能无关紧要的盲人男孩时，显得小心翼翼。吕塞朗曾凭信心建立起来的，足以对抗这个视觉世界的堡垒，却因自身处境的不确定性产生了动摇。他曾这样解释他杂芜的思绪："我被人处心积虑地出卖了，一个接一个细节被暴露，一切发生得太快，我甚至没有时间愤怒，也没有时间去理解或痛苦。我能做的唯一一件事，就是将他们知道的一切都嵌进我的记忆里。"[35] 他非凡的记忆力能让他回想起他们在每次审讯中都问过什么，他都回答过什么，以及他从他们的质询中推断出了什么。他需要了解对方都知道了多少，因此假扮成懦弱的囚徒，迫切地想要和盘托出。事实证明，想引诱他上当几乎是不可能的。38 次，他一共被带去巴黎盖世太保的总部 38 次——还有谁能比这个"盲人男孩"的记性更好呢？在无情的拷问下，他从未透露过自己的真实姓名。有一次，吕塞朗回忆，审讯官决定让他受点皮肉之苦。[①] 一名军官将他摔向墙壁，

①　当我们读到这样的片段时，必须要问：这是雅克·吕塞朗为了凸显他失明的价值，而在 20 世纪 60 年代重建的记忆，还是德国人在面对一个尽管失明，但很重要的情报源时，变得畏首畏尾的可靠记忆？吕塞朗所撰写的回忆录的连贯性让即使是最多疑的读者都更倾向于第二种解释。

然后拎起他又摔了一次。"我发脾气了，大喊道：'你这个懦夫！我就是想自卫也无能为力！'那个畜生大笑起来。之后，他们再也没有碰过我。"[36]

在他被监禁在法国的 6 个月里，无论是朋友还是陌生人，都向他保证，他将会被释放。显然，政府当局不会将他运送到数百英里之外，只为了看着他死在专门安置残疾人和智障囚犯的隔离营房里。一名曾是修路工的狱友对他说："他们能把一个盲人怎样呢？"[37]他还很年轻，这是另一个可能让他幸免于难的理由。况且他还懂德语，如果将他送往集中营，他还能收集消息，掌握德国人的计划。在紧急状况下，这些情报也许能救命。吕塞朗从这些掷地有声的话语里得到希望；但当其他囚犯消失在纳粹的集中营时，他只能耐心等待，而且常常独自一人，等待着自己最终的释放。

6 个月后，在没有任何解释的情况下，他和其他人一起被送到巴黎郊外贡比涅附近的一个中转营，被装上臭名远扬的牛车，也就是将受害者无情地运往东方的那种牛车。起初，吕塞朗很不安。他被一群陌生人围住，不知所措。但很快就有组织上的同伴们找到了他，重新开始照顾他，这些人正是在他被监禁期间被逮捕的。"我的朋友们形成一道锁链，绝不让我从身旁离开片刻。就好像我是他们的护身符，一位崇拜的偶像。或许这是因为我不可能伤害到任何人。"[38]在这个圈子之外，正如他被未知事物包围时所做的那样，他细心地感知人性，并耐心地寻求与新同志的联结。毕竟，他们也违抗过德国人和维希政府，也曾保守秘密并传递消息，也与自己的朋友、家人和家园分离。吕塞朗发现自己与被囚者们同生死，与勇敢者们共命运，尽管他们都为自己的前路感到惴惴不安。"他们当

中有律师、农民、医生、无线电操作员、商人、教师、小贩、前任
大臣、渔民、铁路工程师、阴谋家、（足球）冠军、法兰西公学院
的教授、报童。整个法兰西抵抗运动的成员，无论老幼，全都混在
一起。"[39]陌生人之间因相同的秘密活动和颠覆运动，不但彼此连接，
而且相互生出感情，甚至爱。但这一现象将在一个新的环境——布
痕瓦尔德中遭受试炼。

第五章

黑暗岁月里 J3 的生活

成年人容易忘记，甚至经常原谅自己经受的伤害，但孩子们永远不会！

——雷蒙·吕芬（Raymond Ruffin）[1]

法国第三共和国在其存续的最后几个月里，面对封锁的威胁和为战争做准备，建立起一套粮食分配系统。经过几次调整和一次停战协定的签署，维希政府为粮票的分配精心制定了一个分类等级计划，并一直沿用至二战结束。最初，只有针对婴儿和儿童的分类等级，随后又进一步细化出儿童（比如分为3—6岁、6—12岁）、成人、老年人以及无业者、劳动者等分类等级。1941年7月，政府宣布建立一档名为"J3"的分类等级，指代"13—21岁的青少年"。[2]这是国家第一次正式将一个年龄组定义为"青少年"，在这个接近成年或刚成年的阶段，他们需要不同程度的营养滋养。这一指代也提醒年轻人自己，他们在这个新的人口矩阵中拥有特殊的地位。这一特别的分类也用以指代一个群体，这个群体的持票人很容易被识别，并且会引起政府更多的关注。

1940 年和 1941 年的粮食分配等级

等级	1940 年 3 月 9 日的标准	1940 年 10 月 23 日的标准	1941 年 7 月 1 日的标准
E	3 岁以下的儿童	3 岁以下的儿童	3 岁以下的儿童
J	3—20 岁之间的孩子		
J1		3—6 岁的儿童	3—6 岁的儿童
J2		6—12 岁之间的孩子	6—13 岁之间的孩子
J3			13—21 岁之间的青少年
A	12—70 岁的无业消费者	12—70 岁的无业消费者	12—70 岁的无业消费者
C	12 岁以上的农业劳动者	12 岁以上的农业劳动者	20 岁以上的农业劳动者
T	12—70 岁的重体力劳动者	12—70 岁的重体力劳动者	12—70 岁的重体力劳动者
V	70 岁以上及不满足 C 和 T 标准的消费者	70 岁以上及不满足 C 和 T 标准的消费者	70 岁以上及不满足 C 和 T 标准的消费者

注：以上标准不分男女。

　　社会学家和心理学家普遍认为，青春期是身份认同逐渐建立起来的阶段，在这一阶段，一个人的身份认同，至少在短时间内，会受到其所在社会阶层、学校同伴和群体归属的影响。从宗教教派到童子军，从运动队伍到政治团体，从属关系有助于青少年建立自我认同。当以上所有关系，包括个人的家庭关系，都被近在咫尺的战争粗暴地打乱时，建立自我认同的传统方式就变得更加重要也更加模糊。官方为分配粮食而设定的年龄组别，无法让青少年清楚地认知到，他们在生活中"属于"哪个群体。

　　雷蒙·吕芬在 1929 年出生于法国诺曼底的卡尔瓦多斯（Calvados）地区。他在 1979 年时用文字回溯了当时才刚刚算得上青少年的那批人的所思所想：

　　这些孩子作为无辜的旁观者和全然被动又无力反抗的受害者，在经历了这些痛苦的事件后，会怎样看待这个充满暴力、管制和痛苦的时代？这 4 年的奴役、匮乏和悲痛给他们留下了什么？他们对"成年人"之间的相互杀戮有何感想？他们如何评判父母、教育工作者、地方行政官员的所作所为，如何评判权力本身，以及占领者们的行径？……他们太过年轻，未曾战斗，却已经受过深重的苦难，这个世代，被夹在（法国军队）战败的惨痛和（解放）胜利的喜悦中间……他们觉得内心空荡荡的。[3]

他在书中试图阐明，这些"被夹在中间"的人，如何同时面对被占领的家园和自己的成长。

　　雷蒙还记得，1940 年他第一次在法国看见德国人，那时他才 10 岁：

　　　　从昨天下午起，我们的村庄被占领了。我刚办完一些跑腿的差事，在拐进新大路的时候，震惊地看到一个令人咋舌的机动化纵队驶入我们的小村庄。弹药车和粮草车都由短鬃毛的骏马拉着，在骄傲的戴着头盔的骑手陪同下列队经过。[①][4]

很快，他们村子的墙壁上开始出现海报，内容是宣传这种新的

----

　　①　尽管人们普遍认为德国军队的机械化程度很高，但和其他军队一样，德军依然十分依赖马匹，特别是在运输物资和大型武器装备的时候。

粮食配给制度，而这一制度将在未来 5 年里深刻地影响青少年的身体健康。尽管这一新制度承认，身体成长阶段的男孩女孩比其他人需要更多的蛋白质和卡路里，但他们还是会患上肺结核、佝偻病和其他由营养不良造成的疾病，这些症状在德国人被赶出法国很久之后都仍是他们的标记。与此同时，令人惊讶的是，德国人平均每日的热量摄入超过 3000 卡路里——成长中的青少年被建议每日摄入 2000—2400 卡路里，但法国民众的平均摄入量却不足 1200 卡路里。人们必须付出所有时间寻找食物，在这份无休止的日常工作中，儿童和青少年通常处在最前线。[1] 事实上，维希政府指示所有学校的老师，为了成长中的孩子们的福祉，在体育课上加入搜寻橡子、栗子和其他可食用植物的教学内容。除了那些家境富裕的、父母有关系能随意使用黑市资源的，或家庭与维希政府和德国政府关系密切的青少年，其他年轻人没有一个能逃脱无止境寻找食物的命运。

人们每时每刻都在担忧的不止粮食问题，获取粮票、身份证、配给券和许可证也至关重要。人们需要耗费巨大的耐心，排长队购买各种商品，而且经常遇上恶劣的天气，或严寒，或酷暑。这一切的压力让许多母亲濒临崩溃，她们在漫长的等待后终于来到商店门口，却往往发现一个牌子，上面写着："停止营业。X、Y 或 Z 已售罄。"孩子们经常被留下排队，父母则奔走于一家又一家几乎空无一物的商店，希望能找到一些生活物资。这 5 年里，大量的时间和精力被消耗，焦虑削弱了人们的意志，法国的女性和青少年因此成为一代

---

[1] 战后，参与抵抗运动的老兵们纷纷表示，他们当年没有意识到，自己的母亲付出了多大的努力，才能让长身体的男孩们都吃饱，因为法定的粮食配给分量突然被大幅削减了。

囤积者和储蓄者，他们对浪费的态度与后代形成鲜明对比。法国人从来没有被饿死过，但可以说，持续 60 个月的营养不良就是一场漫长的饥荒。

当然了，在未被占领的"自由区"，即维希政府管控的三分之一的国土上，占领者的存在感会弱得多。战后，有一些农民宣称自己连一个德国士兵都没见过，而且毋庸置疑，占领带来的影响，在城市或地理上较为敏感的地区，比在乡间的村庄更加严重。尽管如此，年轻的雷蒙记得，在停战协议签署后不久，德国人就开始对法国北部的农场进行牲畜普查；他们还检查可用车辆的数目，并警告农场主和工人，藏匿英国士兵或平民都是严重的违法行为。贮藏成千上万的步枪及法国军队撤退时留下的其他军火，则被认为是另一项重大罪行，其处罚是长期监禁。尽管如此，这样的藏匿行为在法国北部比比皆是，并在后来抵抗运动变得更加频繁和更暴力时派上了很大用场。

维希政府的标志很快出现在全国各地，而不仅限于南部的"自由区"。贝当元帅的肖像开始出现在墙壁上、教室里、政府办公室里和邮票上；国家元首的小型半身像，在规模最小的商店中都有出售。该标志所传达的信息很明确：法国，即使在分裂中和德国的占领下，依然受到凡尔登胜利者如父亲般的庇护。法国犹太人，特别是那数千名曾在第一次世界大战中服役的犹太人，天真地以为他们的法国国籍可以帮自己逃脱本土的反犹主义。然而，越来越多人意识到，俄国人和德国人在东欧发动了恶性的围捕和屠杀事件，还有不少人被送往波兰和德国境内的神秘劳动营，犹太人很难完全放松下来。

雷蒙和他的伙伴们向长辈提出无数关于战争、死亡和德国人的问题。而他们得到的回答里，满是对第一次世界大战毁灭性破坏的怨恨：德国士兵如何凶残，食物如何难找，村庄和城镇如何被炮火摧毁，亲人如何失散，丧夫、丧子的女人如何忍受绝望的孤独。尽管如此，人们仍抱着些许信心，以为法国还能像1917—1918年那样，巧妙地摆脱困境。易受影响的雷蒙和他的伙伴们，此时几乎能算作青少年了，他们大声宣告，他们已准备好采取行动，反抗任何愚蠢到想永久占领法国的人。但当德国人真的来了，却没有人带领他们，他们的父母严密地看管着这些年轻人，不让他们离家太远。

日常生活对于这个"被夹在中间"的世代而言，以令人惊讶且难以预料的方式走向支离破碎。1941年的夏天，希特勒入侵苏联后，雷蒙和他的教母正在厨房吃饭，一个被安排住在他们家的德国下士走进来。这名"入侵者"为昨晚他房间里发出的噪声向他们道歉。"我们两天后就要离开了，夫人。真是遗憾啊。我们在这里过得很开心。"这一番话后紧接着的是一阵尴尬的沉默。

> 我望向他；他所有的傲慢和所有的骄纵似乎都离他而去了。他心不在焉地盯着相框和奖章（那是雷蒙在一战中死去的教父的肖像）……他的思绪飘得很远。尽管不乐意，但我们没有打断他的沉思；我一直举着叉子，而教母拧着她的餐巾。
>
> "……我们要进入一场新的战争了，是所有战争中最困难的。"
>
> "一场新的战争？"我脱口而出。
>
> "是的，与俄国人开战；这糟透了……是个重大错误。"

最后几个字他说得很小声。他继续说道：

"俄国，太强了……太大了……人口太多了。"

短暂的停顿后，他接着说：

"好吧，一个士兵不需要思考抉择，只需要服从。对不起，夫人，打扰您用餐了。"[5]

一个像雷蒙一样才 12 岁的孩子应当如何应对敌人的这种矛盾心理？希望德国人被打败？害怕俄国人成为新的敌人？

||||||||||||||||||||||||

另一个男孩安德烈·基尔申（André Kirschen）在德国入侵波兰时才刚满 13 岁。他于 1926 年出生在布达佩斯，全家于 20 世纪 30 年代初移民巴黎。他们像许多资产阶级的罗马尼亚人一样，会说法语，很快就融入了法国社会，但人们总当他们是外地人。在巴黎人的眼中，他们首先是外国人，其次才是犹太人。安德烈十几岁时就对政治着迷，他是人民阵线之友（Amis du Front populaire）的热心成员。人民阵线之友是一个支持布鲁姆政府的大型左翼团体。他的父母并不乐意他加入这样的组织；他们和很多移民的父母一样，认为外国人应当置身法国政治之外。尽管如此，他们并没有禁止安德烈这样做。事实上，安德烈和他的兄弟在地下活动中十分活跃："我们的父母很担心，但他们从未试图阻止我们。在其他的家庭里，这样的活动会引发争吵、抗辩甚至家庭创伤。"[6]

作为一名青少年，安德烈就读于在学识上享有盛名，且毫无疑问隶属于上流社会的詹森·德萨伊中学（Lycée Janson-de-Sailly）。

他与法国共产党越走越近，与其他同学相比显得卓尔不群。他骄傲地公开阅读共产党的报纸《人道报》（*L'Humanité*），参加大规模的共产主义集会，在战争一触即发的消息闹得满城风雨的时候，他如痴如醉地收听广播。自然而然，安德烈没用多长时间就找到了加入抵抗运动组织的勇气。尽管 1939 年 8 月签署的《苏德互不侵犯条约》①令他束手束脚，但这一条约只持续了 10 个月，直到 1941 年 6 月德国入侵苏联。不过在此之前，即使法国共产党宣告中立，像安德烈（和居伊·莫盖）这样的年轻人还是继续出版和分发他们的小册子，还有党报。他们自己内部也就是否应该支持斯大林展开了激烈的辩论，因为斯大林宁愿选择与希特勒合作，也不愿与同为布尔什维克的列夫·托洛茨基（Leon Trotsky）联手。其他大多数非共产主义组织也在从事类似的活动。他们不是战士，反而更像是搅局者；他们在等待有人告诉他们如何抵抗，而不仅仅是印刷和分发传单。

当希特勒终于在 1941 年 6 月发动了代号为"巴巴罗萨"（Barba-rossa）的侵苏行动时，年轻的共产党人早已不再满足于维持非暴力抵抗，准备开始战斗了。这一消息让人既释然又担忧，因为形势总算明朗了，再也不用束手束脚了：

> 一切都恢复了正常的秩序，不再受到苏德条约的约束。这一条约大多（只）被当作命令遵守，而人们认定这种不正常的秩序只是暂时的。但这也说不上是天大的喜讯，因为每个（年

---

① 这一条约的签订是希特勒最成功的外交举措之一。斯大林当时还忙于对军队的军官阶层进行大规模的政治清洗，希特勒让斯大林相信，两国的最大利益将会像钳子一样控制住东欧，以及那里巨大的石油、农业和矿产资源储备。

轻）人都已预料到未来的艰辛。⁷

安德烈偶尔会被问及，他是否担心巴黎的纳粹主义者。他的回答很谨慎，因为他很少认为自己是犹太人。他的家人都是临时工；他们举家移民不是因为宗教信仰使他们遭受生命危险，而是因为安德烈的叔叔在巴黎生活，给他父亲提供了一份工作。事实上，在1940 年之前，犹太人这一身份是他最不关心的一件事。他的父亲被征入法国军队后，家庭陷入了经济困境，他的当务之急是喂饱一家人。

然而，尽管安德烈最初对于他的犹太人身份抱着漫不经心的态度，他却开始意识到在这个日益倒向种族主义的国家里，反犹主义不知不觉地逐渐显现出来。德国士兵涌入巴黎的大小商店，购买他们在配给制的德国买不起或买不到的东西，这令法国商人十分开心。^① 安德烈忆起，在一家商店，他无意中听到两个女人的对话。顾客说："人们都说德国士兵是野蛮人，但你看他们举止多恰当啊！"店主说："就是啊，只是犹太人倒霉了。他们要把犹太人都绞死。"顾客冷静地回答道："我又不是犹太人。"⁸ 即使如此，这名年轻人还是无法想象会有怎样的命运等待着他的犹太同胞。那时，时候尚早，但维希政府和分布在占领区各地的德国办事处，已经在计划针对犹太人（无论是法国的犹太人还是外国的犹太人）出

---

① 我最喜欢的一段逸闻趣事就触及法国人对这种商业增长的微妙回应。一名德国士兵看到巴黎有那么多家乡没有而在这里可以购买的东西，加上店主对他十分客气，就对她说："我太喜欢巴黎了。"她羞涩地回答道："你真该看看你来之前它的样子。"

台官方歧视政策，针对外国犹太人的围捕计划也即将展开。

|||||||||||||||||||||||||||||

玛鲁西亚·纳伊琴科（Maroussia Naïtchenko）出生于 1923 年，父亲是乌克兰人，母亲是法国人。她的父亲在她的故事中并不重要，因为他很少与家人在一起。她的母亲安妮特（Annette）却相反，拥有法国贵族血统，当家族其他成员知道她嫁给一个来自乌克兰的无产主义者时都惊呆了。安妮特的家族长辈谈到安妮特的生活方式以及她对法国共产党价值观的忠诚时，总像是在谈论一个身患重病或精神错乱的人。玛鲁西亚和妹妹生活在一个充满爱与紧张氛围的家庭里。她们平静地从母亲与家中其他成员的激烈争论中吸取经验，学会了如何应对针对年轻女性的偏见。

20 世纪 30 年代中期，玛鲁西亚 12 岁的时候，她的母亲带她参加了当地的共产主义集会，地点就在他们居住的上流社区巴黎七区附近，要经过一条连街道都算不上的狭窄过道，初来乍到者只能通过它的大绿门来辨认。母亲以不容商榷的语气将玛鲁西亚介绍给大一些的青少年，要求他们接纳女儿加入共产主义青年团。一名年轻的领袖被逗乐了，问玛鲁西亚几岁了。她撒谎说自己 13 岁半，虚报了一岁多。她因得到的关注、当着母亲的面所撒的谎和年轻共产主义者的神秘感而兴奋，决定加入。她不是突然变成左派的，加入共青团是因为她在反动保守的外祖母和亲共进步的母亲之间，做出了自己的选择。对于一个厌倦了学校生活，又即将成年的女孩而言，这是一场冒险。像许多年轻的抵抗运动成员一样，玛鲁西亚一开始的行动，严格来讲不是出于政治或意识形态的动机，更多是出于社会和个人的原因。她喜欢冒险，喜欢为一项事业奋斗的同时归属于一个集体，喜欢得到大多数成年人不会给予年轻女孩的尊重，玛鲁西亚由此开始了长达 10 年的地下生活。

1936 年西班牙内战爆发时，玛鲁西亚快 14 岁了，她开始积极参与"卫星组织"的建设。这些组织主要由年轻女性组成，为共和党筹集资金。玛鲁西亚居住在巴黎聚集了最多贵族也最保守的街区之一，在筹集资金的过程中她发现年轻女性们虽然能理解她，却常常抱怨她们有太多的事情要做——太多的聚会和太多的男友——让她们很难为一项外国事业牺牲自己的社交生活。她向自己的领导抱怨过，但没有人为她提供资金来建立一个专门的团队。比起其他青少年，玛鲁西亚的社交生活较少，因此她可以不间断地为这一美好事业奔走。此外，她的母亲出于单纯的信任，让玛鲁西亚在他们生活的街区走街串巷，寻求对共和党的支持。这是一项艰巨且令人害怕的工作："要在一栋公寓楼里独自筹款令我很恐惧。我每时每刻都在害怕被愤怒的房客或业主扔出去。这个 14 岁的小革命家害怕任何人，从警察到门房都怕！"[9] 但她很快发现，支持西班牙共和国的努力收效甚微："回到家里，悬挂在餐厅墙上的西班牙地图伤透了我们的心。共和军的前线越来越短，英勇的战士们一步一步捍卫的政府领地越来越小。"[10]

西班牙政府被佛朗哥叛军击败，这标志着许多法国青少年在心理成长上的一个重大转变。正义的一方输了，那些本可以提供帮助的人，不是不愿伸出援手，就是彻底反对西班牙共和国。这些青少年第一次见识到"现实政治"（realpolitik），他们也许并不知道这个术语，却知道他们对正义与非正义的认识与现实政治相比简单了太多。那些生活在大城市或比利牛斯山附近小城市的人，在目睹了成千上万的难民逃离新型恐怖主义的场景后，也受到一定的影响。希特勒在 1933 年上台，令人咋舌的是，1936 年他已经有足够的自信破坏另一个欧洲国家的稳定。而布鲁姆的政府由于被越来越多的国际事件拖累，已失去了早期的冲劲。其早期支持者的战斗性被削弱，最终，整个法国似乎只有年轻的共产主义者准备以某种方式阻止法西斯主义的邪恶阴云继续弥漫。玛鲁西亚写道：

> 接连发生的政治事件令我心烦意乱。我从未准备好面对这些政治意愿上的失败。所有的欧洲国家似乎都越来越深地陷入极权主义，各国的镇压变得越来越野蛮。在法国，情况似乎一天比一天糟糕。我们究竟是怎么走到这一步的？[11]

1939 年 8 月，苏联与德国签署的互不侵犯条约令玛鲁西亚感到震惊。她试图寻求答案，并试图在两种观点间找到平衡点：一种理解是斯大林这么做也许是想尽可能延迟冲突；另一种观点则是斯大林确实是在与一个在德国屠杀共产主义者的领导人合作。再一次，政治似乎关乎妥协，而非正义；正邪间的界限越来越模糊。但渐渐地，她对十月革命信条的忠诚让她接受了这些政治和外交上的失误。随后，法国共产党被宣布为非法，共产党的议员和政府中的其他人物纷纷被罢免、逮捕或监禁。许多人逃到其他国家。[1] 苏联

---

① 1940 年法德签署停战协定后，鉴于苏联当时是德国的盟友，法国共产党试图说服德国当局撤销其制裁，允许他们重新在巴黎印刷《人道报》，但遭到拒绝。《人道报》一直到 1944 年都作为地下报刊发行。

支持者们变得更加团结了。但玛鲁西亚和她的朋友，包括居伊·莫盖，并没有停止对现有体制的抵抗。没有经费、没有领导，还有法国警察在身后虎视眈眈，但他们凭借自己的社会和政治正义感，继续反抗这种新风潮。尽管法国同意与英国一起，在波兰遭到入侵时支援波兰，但当波兰被德国和苏联的军队碾压时，他们并没有做什么。城市里的青少年希望法国政府能明白他们的感受。"一旦夜幕降临，"玛鲁西亚观察到，"街道就变得比烤炉还黑。但对我们来说刚好，因为我们可以在墙上写字，而黑暗会掩护我们，使我们不被那极少的路人看到。我喜欢在墙上画共产党的标志——镰刀加斧头，以表明尽管它被认定为非法，却还没有死去。"[12]

玛鲁西亚需要特别小心，因为不止法国警察，大多数巴黎人都是反共产主义者。她和她的朋友可能被任何一个人出卖，不论是某个朋友的母亲，抑或是在废纸篓里发现一些油印字迹的清洁工。但这些年轻人在进行秘密活动时变得越来越老练，他们在共产党被判定为非法那年所学到的东西，将在 1941 年 6 月后法国与苏联携手作战时发挥巨大的作用。比如，玛鲁西亚和同伴们开始注意并创造性地利用周围的建筑环境；学会了如何悄悄进入公寓，如何与门房做朋友，并识别门房中哪些人会密切地关注人们的进进出出。他们甚至会去寻找社区中哪些建筑有两个出口，最好是通往两条不同的街道。①

---

① 在我的书《当巴黎黑暗时》里面，我提到德国人自己也尽可能多地占据这些有多个出口的建筑，不光是为了自己的需要，也是为了防止被可能的敌人利用。

||||||||||||||||||||||

很早之前，德国当局就知道自己手上的任务十分艰巨。德国国防军起初是负责占领的唯一执行机构，不仅要确保法国平民的稳定和安全，还要保证面对英格兰军队时的军事效力（英军的强硬态度使其自身成为令人不安的对手）。该怎么做呢？首先就是宽大处理早期的罪犯，这些人通常只是自发用非暴力手段制造混乱，以激怒当局，让德国人知道法国人不是完全顺服的。那些在城里到处发传单或在墙上写"V"（指代 victory）的人，很少遭到逮捕。只要德国士兵感到相对安全，且抵抗运动保持相对低调，德占法国军事管辖区就任由法国警察来处理这些轻微的违抗行为。

搞破坏的通常是年轻人，他们不是因盲目而急躁，就是被谨慎的成年人利用，被当作试验品以试探占领者的反应。那些因受监视或因迅疾的警察行动而被抓获的人，通常会被执行"作秀公审"（show trials），其目的是释放出一个明确的信号：抵抗运动不会被占领当局轻易放过。德国人得到了法国警方（法国警方更了解自己要"保护"的民众）的协助，娴熟地导演着这出法国人对法国人的大戏。

然而法国青少年，特别是都市里的青少年，却不满足于此。他们在停战后仅 4 个月就向占领当局发起了大规模的挑战，这令德国人大吃一惊。越来越多年轻人被监禁起来。家长们会被突然告知，自己的孩子被抓起来了，因为他们严重冒犯了德国人，违背了德意志帝国在法国的存在应当受到无可非议的拥护这一信条。这些孩子有时会被释放，但不确定性极大。德国的人质政策让家长们在焦虑的同时更添一份恐惧。一名学生只是因小过失被捕，却可能突然被当作向德国军官背后开枪的重罪犯。

尽管每年的情况不尽相同，但占领当局对抵抗运动的回应越来越强硬。从 1940 年 11 月到 1942 年 6 月的 20 个月里，发生了 4 起重大事件，德国国防军原本精心计划让法国民众继续听话，但这些事件明显造成了破坏性影响。第一起事件就是 1940 年 11 月的大型学生示威活动，德方不得不承认占领法国不会一帆风顺；随后是 1941 年 6 月，德国入侵苏联，打乱了德国国防军精心制订的要遏制法国共产党的计划，并大大提高了法国共产党，特别是法国共青团的活动频率；然后到了 1941 年 8 月，德国的海军实习生阿尔弗雷德·莫泽（Alfred Moser）在巴黎市中心的地铁站被一群年轻的枪手刺杀；两个月后的 10 月份，居伊·莫盖和几十名其他人质被德军处刑。最后，根据希特勒的命令，德占法国军事管辖区的治安权力于 1942 年 6 月全部移交给党卫军和盖世太保，在这种表面上看更宽容的军权统治下，人们持续报复的意志必然会被削弱。

还有一点让不确定性大大增加的，就是法国民众从未弄清楚德方制定的任何政策。最初，只有在袭击、公开审判和处决后，亲属们才知悉参与抵抗运动的危险性。那时，新闻也是经过审查或用温和的语言加以粉饰的：通敌卖国者的报纸，贴在显眼的墙壁和地铁站里的大幅海报，以及用德文和法文通报死刑的消息，往往只披露了死者的姓名，而鲜有他们被行刑的具体原因，通常用"恐怖主义"一以概之。法国人只能通过这样或那样的信息碎片，推测不同情形下的规则究竟是什么。然而规则一直在变：宵禁规定的变化令人难以预测；新法律在禁止某种活动的同时催生了另一种法律；粮食分配规则突然发生变化。

战争结束多年后，德国国防军的历史学家（亦是辩护者），试图掩盖德国当年针对犹太人和抵抗运动成员的镇压行动。但新近公布的档案显示，如果当年国防军表现得比柏林当局、党卫军和盖世太保更收敛，那并不是出于道德或法律的原因，而是因为政策——他们认为没有必要激怒群众，否则其抵抗意识可能会变得更强烈。而平民通过贴在地铁站和报刊亭上的深色印刷品或红色公告，更加清楚地了解到那些取得成功的抵抗行为。在莫泽被枪杀的几个小时后，德国驻巴黎总司令的公告出现在各大城市的墙壁，以及国家和地方的报纸上：

（1941 年）8 月 21 日清晨，德国武装部队一名成员惨遭暗杀。我特此下令：

1. 自 8 月 23 日起，无论出于何种原因，凡被德国当局或德国当局代表拘禁在法国的法国公民，都将被视为人质。

2. 若出现任何事件，将视攻击的严重程度，处决一定数量的人质。[13]

这样的公告令成百上千个家庭陷入恐慌，这些家庭都有年轻成员入狱——绝大多数都是因为轻微的罪行。惊慌失措的父母和兄弟姐妹们蜂拥至当地的监狱牢房，请求与自己的亲人相见，为亲人带去食物，并承诺在最坏的情形还没有发生之前，动用一切关系帮忙。

||||||||||||||||||||||||||||

　　并不是所有的青少年都会密切关注占领早期发生的事，即使他们的日常生活已经受到了影响。当然他们注意到了变化，甚至对此十分好奇，但这不足以让他们选择将自己的生命或家人置于真正的危险之中。米舍利娜·布德（Micheline Bood）是个典型的青春期少女。她和她的闺蜜都被年轻德国士兵的礼仪、外表，以及自信的男子气概迷住了，有些士兵只比她大 5 岁。多亏了米舍利娜，我们得到一份无价的史料，揭示了在一个满是外国士兵的城市里成长是多么复杂的一件事，而这些外国士兵总是试图让人们对其保持尊重。恐惧与生理上的迷恋交织在一起，可以解释许多年轻女性在第一次遭遇德国占领者时的行为。

　　米舍利娜从 14 岁，也就是在德国对法国发动闪电战的约一个月前，开始坚持写日记。[①]14 她没有参与官方的抵抗运动或抵抗运动的组织网络；她除了肤浅的爱国主义和对大不列颠的热爱（她的哥哥从敦刻尔克成功撤退到英国，在那里加入英国皇家空军，并一直战斗至战争结束），没有明确的意识形态偏好。她本可以消极地保持兴趣，并避免做出任何可能引起道德冲突的决定，但她的日记一再地转向战争造成的影响：

---

　　①　这本日记躺在她母亲家里很多年，未被发表，也无人问津。直到 1972 年，人们偶然发现它，在得到米舍利娜的允许后于 1974 年出版，几乎没有删减。这本日记在出版后再一次安静地立在图书馆的书架上近 40 年，直到她的这些回忆，被那些曾经生活在黑暗岁月、如今已经成年的年轻女性们提起。尽管有时日记的内容会因青少年的自言自语而平淡无味，但这份有价值的文献让我们更容易理解，占领如何影响了那些没有投身抵抗运动的青少年们。

我应当如何应对城里的外国士兵？我就不能过"正常的"生活吗？我为什么不能公开表达自己的感受？我为什么要完全无视那些会调情的德国人？

像其他同龄的女孩子一样，米舍利娜也"抵抗过"，只不过是用微不足道的方式。她讲述了一个所有青春期的女孩都爱讲的故事：她爱吃李子，她发现如果她把潮湿的李子核吐到年轻德国士兵的后背上，他们会抬头看看是否有一只鸟给他们留下了礼物。对于米舍利娜和她的朋友们而言，这也太好笑了，只是她们不知道这样的贬损行为在后来会让搞恶作剧的人遭遇牢狱之灾，甚至更糟。即使她的朋友们都参加了 1940 年 11 月 11 日的大游行，但她始终觉得那不过是学生的一次短途旅行。直到法国警察和德国人开始放枪，并且驱逐举着标语、抱着传单的学生们时，她才意识到这样的对抗是会受惩戒的。她的一个闺蜜因为撕毁了一幅亲德标语而被捕，并在监狱里待了 3 个月。米舍利娜那时完全明白，对抗德国人不能逃过罪责，年龄或性别都不能阻止军事审判；女孩子的身份可能会带给她一些保护，但不会长久。

尽管如此，挑战古板德国人所带来的社交乐趣令人兴奋，为什么不在墙上写下代表胜利的"V"呢，尤其是在那些贴着标语和海报呼吁法国人为维希政府服务的墙壁上？与此同时，为什么不向正在履行职责的德国人伸出欢迎的手，从而减轻他们在陌生环境中当警察的焦虑呢？

米舍利娜的日记展现了她 4 年来的犹豫和困惑，就在她身体正在发生变化的时候。她一直在试图弄清楚，在这非同一般的境况下，采取怎样的行动才是恰当的。这令她的日记可读性很强，尽管里面有没完没了的细节：她将乏味平淡和不同寻常混为一谈，正如她将愉悦和恐惧、生理和心理混为一谈。

比如说，她和她的朋友们（就是在城市墙壁上涂鸦的同一批人）经常去市政游泳池玩水球，并在那里与年轻的德国士兵热烈地调情。他们总是保持着适当的礼仪，以防被年长的妇女看到了骂她们是"妓女"或者"荡妇"。米舍利娜用好几页的篇幅倾诉她的担忧：她不应该与德国人交往，应该做一个忠诚的法国女人。但另一方面，她又很坚决地认为，她有自由做她有权做的事情，或者至少在被德国占领之前有权做的事情，那就是吸引男孩子们——不管他们是不是德国人。

当她一个密友开始与一名德国士兵约会的时候，米舍利娜并没有摆脱她的两难处境：

> 1941 年 12 月……是我把她介绍给路德维希的，这件事让我彻夜难眠……他们昨天又见面了，好像还亲吻了十几次！我只能放手不管了。
>
> 这件事让我反思了一下我自己（我和德国人之间的调情）。就我而言，我发誓绝对不会让一个德国佬吻我。我可以和一个德国佬调情，我们这个年纪的调情肯定不会很认真（特别是我），但他始终是个德国佬。如果我把我的初吻献给一个我不认识，甚至是敌人的人，我之后肯定会非常后悔……如果一个女孩真的"教养良好"，她不会表现得像个街头女子，随便对一个占领她国家的士兵投怀送抱。那些德国人会如何看待法国

的女人啊？

这是我们每个人都应该思考的问题。[15]

从一连串相互矛盾的反应可以看出，她控制不了自己。孩童、青少年、夫妻、商贩、教师、神父和退休人员——都不得不经常与德国人及其维希支持者们打交道，但没有一份明确的文化地图向他们指明，哪些道路会通向屈辱或地位的丧失。对青春期的女孩们来说也一样，她们充满活力又善于交际，但也足够聪明地知道自己正在越轨。①

尽管她的日记没有显露任何明显的意识形态倾向，但几乎每一页都提到了战事和战争造成的资源匮乏。米舍利娜很聪明，总是担心自己的学习成绩，也迫不及待想长大成人。幸运的是，她的妈妈性格强硬，把她管得死死的，确保每天晚上女儿都安全地在家。尽管也有聚会，也有和其他年轻人，包括和男孩子一起的短暂冒险，但没有做出什么惊天动地的大事。她依然被两种极端的情感撕扯着：憎恨德国军队，却喜欢年轻的德国士兵；鄙视自己国家的军队没有坚持到底，却祈祷英国能大获全胜。她伪造了一张德国人的通行证，这样她就可以免费搭乘地铁，避免排队和随机搜查。她偶尔也会想起，自己正过着一种紧张不安的生活。

她绝对算不上抵抗者，除了学习和与抵抗者们一起外出，她从未加入任何团体。她知道她的同龄朋友中，有人秘密派发传单，有

① 顺便说一句，米舍利娜向我们保证，她在这 4 年的占领期间守身如玉。她只被吻过一次，当时一个又老又胖的德国军官刚帮她脱离困境，但她坚持说那只是草草一吻。

人搜集情报，有人帮助藏匿被击落的飞行员，甚至有人参与转移军火，但米舍利娜避免自己被卷入如此明显的颠覆行动中。随着地下运动变得更有组织性，并开始使用武器对抗占领者，米舍利娜开始在两年的时间里，不断批评这些行动最终无法达到目的：

> 1941 年 9 月：最近德国人的谋杀案变多了。我觉得这太令人反感了，因为报复很可怕，会有很多人质被枪毙。明天晚上开始一直到 23 号，大家都必须在晚上 9 点之前回家，那之后在街上被抓到的人都将被视为人质。[16]

一年后，在 1942 年 9 月的一个晚上，她被一声爆炸的巨响惊醒，声音离她所住的公寓不远。她立刻意识到目标是德国海军俱乐部。她的反应再次暴露了她在犹豫是否该为暴力抵抗辩护：

> 1942 年 9 月：这次袭击的结果就是晚上 8 点 30 分实行宵禁。干这事的人真是白痴！当我们恳求他们时，他们甚至不能保卫我们的国家，现在却要袭击商店，就因为店名是用德语写的。我开始受够这座肮脏的城市了。我现在的愤怒简直难以形容。[17]

青少年对时间流逝的感受比成年人更强烈：他们的身体在不断变化；他们与家人的关系在不断演变；他们的情绪往往很躁动；尽管他们变得更加独立，但依然依赖于家庭的保护。对他们中的一些人来说，这场占领一开始就像一场游戏，一个戏弄德国人的借口——戏弄他们的古板、他们的语言和他们的冷漠——但渐渐地这些士兵成为这个青少年群体中的一部分。米舍利娜和她的朋友早上刚在德国人的宣传标语上贴了支持戴高乐的海报，下午就在城市的公共泳池里和德国士兵一起玩耍，这并不稀奇。米舍利娜自然而然地仇恨着"德国佬"群体，却偏爱个体的德国人。

1943 年末，她开始写最后一本日记，当时 16 岁的她反思了自己所写的东西。那些事件发生得如此突然，又如此残酷和惊悚，而在事件发生的同时花时间去反思似乎是一种无法想象的奢侈。如今米舍利娜告诉我们，当她重新阅读自己的日记时（好几本厚厚的学生笔记本），写作让她在纷乱的生活中抓住了一些实感。

||||||||||||||||||||||||||||

菲利普·贝当有一种说法众所周知，而且他不止说过一次，那就是 1940 年法国的战败归因于缺少儿童。德国加上奥地利一共有8000 万人口，而法国只有区区 4000 万。第一次世界大战战壕里的普通法国士兵，被大家称为"硬骨头"（poilus），是他们英勇作战，与残暴的敌人针锋相对，才让巴黎免受占领。

与之相反，前领导人们认为，1940 年 5 月和 6 月入伍的新兵死气沉沉，他们在 20 世纪 20—30 年代度过青春，经历了日常生活的惊人变化和反正统文化的风潮，并在其间丢失了爱国主义精神、荣誉感和自豪感。他们一看到德国的装甲部队就抱头鼠窜。这确实是杜撰出来的，法国新兵虽然没有得力的领导，却常常像狮子一样战斗——尽管如此他们还是被一支技术先进、领导卓越的军队碾压了。德军以迅雷不及掩耳之势作战，大败法国参谋部。但政府必须为这场惨烈的失败寻找一个可以服众的理由，并找到补救的措施。结果就是，维希法国早期的部长们投入大量的精力去关注那些不知所措或被人误导的法国青少年的组织、准备和善后工作。

从 20 世纪 20 年代开始，欧洲的政权和政治组织，无论是法西斯主义的、保守主义的、共产主义的、社会主义的还是宗教的，都开始在教育、控制和激励上对年轻公民表示政治关切。中产阶级人口的增长、经济大萧条和近似于内战的党派之争，所有这些似乎都需要一支充满男子气概、健康强壮又受过良好教育的青年力量。历史学家苏珊·B. 惠特尼（Susan B. Whitney）对此有过简洁的表述：

> 到（20 世纪）30 年代末，青少年已经在法国公共生活中占有一席之地，与 20 年前……大不相同。政治和宗教领袖们争相获取青少年的效忠，且大规模的示威、集会和游行也主要由年轻的支持者完成。这是一个不同的意识形态剑拔弩张的时代，也是一个恐惧战争的时代，召集大量年轻人的能力不仅展现了力量，还被赋予了象征意义。年轻人也更彻底地投身其中，加入青少年团体的人数之多前所未有。这些活跃分子里面既有男性也有女性，青少年成为一个混合性别的政治类别和选民群体。[18]

青少年组织增强了青少年的爱国主义责任感，但这些团体和阵营的组织者却不总是有一致且明确的动机。于是，出现了一堆不同的倡议，包括大范围推广户外露营，以及持续关注新式童子军的体育和体能活动。这些倡议表明，青少年的身体成长与智力发展同样重要。青少年组织成立的目的是让未满征兵年龄的人有事可做，特别是在暑假。天主教会在此期间为穷人和数量众多的难民提供宗教服务，使自身在年轻人中的社会角色得以复兴。青少年移民被吸纳进这样的团体，年轻的法国公民得以认识这些逃离政治压迫的同龄人。在政客们的要求下，政府设立了青年部；而所有主要的成人团体，从共济会到法西斯的褐衫党，也都纷纷增加了青年分支。

维希政府最早采取的大规模行动之一，就是试图组织法国的年轻人建立一个"合作者"的国家。他们最大的困难就是在法国青少年中间建立对老元帅的英雄崇拜，像德国人对希特勒那样的崇拜。对于那些 10—20 岁的年轻人而言，贝当是个庸才，一个或多或少被自己父母崇拜的傀儡，与他们没有任何关联。早在 1940 年 8 月，当占领还不到 6 周时，维希政府的教育部部长就向法国所有小学和高中的管理人员，所有大学的院长和校长，提出了一份指导性的建议。在学年的第一节课上，所有教育机构必须遵循以下安排：

· 为悼念在刚刚结束的战争中牺牲的人们，默哀一分钟；

· 宣读 1940 年 6 月 16 日、20 日、23 日和 25 日，由国家元首贝当元帅向全体法国人发出的行动呼吁选章；

· （由老师）在受到行动呼吁的启发后，发表简短演讲。演讲中必须提到国家复兴的重要条件，所有法国人必须肩负的新使命，特别是青少年的使命，因为他们背负着国家未来的希望。[19]

这出戏是做给青少年看的，但他们已经开始用微小的行为来反抗了，比如在课堂上传递嘲笑法奸，特别是希特勒的纸条。维希政府迅速推广起一首颂歌《元帅，我们在这里！》（*Maréchal, nous voilà!*），可大家在应该唱歌时嘟嘟囔囔。这首歌的副歌将成为维希法国的国歌，但跟《马赛曲》根本没得比。尽管《马赛曲》被禁，但人们仍然在一切可能的场合下公然唱起。这首贝当的颂歌也被很多人嘲笑是反共和国国歌：

> 元帅，我们在这里！
> 在你面前，法兰西的救主
> 我们宣誓，我们是你的人
> 效力于你，追随你的脚步
> 元帅，我们在这里！
> 你使我们重拾希望
> 祖国将要重生！
> 元帅，元帅，我们在这里！

这首歌在歌词和旋律上模仿了更知名的歌曲，但在向年轻人灌输忠诚一事上，却是一次相当可悲的失败。当然了，年幼的孩子们会热切地想要加入；但年纪大一些的，在听到父母、老师甚至神父对元帅政策提出的疑问时，也会越来越倾向质疑而非顺从。

维希政府执迷于对法国青少年的再教育，却不知道男孩女孩、年轻的男人女人们究竟如何看待贝当和他的政府。尽管如此，新政府依然坚信它的未来就在这成千上万的法国年轻人身上，他们尚未从战败、撤退和占领中走过来。两名研究二战期间"法国共谋"

（French collaboration）的历史学家曾写道：

> 维希政府想要削弱或压制传统上能与之抗衡的力量（地方议会、城市政府和部门、行业组织和劳工团体），于是开始建立一连串青少年组织。因为要聚焦于国民道德和体质的重建，国民革命（National Revolution）顺理成章要将注意力集中在青少年身上。[20]

两个大型的青少年组织几乎立刻就成立了，一个由国家支持，一个是自发组织的，但都得到了国家批准。第一个叫"法国青年工场"（Chantiers de la jeunesse française），一经成立就开始招募20岁的年轻男性（还是没有年轻女性，因为她们被认为应该待在家里，学习如何成为妻子和母亲）。他们被派去清理森林，十分劳苦地工作，以强健他们的肉体和精神——政府认为他们已经孱弱不堪。近9万名青少年被召集，包括退伍士兵，以及尚未入伍的和还在上学的学生（一直到1942年仲夏，犹太人都没有资格加入法国青年工场）。对他们当中的许多人来说，他们的服务和奉献首先是为了贝当元帅，其次才是为了新生的国家。随着时间的推移，他们的意识形态发生转变，许多人离开这些组织，但大多数人即使是反德的，也依然花费时间为支持政府做贡献。

法国青年工场里有一小部分年轻人认为应当策划几起对德国人的报复，并请求组织允许他们建造秘密武器库，以备不时之需。但组织的官员驳回了这一请求，并严厉地斥责了他们，辩称法国青年工场最初也最重要的使命是为新的国民革命服务，政策的制定取决于国家领导，而不是他们。尽管如此，这些桀骜不驯的小团体依然倔强顽抗，最终渐渐退出法国青年工场并加入越来越活跃的抵抗运动。

另一个被维希政府批准，但没有得到直接支持的，是一个叫"法兰西之友"（Compagnons de France）的团体组织。他们针对的是 14—19 岁的青少年，除了细微的不同，他们在本质上与法国青年工场是同一类型的组织。政府担心有太多未加管束、没有组织归属且焦躁不安的青少年在这个依旧伤痕累累的国家里四处游荡。成千上万的外国移民（其中大多数没有永居身份），为自己应当信任谁而感到疑惑。有一整个年轻的人口亚群，虽然抵制反复无常的指令，却渴望得到领袖的指引。而他们似乎只能选择，要么致力于国民革命，要么服从占领当局的严苛命令。法兰西之友就旨在集中并划分这些青少年。

建设营地和宿舍，并定期开展体育活动是一回事，教育这些年轻干部们何为新政府的价值观又是另一回事。德国人断然不会帮忙，他们对任何有 10 个及以上成员的法国组织都抱有怀疑的态度。但维希政府自信地认为，凡尔登胜利者的榜样可以激励年轻人团结一致。尽管贝当在一战之后被认为软弱无力，且在政治上过分谨慎，但他一直到二战末期都在许多法国公民心中享有威望，许多在政治上更加敏感的年轻人会以贝当为榜样团结一致。政府提醒他们，没有其他杰出的法国领导人留在法国，献身于自己的人民。为什么不支持他呢？许多顺从的年轻人很容易从法兰西之友过渡到法国青年工场，最终加入民兵队。不少人会在二战后困惑不解：为什么他们尊敬的领袖贝当元帅，会被逮捕、审讯，并被判处死刑？

||||||||||||||||||||||||||

贝当－赖伐尔政府成立最初的一件糗事，就是他们在第三帝国要强力吞并阿尔萨斯和洛林地区的摩泽尔一带时，只做出了不温不火的回应。这一非法侵占事件产生的后果将持续到战争结束，并延续到战后。法国公民开始在报纸上读到、在电台里听到，居住在法国东部阿尔萨斯和摩泽尔地区的人不得不流离失所的消息。超过2.2 万名法国公民突然被强制撤离的事实，彻底粉碎了人们关于德国人准备进行"友好"占领的想法。在此前短暂的战争中，有超过10 万名法国公民暂时离开这些地区，却无法返回家乡，只能滞留在避难的地方。① 维希政府措手不及，向德国官方发出软弱无力的官方要求，令其停止行动，但最终证明这样做毫无用处。这再一次表明，维希政府是停战协议签署双方中的弱势一方。德国国防军和之后的党卫军在这一地区强硬地建立起绝对的政治和文化权威。[21]到 1940 年 12 月，大多数讲法语的人、犹太人、吉卜赛人，以及所有被认为是麻烦制造者的人，都被驱逐至法国本土。这是刚刚重建的法国吸收、同化的第一批庞大人群。这些阿尔萨斯－摩泽尔人大多数是新教徒，定居在法国西南部传统的新教地区。

德国人没有浪费一分一秒，立刻宣布了对莱茵河沿岸这片领土的控制权。第三帝国地方长官的新法令特别指向这一地区的青少

---

① 我最近了解到，曾有一个大家族名为"穆勒"（Muller），当时离开阿尔萨斯前往法国躲避战乱。但很快他们发现法国并不信任阿尔萨斯人，认为他们更多地效忠于德国。该家族的人只好改名为"卡雷"（Carré），这样听上去更像是法国人，尽管他们的口音还是会出卖他们的身份。

年。在德国刚吞并这一地区时，年轻的阿尔萨斯人和摩泽尔人就被鼓励加入希特勒青年团（Hitlerjugend）和（专为女子设立的）德国女青年团（Bund Deutscher Mädel）。这些组织和维希政府设立的组织有相似的目标，但德国方面对男孩子的军事重视程度要高得多：

> 体育尤其重要，同时还有同志情谊、纪律和服从精神，以及对民族社会主义事业的热忱。有必要在培养一名未来战士的同时，培养出一名党的支持者。"每个人都必须尽早学会服从，以便未来能够听从指挥。如此一来，德国的青少年将成为我们国家政治统一的根基。"[22]

此外这些组织还有一个更加微妙也更少被宣传的目的，那就是通过组织的管理弱化家庭在向子女灌输思想上的主导作用。

被吞并地区的学校课程马上就被调整了，比在法国调整的力度更大，很快所有年轻的阿尔萨斯人都被纳入德国的教学体系。不幸的是，一个名叫"国家劳动服役队"（Reichsarbeitsdienst）的项目被引入，并在 1941 年 2 月发布了第一份通告草案，要求所有年满 20 岁的阿尔萨斯和摩泽尔青年登记，在经过体检后进行 6 个月的服役。服役的内容包括帮忙收割庄稼、清理森林、排干沼泽、修建高速公路，大多数劳动都是为德国的战争服务。一些有先见之明的年轻人意识到，下一步很可能就是被征召进入国防军。为此，年轻的阿尔萨斯人开始躲藏在家中或乡下，或溜过边境前往瑞士，或进入法国本土躲避征召令。一些人在被抓住后被送上法庭；一群年轻人因为派发传单呼吁朋友们不要响应征召令，被送上军事法庭接受审判，最终被枪杀。德国当局希望阻止对这项青年计划的任何攻击。

正如预想的那样，不可避免的事情发生了，而且是法国战争史上最悲伤，也是被误解最深的事件之一。1942 年 8 月 25 日，颁布了一项新的法令，阿尔萨斯和摩泽尔的青年们都要应征加入德国武装部队服役。德国人起初要求大家志愿参与，但反响寥寥，于是强制入伍成为必然。① 这在国际上属于非法行为：胜利国不能向法国公民，或任何被占领国家的公民进行征兵（但无须多言，国际协议从未能阻止德国人做对第三帝国最有利的事）。很快，类似的法令在洛林的其他地方（摩泽尔是洛林境内的一个大省）和被占领的卢森堡境内颁布。在 1941—1942 年的进攻未能击败俄国人之后，第三帝国于 1942 年春季和夏季发动了对苏联的第二次入侵，并进行了大规模征兵。纳粹德国需要从欧洲征召更多的士兵前往对抗屡战屡胜的苏联军队，因为最好的士兵已经被抽调去执行占领任务了。该法令在被吞并的省份中催生了数千名逃避兵役者。有 13 万青壮年男性符合征兵的要求，而数千人找到了逃避兵役的方法。由此开启了阿尔萨斯和洛林地区人民，对德国人漫长、徒劳但不失激情的抵抗运动。毋庸置疑，一些逃兵或从未登记入伍的年轻人，带着自己所拥有的技能和激情加入了自由法国，或在法国各地的游击队中服役。

那些最终穿上德国军队灰绿色制服的年轻人，自称"马尔格雷

---

① 同样的征兵模式后来被维希法国用来派遣法国人前往德国做工，尽管是从事文职而非军事工作。

奴"（les malgré-nous，意思是"非我所愿"），虽然当中也有很多人自愿加入并与俄国人对战，但普遍受到那些不情愿的年轻人及其家人的谴责。德国人因此举暴露了自己根本不是这一地区仁慈的保护者；而维希政府的声明——会保护法国人民对抗专横的占领者，再次被证明是毫无作用的，维希政府的威信也因此进一步削弱。

超过 13 万阿尔萨斯和摩泽尔人穿上了德国军装——有人自愿，但多数都是迫不得已。他们大多被派往苏联前线，其中近三分之一被杀、致残或名列失踪者名单。大多数马尔格雷奴都很年轻，有些还没到 20 岁。一些社区因德国征兵失去了近 50% 的年轻公民。这些年轻的法国士兵既不被德国军官信任，被俘后也不被俄国人信任，而他们倘若战后可以生还回到法国，还会被法国人怀疑叛国。后来没有一届政府承认德国国防军对年轻男子犯下了强征入伍的国际罪行。战后，这些马尔格雷奴大声宣称自己当年是被强迫的，不论他们犯下了什么罪行。[①] 由于他们出生在与德国一河相隔的东部省份，在很多年里他们被人们视为贱民。

由于侵扰了人们的日常生活，德国人并未给第三帝国招揽太多追随者。波利娜·科尔代（Pauline Corday）早在 1942 年就通过回

---

① 最著名的案例是 1944 年 6 月，盟军进入法国仅 4 天后，发生在法国中西部格拉讷河畔的奥拉杜尔（Oradour-sur-Glane）大屠杀。这座法国村庄被摧毁，642 名居民（包括男人、女人和小孩）被党卫军的一个"帝国师"（Das Reich）谋杀。师里十几名成员都是马尔格雷奴。战后他们被判有罪：一名志愿入伍的被枪毙，其他因征召入伍的被送往强制劳动营。1953 年，所有的马尔格雷奴因其是德国非法政策的牺牲者而得到原谅。但可怕事件带来的伤口仍在流血，直接包扎伤口的补救措施并不能让任何人满意。

忆录记录了德国占领时自己的生活："阿尔萨斯和洛林人的抵抗是一个漫长的故事，只有在自由解放后才能被人深入了解。一个德国人会如是说：'在这里，我们本该是最受欢迎的，但也是在这里，我们收到了最大的敌意！'"[23] 这些生活在德国边境的法国人所树立的榜样，将影响身处法国其他地方的许多人；他们建立起的一套行动准则，在当时正拼命躲避或回击德国人的年轻人中引起回响。

||||||||||||||||||||||||

在社会上和政治上十分保守的维希政府恢复了法国天主教会的传统地位，法国天主教会看到自己作为道德仲裁者的影响力得到复兴也感到十分欣慰，但许多天主教徒，特别是年轻人，抱着一种"是的，但是……"的态度。他们对自己的国家确实抱有激情和热爱，但他们不愿意被人引导着不加分别地去爱一个自称传统主义，却具有准法西斯性质的政府，尤其当这个政府针对犹太人和其他难民时。因此，尽管德国的官方宣传一直强调戴高乐和自由法国是无神论者，按照他们的方式只会重现人民阵线执政时的混乱，年轻的天主教徒最开始还是保留了自己的判断，尽管他们被持续施压，要全心全意效忠法兰西国。

普通的天主教徒很少关注教会中的等级制度，而跟参与他们日常生活的神父和修女更加亲近。占领期间许多卓有成效的抵抗行动都是由法国最勇敢的爱国者——基层的神职人员——进行或支持的。天主教会中的"自由派"最典型的代表是一个于20世纪20年代在比利时成立的团体——"公教职工青年会"（Jeunesse ouvrière chrétienne，简称JOC）。这个宗教组织本质上属于左派（尽管他们永远不会公开承认），旨在从物质和政治上提高穷人的地位。
1943 年，维希政府和纳粹德国宣布该组织在法国属非法组织——
这是其影响力的一个标志，但数名天主教的修女和神父已经向这些
年轻成员灌输了公平竞争、反种族主义和社会运动的思想。尽管如
此，大多数法国年轻人，无论他们的社会背景如何，都和父母一
样焦急地等待着最终的结果，正如其他社会和宗教团体的年轻人
一样。

保罗·霍特（Paul Huot）在他的回忆录里，记录了他作为法国
青年工场新兵那几年的经历。按照他的描述，一开始他被派往的工
作营还不错。他们在那里学习了十分有用的林业技能——他们的工
作包括植树和维护林间小径。他记得在 1943 年的时候，还没有任
何男孩公开谈论"抵抗运动"，甚至不会谈到战争。但很快，就像
在监狱中一样，消息开始通过新兵或其家人的书信传播开来。德国
人似乎在苏联惨败，越来越多有效的抵抗组织开始在城市之外的地
区形成。对那些在林业营地里工作的人来说，更重要的是丛林里的
游击队基地。很快，营地里的人就注意到有同伴在点名时消失了：
他们被迫加入被送往德国劳动的大部队。他们空掉的床位很快被德
国士兵占满，年轻人发现自己与占领者同住一室。紧张的气氛加
剧，对未来的期待变得越来越迷茫。有消息传出，森林里的游击队
欢迎营地劳工——特别是年轻人的加入。尽管如此，离开却并不容
易，这些青少年没有一个人确切地明白他们所听到的事件都预示着
什么。正如霍特所回忆的那样：

"抵抗运动"这个词就在我们心里，但很少出现在对话里。

谨慎是我们最看重的，因此我们并不知道大多数同伴是怎么想的。就我而言，我只与两三名领袖谈过……但他们显然认为，现在重要的是等待"正确的时机"出走加入游击队。"正确的时机"是个重要的暗号，因为所有营地成员都得到指示：除了紧急状况，绝不（改换地点）。[24]

事实证明，对于这些小伙子来说，等待"正确的时机"去做一些他们根本不知道怎么做的事简直无法忍受。谁来发出"时机已到"的信号？他们的秘密领袖在营地的领队中吗？谁也没有确切的答案。随着时间的推移，他们开始听说，有离开工场的年轻人的家人遭到报复，这令他们更加焦虑。

然而渐渐地，在营地熄灯后，越来越多的年轻人开始为当地的游击队提供帮助：承担轻度的看守任务；为游击队队员觅食；从戒备不算森严的营地里溜出去，然后白天回来维持他们的正常工作。除此之外，他们也参与了更严峻的抵抗行动。随着同盟国加强对法国各地的轰炸，营地成员们被要求清理炸弹残骸，许多人第一次目睹废墟中支离破碎的平民尸体。战争变得越来越触手可及，不再是一场朦胧的噩梦，而是可怕且无处可逃的现实。[①]

由于战争扰乱了日常生活，许多官方组织和宗教组织的成员数量减少。年轻人们竭力避免被其中任何一个组织招募，于是大多数组织的项目慢慢瓦解。那些留下来并积极参与的，自然都是法兰西国的坚定支持者，他们此后又将加入1943年成立的法兰西民兵组

---

① 1944年9月，诺曼底登陆后不久，霍特一群人离开了法国青年工场，加入附近的游击队，正式成为抵抗运动成员。

织。其他年轻人则跑回家里藏起来，或者加入数量不断增加、隐藏在法国山区和林区的游击队。因为这样或那样的原因，德国占领当局不信任维希政府的青少年组织。他们敏锐地认识到，没有第三帝国在建造希特勒青年团时所使用的强力手段，这些在一个惶恐焦虑的被占领国建立起来的组织，最多也只能获得日渐沮丧的被占领国公民散漫的支援，最坏的则是不满的敌对。

法国童子军试图摆脱政府的控制，并取得了一定成效，但他们太普遍也太有组织性了，以至于政府无法完全忽视。维希政府的法兰西之友和法国青年工场这样的组织，极力鼓动失业的年轻公民，将自己无论是体力上还是精神上的无限精力，投入无条件支持政府的工作当中，成为下一代"新秩序"的领导者，但其他并不隶属于法兰西国的组织使他们的努力相形见绌。法国童子军在吸引年轻人加入一事上做得相当成功，尽管他们在 1930 年，即自 19 世纪末的德雷福斯事件以来，一直在沉睡的反犹太主义死灰复燃之时，脱离了法兰西以色列童子军（Éclaireurs israélites de France，简称 EIF，即犹太童子军）。

移民、犹太人和共产主义青少年尤其关注维希政府的政策变化。毕竟，希勒特对犹太人和共产主义者的态度昭然于天下。连非左派的法国犹太人也懂得要警惕法国——或者说维希政府的帮扶。许多犹太移民都是社会主义者或共产主义者，那些与之不同的法国籍犹太人想知道，政府要如何区分"良善、爱国"的犹太人，以及新近犹太移民或批评第三帝国的犹太人。非犹太青少年则倾向于向他们的童子军领袖求助，这些人通常只比他们大几岁；或求助于他们的神父，特别是那些为工人和穷人服务的神父；抑或是他们的老师，这个群体还有很多人是和平主义者或左派人士。他们暂不担忧纳粹的种族主义政策，因为要做出起身抵抗纳粹的决定会花费更多时间，也需要更小心翼翼。

在危机时刻，不同群体、朋友甚至家人之间的微小分歧往往可能演变成重大的情感问题。共产党员会相互提问：你支持斯大林还是托洛茨基？德意志还是大革命？天主教徒之间会问：你是支持维希政府，一个尊崇天主教但准法西斯的国家，还是支持自由法国，一个世俗国家？犹太人之间会问：你是世世代代生活在法国的犹太人，还是新近移民、几乎不说法语的贫穷犹太人？似乎只有新教徒同心合一：他们仍记得 200 多年前针对新教徒的大屠杀，并欢迎众人——无论是犹太人还是天主教徒——到法国西南部寻求庇护。

在维希政府的道德和教育问题上，法国天主教会介于保持中立和口头支持之间。法兰西国恢复了天主教会作为国家道德仲裁者的地位，但天主教会的统治阶层事实上是表里不一的两面派，一边支持维希政府，一边表面上哀叹法国被占领后的困境。巴黎大主教伊曼纽尔·苏哈德（Emmanuel Suhard），即法国天主教会事实上的领袖，是众所周知的贝当派。尽管苏哈德大体上支持维希政府的道德优先，却从未在公开场合为纳粹的罪行开脱，也确实写过致各主教的信件，谴责 1942 年 7 月对犹太人的围捕。但他确实命令他的主教们在其他政治问题上保持低调。①

---

① 戴高乐认为苏哈德总的来说不支持自由法国和抵抗运动；许多人甚至将"通敌者"的帽子扣到苏哈德头上。戴高乐将事做到底，禁止苏哈德参加 1945 年 8 月巴黎解放时在巴黎圣母院举办的庆祝弥撒。

||||||||||||||||||||||||

当德国向法国发动突袭时，罗歇·菲希滕贝格（Roger Fichtenberg）19 岁。他家几代人都是法国人，安逸地居住在巴黎十一区的共和国大道（Avenue de la République）。像其他法国犹太人一样，他们首先因自己是法国籍而感到安全，而且他们认为法国可以轻松抵御 9 个月前德国对波兰发起的地面和空中的机械化进攻。但为了免受空袭的威胁（事实证明这并不是巴黎投降的主因），罗歇的父亲决定举家搬到维希以北 20 英里处的拉帕利斯（Lapalisse）。他们本打算避开战争，以为战争可以在几周或几个月之内结束。

1940 年 6 月 19 日，贝当元帅和戴高乐将军发出截然相反的号召，一个呼吁为国家效力，一个呼吁起来抵抗，年轻的罗歇则第一次见到德国士兵：

> 德国人驾着边三轮摩托车，前往（更南的）罗阿讷（Roanne）。其中一队留在拉帕利斯。他们穿着笔挺得体的制服，精神抖擞；更重要的是，他们纪律严明，待人友好，对平民几乎算得上体贴有加。军官和士兵睡在被征用的学校里……德国人看上去像是在演习而不是在打仗。[25]

与其他同样看到这些德国士兵的人一样，罗歇也以为这次入侵和临时占领会十分轻松和短暂。

但罗歇一家很快就意识到他们必须保持警惕。1940 年 7 月 22

日，法兰西国成立了一个委员会，重新审查 1927 年立法后提交的所有入籍申请，正是当年的法律让罗歇一家成为法国公民。许多人的法国国籍在这次审查中被撤销。9 月 27 日，德国官员颁布法令：凡离开占领区前往非占领区（即维希政府所在地）的犹太人，一律不准返回位于德占区的家园。这里面就包括住在拉帕利斯的罗歇一家。该法令还表明将对占领区的犹太人进行人口普查，而且所有属于犹太人的企业都必须张贴告示来说明其所属。一周后，维希政府进一步发布法令，禁止犹太人从事某些职业，也不允许他们担任公职。再一天后，一个更令人不寒而栗的消息传出：按照非占领区各省省长的突发奇想，犹太移民可能会被送去法国难民营。虽然这些难民营不如德国和波兰的残酷，但也是被铁丝网包围并由法国警察看守的，而且没有人知道这次"刑期"有多长，德国人又是否会代替法国人来管理。在接下来的几个月里，占领区和非占领区都颁布了多项法令，包括禁止"雅利安人"的企业雇佣犹太人、将犹太人所有的企业分配给"雅利安人"。

但犹太人在非占领区还是比在德占区活得容易一点，只是商业、教育和社会生活的中断意味着大多数犹太男孩和女孩不得不迅速适应新的生活秩序。1941 年 4 月，罗歇试图加入法兰西国的残余武装部队（只有 10 万人被允许加入），但因为犹太人身份遭到拒绝。此后不久，一名童子军领袖邀请他领导一支法兰西以色列童子军——很神奇，当时法兰西以色列童子军还能运作（但也只持续到 1941 年 11 月）。罗歇是这样对招募他的人说的：

我从未参加过童子军，但我很熟悉贝登堡（Baden-Powell）

的战略，还在（20 世纪）30 年代上中学时实践过。我让他（招募者）知道，我准备好了。事实上，（在拉帕利斯）有不少参加过幼童军和童子军的犹太人，他们的父母很希望看到自己的孩子加入犹太军队……那时的我并不知道这个决定对我的余生有多重要。[26]

罗歇招募了大约 20 个年轻的犹太人，开始建立一个双重秘密组织，因为犹太童子军已被宣布为非法组织，而且他们的目标不再是搜集"荣誉勋章"，而是破坏德国和维希政府的反犹太主义举措。

1942 年 3 月，罗歇突然被征召加入法国青年工场（相当于维希政府下的希特勒青年团），但几个月后他就因为犹太人身份被开除且永远不能加入。1942 年 11 月下旬，德军占领整个法国后不久，抵抗组织的秩序还十分混乱，其领袖找到罗歇（罗歇那时也渴望加入抵抗组织），对他说，除了担任童子军领袖，他还可以发挥更大的作用。罗歇得到指示："马上骑走我们的自行车，在维希和郊区发出警告。所有犹太人必须躲起来……你们全部都要动员起来。"[27]于是，犹太人和同情他们的人铺开了一张活跃的秘密网络，以确保数百名犹太儿童（偶尔也包括他们的父母）的安全。时局不易，德国人已是无处不在，对抵抗运动的态度也越来越严厉。来自苏联前线的消息让第三帝国的领导人害怕，他担心自己没有足够的能力维持一支庞大军队与苏联的作战，同时维持一支强大又灵活的占领部队来镇压遍布法国的动乱地区。因此，盖世太保和其他的德国警察部队解除了德国国防军的维稳职责。镇压变得更加激烈，年轻的童子军们越来越可能面临危险。

幸运的是，犹太童子军在法国西南部的新教童子军团体中，找到了勇敢的盟友，如联合童子军（Éclaireurs unionistes）："（他们）为我们提供地图和他们制服上的徽章，让我们可以将年轻的犹太难民们'伪装成雅利安人'。"[28] 罗歇了解到，由于 21 岁才算成年，他和其他年轻的童子军不需要正式的身份证，只需要学生证或者童子军身份证明就可以了，而后者十分容易伪造、借用或窃取。事实上，官方和非官方的对年龄要求的混淆，为地下工作者提供了一片很大的灰色地带。童子军制服就像一张通行证，罗歇就经常穿着童子军制服，这让他能在乡间的小路上自由漫步。如果有人拦下他，他就解释说自己在带领一个童子军团，或正在寻找露营的好地方。许多男孩和女孩看上去都比实际年龄小（特别是营养不良正在法国愈演愈烈），因此他们只要被认定是未成年人就能避免被逮捕，或者拿出相应文件就可以逃避"兵役"。这样的"天然"伪装，对于在风声日紧的法国从事抵抗运动这种危险游戏的年轻人来说，像自行车一样，实在大有用处。

||||||||||||||||||||||||||

自行车（在法语中写作 vélos，是 vélocipède 的缩写，这是自行车最初的名字，可以译作脚蹬车）在抵抗运动中如此稀松平常，特别是对年轻人来说，以至于它的重要性常常被人忽略。如果没有自行车，与占领军的对抗也许会变得十分无力。除了双脚，自行车是人们最主要的出行工具，年轻或年长的抵抗运动成员在这 5 年间经常使用自行车。它不止提供了一种便捷出行的方式，更成了一种必需品。人们必须通过直接接触交换信息、传递文件，通过第三方传

达或频繁使用电话（尤其是在酒吧和邮局这样的公共场所的电话）肯定会被出卖。因此，抵抗运动成员从一个村庄到另一个村庄交换情报和必要物资，警告和保护最容易受到德国和维希警察围捕的人们时，骑着自行车穿行乡间是最便利的方式。

私家车和卡车基本上无法使用，因为人们很难拿到通行证；农民们可以拥有拖拉机，但煤气和燃油的消费受到占领当局的严密监控（法国当时的机械化农场很少，马是农业动力的主要来源）。只有为数不多的医生能拥有汽车，因为即使在战争年代，人们还是期待能有医生上门问诊。1939 年，巴黎共有 30 万辆私家车，到 1940年末，只剩下 7000 辆。火车、城际巴士和地铁虽然高效，但很容易遇到警察，出其不意的安全检查一令人担忧。自行车无处不在，以至于当局要求所有自行车注册上牌（一开始是锡制的，后来换成了纸板）。但自行车的数量庞大，骑车的少年还是很容易就消失在人群中。年轻的法国女性波利娜·科尔代在回忆录里记载了，当年德国当局如何因自行车变得紧张兮兮：

> 他们将一些道路设置成自行车的单行道。因此，从歌剧院（l'Opéra）一直到蒙马特大道（Boulevard Montmartre）都禁止自行车通行。从谢尔什－米蒂街（Rue du Cherche-Midi）到红十字交道口（Croix-Rouge intersection）也一样……一开始，这么做是为了让警察可以检查身份证，但后来是为了向不遵守新规矩的（违法者）罚款以示威胁。[29]

他们还禁止年纪更小的青少年并排骑车，这让年轻人们感到十分好笑——据说这样是为了防止人们在此过程中交换抵抗运动的暗号或情报。但人们会在骑行过程中反复不断地超车，这增大了巡逻警察的工作量。

自行车商户和仓库经常被抵抗组织成员袭击，遭袭的频率几乎和军火库一样高。当警察或线人在仓库或军事机构附近发现无证自行车的时候，他们通常会认为这是秘密监视的第一个迹象（或至少是某种恶作剧）。德国士兵会拦住骑自行车的青少年，搜查他们后座的挂包，或直接征用他们的自行车。橡胶轮胎和补胎所需的材料，比如补丁、胶水和充气泵，对于抵抗组织而言和武器一样重要。

一名女性回忆，当年德国人很快就开始搜查有挂包的自行车，他们就使出一切计谋来迷惑德国人。三名年轻人要将手榴弹和其他小型武器从法国东部的一个地区快速运到另一个地区。两名男孩将食物和其他日用品装在他们的挂包里，女孩则负责装载违禁品。果然，他们被拦住了。德国人开始和女孩调情，女孩也跟他们打情骂俏（她记得他们一直对她说"Schön, schön"，就是"漂亮，真漂亮"的意思）。他们打开了男孩的挂包，把里面的东西都扔了出来，但他们打开她的包时，只拿出一捆绿叶菜，把另一捆留给她后，就放他们走了。武器就在第二捆蔬菜下面。谢天谢地，他们急速跳动的心脏没有出卖脸上天真的微笑。[30]

保罗是一个 15 岁的犹太男孩，在父母的催促下，他逃离巴黎，躲到法国的西南部。他开始寻找可以加入的抵抗组织，但很快意识到事情没有他想象的那样容易。如果不认识人，他连一个秩序混乱的抵抗组织都进不去。最终，他搭上了线，加入了一个隶属于"自由射手和法国游击队"（Franc-tireurs et partisans，简称 FTP）的共产主义团体。① 他被要求执行的第一个任务就是偷来一辆自行车。
"偷一辆自行车？！"他相当恼怒地叫道，"我加入抵抗组织可不
是为了从像我一样的孩子那里偷自行车！"领导者反驳道："小子，
那你觉得我们要怎么行动呢？开汽车吗？"看到年轻新兵眼中的困
惑后，组织的领导放软语气解释道：

> 听着，小家伙，自行车就是我们的火车。它不但容易搞到
> 手，而且对于城市中的游击队队员来说，它是完美的交通工
> 具：轻巧便捷、容易处理且能匿名使用。特别是可以匿名使用。
> 谁会注意到一个在大马路中间骑自行车的人呢？进攻，是我们
> 在自行车上发起的……有一天，人们将把自行车放进荣军院，
> 就像马恩河（Marne River）战役中的出租车一样。② 31

尽管少年还是心存犹疑，但最终除了不想被视为小偷，也拿不
出一个反驳的好论点，只能回答"好吧好吧，我给你偷辆自行车"。

类似的偷窃行动对于这些野心勃勃的年轻人而言是个很好的考
验。比起偷武器，偷一辆自行车没有那么困难或危险，但仍然需要
一点勇气和鼓励，也能让招募者测试一个年轻人是否愿意打破他或
她的宗教和家庭信条，甚至违法犯罪。"从一个陌生人那里偷自行

---

① 这个坚固的共产主义团体成立于 1942 年初，大概是抵抗运动中最有成效
的一支力量。

② 1914 年，出租车被征用来运送军队前往马恩河与逼近巴黎的德军作战。
（学界对此事的真实性依旧存疑，有说法称"马恩河出租车"的故事是出于政府的
宣传——编者注）

车，是新人加入秘密世界的重要试炼。"[32] 最终，保罗偷来了一辆
自行车。

||||||||||||||||||||||||||||

罗歇和他的童子军们，骑着自行车把数十名年轻犹太人从一个
城镇转移到另一个城镇，从一个农场转移到另一个农场，他们经常
用破旧的轮胎载着两个人甚至三个人骑行。尽管在当时，法国反犹
主义大行其道，"但我们得到了来自慈善组织、宗教机构和神父们
越来越多的帮助。（犹太难民中）最小的被家庭接纳。稍大一点儿
的，被安置在小学、技校、手工寄宿学校或神学院里。再大一些的
则被安排进农场"。[33]

由于太多法国农民还被关在德国的战俘营里，农业劳动力的缺
乏导致了全国性的经济灾难。人们在接收一名健壮的青少年时很少
去查他的身份证，毕竟，奶牛需要挤奶，田地需要耕种，这人是不
是犹太人又有什么关系呢？"与此同时，'戴高乐主义者'之间达
成一定的共识：如果被告知拯救犹太人是一个考验，他们就会很乐
意帮忙。最后，我们为犹太难民找到了不少安身之处。"[34]

尽管罗歇没有提及，但他一定已经意识到，将自己的部队暴露
给广大的潜在帮助者是有风险的，他们中的一些人也许有用心。
非犹太人乐意接纳年轻的犹太难民，因为他们需要免费的佣人或帮
手。他们知道这些年轻犹太人不会反驳，因此常用轻蔑的态度（尽
管不是残忍的态度）对待他们。有些人甚至要求犹太孩子放弃自己
的信仰，否则就不收留他或她。为了个人利益或出于嫉妒，总有邻
居或其他被雇用的人可能举报难民的存在。而这些犹太孩子不管受

到多热情的接纳，都无法彻底隐藏自己的身份。犹太男孩都受过割礼，因此一些法国人只收留犹太女孩。但罗歇和他的同伴并非对潜藏的陷阱一无所知，他们会尽可能仔细地审查所选择的藏身之处，大多数关于保护这些青少年的故事都有一个美满的结局。[①] 与罗歇的团体类似的组织接纳了犹太男孩女孩，让他们得以加入一个准军事团队，这些团体强调团结、干净的生活，最理想的是教会他们如何在没有太多成年人监督的情况下，在乡下和城里过上像他们这个年龄的孩子应有的生活。[②] 占领开始的头两年，对于年轻犹太人和其他人而言极其动荡，他们试图智取德国和维希当局，因为法令和法律相继剥夺了他们参与政府工作的机会，军事服役的机会就更别提了。罗歇重新回到童子军的队伍中，再次在童子军首领的掩护下，开始了藏匿年轻犹太难民这项重要工作，悄悄带领他们翻越比利牛斯山脉到达西班牙，或经由阿尔卑斯山进入瑞士境内。他的小分队找到办法伪造文件，如果不能伪造就"清理"这些文件，并制订策略将孩子们带到安全的地方。

随着战争的发展，罗歇越来越深入秘密世界。他很快成为协助藏匿的重要一环，帮助那些非犹太裔法国青少年躲避强制劳工局。

---

① 两部一流的法国电影讲述了关于隐藏犹太青少年的复杂问题，感人至深。一部是 1967 年克劳德·贝里（Claude Berri）的《老人与小孩》（*Le Vieil Homme et l'Enfant*），一部是 1987 年路易·马莱（Louis Malle）的《再见，孩子们》（*Au revoir les enfants*）。

② 尽管被宣布为非法组织，法兰西以色列童子军依然在暗中运作；通常男孩们会穿着世俗童子军的制服以迷惑好奇的维希警察。犹太童子军建立了一个秘密分支，被称为"第六军"（the Sixth）。它后来成为德国人在非占领区一切行动的主要情报源，特别是在 1942 年 11 月德国入侵该地区后。

他们中的许多人都不是战士，从未触犯过任何法律，只是不愿入伍或被迫报名参加强制劳动。他们需要藏身之处、伪造的证件和其他形式的支持。秘密组织因此承受着巨大的压力。至于童子军当中究竟有多少人参与了抵抗运动，至今不详，但由于该运动十分大众化，德国战俘营中甚至设立了童子军营，里面全是不满 20 岁的年轻人。①

|||||||||||||||||||||||

法国年轻人突如其来的勇气的最大动力之一，就是维希政府的政策。没错，德国人的存在令人厌恶（而不是仇恨），人们厌恶看见穿制服的德国人出现在人流密集的中心区域，厌恶在他们经过人行道时要靠边站，厌恶出示身份证，厌恶看到印有被枪杀的抵抗者和人质名单的海报，厌恶每天不得不工作才能为家人换回足够的食物。但德国人的宵禁和身份检查，甚至监禁和处决，都比不上维希政府的政策如此持久地扰乱青少年的生活。奥利维耶·维奥尔卡（Olivier Wieviorka）是研究德国占领时期法国抵抗运动的重要历史学家，他写道：

> 法国政府（维希政府）的政策毫无疑问让法国青年失去活力。政府剥夺了青年人的公共舞台，敦促他们为了公共利益牺

---

① 罗歇在二战结束时已是法国内地军（Forces françaises de l'intérieur，简称 FFI）的一员，此后在公共和私人组织中为遣返的战俘、难民和流离失所的人们提供服务。最终，他积极参与巴黎市政府的工作，于 2014 年被授予法国荣誉军团军官勋章，这是平民能拥有的最高勋位荣誉。

牺自我，要求他们无条件服从，将他们安置在气氛阴郁的青年组织里，最后还要将他们送到占领者德国人手下充当劳工。事实上青年人没有得到政府的保护，而政府向他们承诺的未来毫无吸引力。[35]

从 20 世纪节奏紧凑但无忧无虑的 30 年代到突然受到限制的 40 年代，文化、政治和社会的转型展现得淋漓尽致。有两项最适得其反的法令在占领期间被强制推行：一项由德国人制定，命令所有犹太人佩戴六芒星标志；另一项按照 1942 年与柏林签订的协议，由维希政府制定，承诺为德国提供数千名法国劳工。第一项法令将会在后面探讨，而第二项法令则对抵抗运动的发展起到极其重要的作用。所谓劳工自愿去法国"替换"战俘的"接班计划"，在 8 个月后演变成更加严厉的强制劳工局，成长中的青少年不得不做出决定，是否要生活在一个被占领的国家。

1940 年底，时任法国内阁总理的皮埃尔·赖伐尔（相当于贝当的继任者）被贝当解职，贝当的助理和参谋都认为赖伐尔太急于满足德国的要求，由此威胁到法兰西国的准独立性。然而到 1942 年 4 月（战时的 16 个月好比一个世纪之久），在德国的施压下，赖伐尔以总理身份重新当权，权势比此前更大。他复职后曾说，法国的气氛自他离开后发生了重大变化。法国警察越来越明目张胆地围捕犹太人，特别是犹太家庭（不管是法国籍的还是外来移民），这最终引起了天主教会的注意，主教们渐渐开始在布道中公开谈论反犹主义。暴力的抵抗行为越来越多，随之而来的是对罪犯和那些不幸成为人质之人的处决逐渐增加。德国国防军在苏联的战役陷入僵局，越来越多的法国人认为，战争可能要结束了，至少德国与同盟国之间能够宣布停战。非暴力的反抗不再小心翼翼。人们基于崇拜贝当和他的"新秩序"塑造出的虚假的爱国主义，变得越来越不堪一击，因此也越来越难为赖伐尔和他的政府所用。贝当的政权正在衰落，那些曾经认为赖伐尔是"新秩序"障碍的人，开始将他视为阻挡德国完全控制法国的最佳保障。然而事与愿违，赖伐尔的重新任命，也让德国人更加清楚地看到维希政府的无能——时至当下它依然龟缩在维希这个温泉小镇原地踏步。

战争进行到 1942 年中期，德国人开始担心国内的工业生产。阿尔贝特·施佩尔（Albert Speer）受命负责国防工业，几乎奇迹般地满足了纳粹军事上的需求（他也因此在战后的纽伦堡审判中被判有罪）。当时他需要更多劳动力，特别是在所有适龄德国男性都在前线的情况下，他的目光自然转向了人口最多、生产力最高的被占领国——法国。于是我们看到，赖伐尔用"接班计划"来回应德国的需求。人称"帝国贩奴者"（slaver of the Reich）的弗里茨·绍克尔（Fritz Sauckel）作为施佩尔的特使，突然出现在法国，他的具体工作就是负责将尽可能多的法国"志愿者"或"应征者"派往德国投身战争经济的建设。他的名字很快就家喻户晓，对于有适龄年轻人的家庭来说，他的名字就是魔鬼的代号。

在绍克尔抵达之前，已经有将近 10 万法国劳工自愿前往德国，大多数人是为了赚份工钱。赖伐尔和他重新把控的宣传机器使了更狡猾的花招，鼓动法国人越过莱茵河去帮助德国人。他们先是利用爱国者的同情心，宣称每 3 个去德国的法国人就能换回 1 个战俘（一直到二战结束，还有 150 万—200 万法国战俘被扣留在德国）。

电台、报纸和招募海报甚至宣称："你将住得无比舒适：淋浴器、浴室、中央供暖系统、由法国厨师准备的丰富饮食。"换句话说，志愿者将在德国得到他们在法国做梦都得不到的东西。在绍克尔的暗中准备和支持下，赖伐尔声称，志愿者前往德国不但能缓解已经蔓延到法国各地的饥荒，还能为德国战俘营中的法国士兵换来更多更好的食物。

　　他们向刚刚毕业或失业的年轻人承诺了丰厚的薪水。人们不应该因为这些年轻人想抓住一根救命稻草，从贫困和绝望的旋涡中挣脱出来，就批判他们。但只有区区几人列队出来要解救他们在战俘营中的同胞，德国的战争机器还需要更多的"志愿者"。尽管德国人确实释放了一些囚犯，但"接班计划"基本上算是失败了：德国人希望召集 25 万志愿者，但到 1942 年夏末只有 3.1 万人踏上前往德国的列车。战争号令发布后，共有 9.1 万"志愿者"抵达德国。急缺劳动力的纳粹既沮丧又愤怒。

　　为此，赖伐尔不得不在 1943 年 2 月宣布，所有 18—50 岁的法国男性和所有 21—35 岁的法国单身女性必须进行劳工登记。这就是臭名昭著、被人唾弃的法国强制劳工局①，它迫使成千上万的年轻人躲藏起来，离开学校，或者只为寻找一个安全的地方而加入抵抗运动。据估算，大概有 20 万青少年不愿意登记并成为逃役者（réfractaire），在法国各地躲藏，而另有 3.5 万人越过比利牛斯山抵达西班牙。他们当中许多人（而不是大多数）此前试图避免成为

---

　　① 头一个星期，其名称为法国劳工强制局（Service obligatoire du travail），但缩写正好是 SOT，就是法语中"白痴"或"傻瓜"的意思，于是名称被立即修改为法国强制劳工局，缩写为 STO。

抵抗运动活跃分子，但这条严厉的法令让他们别无选择。数百人想方设法加入在非洲和伦敦的自由法国。而数千人藏于法国中南部的山区和森林里，去成立自己的团体，或加入一个已成立的游击队。

这一征集令确实为贪婪的德国战争机器提供了数十万法国劳工，使德国军方可以释放大量自己的劳工加入他们在东方的战场。据一些历史学家统计，曾为第三帝国工作过的法国人，以及二战结束后依然留在德国境内的法国人，总数约为 200 万，其中包括法国强制劳工局招募的不情不愿的"志愿者"和被关在法国战俘营的法国人，他们也越来越频繁地被迫进入农场、矿山和工厂劳动。

||||||||||||||||||||||||||

这是法国被占领后的第三个圣诞节，人们已经不再回避一个事实：即使在节庆的时候，黑市上的食物依然越来越稀缺，而且十分昂贵（当时黑市主要由德国人自己或他们在法国警察中的手下经营）。雷蒙·吕芬的母亲设法为全家找到一块肉，还做了一份蔬菜肉汤，这几乎让他们想起了过去的圣诞晚餐。小雷蒙刚喝完就冲下楼梯，要跟他最好的朋友分享这个假期的喜讯。公寓的一扇门突然打开了，兴奋的雷蒙突然撞到一个体型高大、穿着制服的德国男人身上，他正在搬垃圾，里面净是空的香槟酒瓶。他喝醉了，雷蒙想从他身边绕过去，却感觉自己的肩膀被人一把抓住，一个浑厚的声音向他说："圣诞快乐！"雷蒙吓坏了，整个人定在那里，然后就被带进一所被征用的公寓。里面有几个德国人，显然都是军官，他们与几名德国女人围坐在餐桌旁，但也可能是"灰老鼠"——这是法国人给那些以秘书、护士、助理等身份陪同占领军的女人起的外

号。他们喝酒已经喝了好几个小时，一直对着雷蒙说德语，显然他们对这个小男孩有一种怜悯的好感。毕竟这是圣诞节。

雷蒙目不转睛地盯着桌子，上面摆满了吃了一半的鹅肝酱，还有既不是芜菁甘蓝也不是菊芋的蔬菜——这些廉价的蔬菜是法国平民最容易吃到的。桌上还有几种甜点，以及即使到这个时节颜色依然鲜艳的水果。吃了一半的牛排和火鸡让他着迷，他觉得嘴里全是口水。最后，一个女人拿起一块白色蛋糕，递给这个明显很饥饿的男孩。"拿着吧，"她说，"今天是圣诞节。"雷蒙摇摇头说："不要。"他们都笑了，因为他们看得出他明明很想咬一口，他的眼睛和嘴唇暴露了他的自我克制。她又把蛋糕推近了一点，让他即使不吃也能闻到蛋糕的香气。但他还是拒绝了。为什么？很多年后，他还是不明白。是因为他知道他的家人就在楼上，他们什么吃的都没有，而他却在放纵自己吗？还是他认为抵御德国人的糖衣炮弹就能尽到他的爱国责任？最后，他们厌倦了这个乖巧的年轻男孩，带他离开了公寓。他始终十分困惑，自己为什么要拒绝美味的食物——那是他当时最想要的东西。

每一天都可能发生这种暗藏危险的接触事件。雷蒙和他的朋友们正在拥挤的巴黎街道上像野孩子一样狂奔，完全没有留意有谁或有什么会拦住他们的去路。他们看到一个伙伴突然在一张咖啡桌旁被绊倒了。他想稳住自己，就伸手去抓咖啡桌，却把桌子掀翻了，咖啡和利口酒洒到了桌布上，还洒到一名德国军官身上。这名军官的腿在人行道上伸得太远了，但他没有道歉，反而跳起来，咒骂着抓住了雷蒙的朋友，扇了他好几个耳光。另一个叫西尔万（Sylvain）的小伙伴见势，也立刻打了军官一巴掌，三四个十几岁的小男孩开始和一名德国国防军的军人争执起来。围观的人都知道，男孩们正面临着被抓进监狱的风险，倘若接下来几周有"恐怖"袭击发生，他们很可能被当作人质枪毙。

就在这时，两名法国警官赶到，恭敬地向德国军官询问是因何事引起争斗。了解完情况后，他们向占领者保证，会立即解决此事，并粗暴地将男孩们拽进最近的警察局。那里的负责警官立即让他们列队站好。他没有把他们扔进牢房，而是说："你们知道自己有多蠢吗？居然在光天化日下袭击德国军官？你们是想进弗雷讷还是谢尔什－米蒂的监狱？你们让我很难办啊！"

他们窘迫极了，除了几句"但是"，就再没说过别的话。这名警官显然是那种厌恶德国人的法国警察，他憎恶德国人对待年轻人的方式。接下来他很巧妙地问了一个问题："好吧，西尔万，你打德国军官是因为他打了你的朋友。那如果换成是一个法国商人侮辱了你的伙伴，你还会做出一样的事情吗？"谢天谢地，西尔万找到了出路："当然了，警长先生。我只是在我认为不公正的事情上冲动行事了。""很好。我会打电话给你们的父母，在他们来保释你们并且给你们的蠢事擦屁股之前，你们要在牢里待着。"[36]

这样的事情每天都在发生，而潜在的麻烦远不止被打翻的咖啡桌。他们还是在一起打闹，但也不得不谈论食物、衣服（毕竟他们都在长身体）和学校的功课。如果他们有犹太人朋友，以及支持维希政府的朋友，日子可就不太平了。一个人尽管只是想单纯出门散个步，也总有事情要担忧。有些人走路只盯着人行道，以避免与西尔万类似的遭遇。有些人会想要挑战德国人的底线，有时候却太过了。还有一些人意识到，他们失去的自由预示着背后更大的问题——德国人对这个国家的羞辱，因此他们做出即使不暴力也很决然的反击。

一天，雷蒙一群人又在街上游荡，他们要去医院探望一个朋友。他们在路上看到的一幕，即使在 30 年后依然历历在目。当时他们刚从街角拐过弯，就看见三辆大卡车在一栋公寓楼前猛地刹住。不一会儿，就有男人、女人和孩子（整个家庭）被"国家警察预备机动团"（Groupe mobile de réserve）——一个被指派维护平民秩序的法国准军事组织——赶出大楼。当雷蒙这一小部分人在原地静静地旁观时，警官们将男人与女人分开，反抗的男人在爬进一辆卡车时遭到殴打。接着，更恐怖的事情发生了：法国警察将孩子和他们的母亲分开，迫使妇女们进入第二辆卡车，孩子们则上了第三辆车。男孩们很快就意识到，这些人是犹太人，他们胸前鲜艳的黄色六芒星说明了这一点。男孩们被吓得动弹不得，只能眼睁睁地看着孩子们尖叫着抓住母亲的衣服。母亲们徒然地想将孩子藏在大衣或裙子下面，乞求着警察们不要拆散他们。最后，经过惨痛的分离，卡车开走了。没有人向雷蒙和他的伙伴们解释到底发生了什么，但他们知道，与刚刚目击的事件相比，他们曾经的担忧微不足道，比如品尝一块圣诞蛋糕，或是在牢房被关上几个小时。身为犹太人，他们最好的处境就是被判坐牢；而最坏的情形，是遭遇人们所能想象到的那些可怕事情。

||||||||||||||||||||||||

毫无疑问，强行征召年轻人去德国劳动是维希政府犯下的巨大错误。而德国当局也犯了一个类似的错误，那也是占领期间影响最

大的法令之一。1942 年 5 月，大概在维希政府设立法国强制劳工局的一年前，所有 6 岁以上的犹太人都被要求在左胸佩戴黄色的六芒星标志。这个残酷的命令能让非犹太人一眼就注意到，纳粹是种族主义者；纳粹的目的就是要将一个脆弱的民族宗教群体（ethno-religious group）① 非人化，黄色六芒星就是一个确凿无疑的证据。突然之间，朋友、同事、医生、商人、护士、家庭护理员、保姆和服务员的身上都出现了这个标志。六芒星标志不但羞辱和激怒了犹太人（他们不得不用本要兑换布料的票据购买这些六芒星标志），也让他们的非犹太邻居感到尴尬为难。维希政府有一点值得称道：不管它在法律上多么反犹，实际上它曾拒绝施行六芒星法令，因此这条法令一度只在占领区推行。

当六芒星法令在 1942 年中期开始实施时，教会的神职人员继续保持表面上的政治中立和沉默，不急于认可该法令。事实上，在图卢兹（Toulouse）和里昂这样的大城市里，大主教特意提醒教徒，如此区分基督徒和犹太人是不人道的。天主教家庭向神父寻求意见，并探讨这个新的法令：他们应不应该继续邀请犹太朋友或邻居来公寓参加孩子的生日聚会？他们该不该不畏环境与犹太人做朋友？很多犹太人在回忆录中，带着心有余悸的痛苦和窘迫回忆道，他们第一次戴着六芒星标志去上学时，能感受到周围的非犹太同学是多么害怕甚至恐惧。但这些六芒星标志，也会时常激起非犹太孩子微小但有力的勇敢之举，比如伸手拉住犹太小朋友的手，和他们

---

① 民族宗教群体指的是有着共同宗教信仰背景，依照共同宗教而联系起来的民族群体。——编者注

一起玩游戏，或者和一个新认识的戴着六芒星标志的朋友一起走回家。并不是所有的神父和修女都被维希政府迷惑；有据可查，他们当中的一些人，为了保护犹太人、共产主义者和其他反对第三帝国邪恶事业的人而付出了自己的生命。

六芒星法令给雷蒙和他的伙伴们留下了可怕的深刻印象，因为他们的一个亲密朋友雅姬（Jackie），一天下午穿着佩戴了黄色六芒星的连衣裙来到他们面前。她是一个迷人的姑娘，俘获了这群青少年里所有男孩的心。"你怎么会戴着它？"他们大叫道。"因为我是犹太人。"她平静地回答道。他们从来都不知道，因为他们都没有谈论过彼此的宗教信仰；他们更想知道有什么舞会正在进行，或者谁和谁在调情。何况雅姬的家人已经几乎被同化了，除了偶尔的节日，很少能看见他们表达自己的宗教信仰。他们认为，尽管如此，她仍是他们的伙伴；她一定会没事的。一颗愚蠢的星星究竟能怎样？

但在 1942 年 7 月 17 日星期五，四处蔓延的恐怖事件终于击中了这个小团体。雷蒙发现他的邻居们都聚在门房周围，嘟嘟囔囔。等他回来时，一个朋友告诉他：他们把雅姬带走了。雷蒙问："谁带走她的？""警察，法国警察。""但为什么？"他的朋友恼了，问他："难道你没发现吗？他们在围捕犹太人，把他们带到集中营，然后送到很远的地方去。犹太人和共产党人，他们要消灭他们！"雷蒙回答说："但她还是个孩子呀，和我们一样。""他们把母亲连带婴儿都带走了，"他的朋友几乎在吼叫，"还有老人们——所有人！"

男孩们听说被围捕的犹太人被带到一个体育馆里，卡车会把他们拉到别的地方。他们跑到现场，爬到街对面一栋建筑物的三楼，向下窥视街上发生的一切。很快，卡车就拐进街道，警察开始让抱着婴儿的女人、老人、女孩、男孩爬进卡车。他们被赶进卡车里时，整条街道被一种诡异的寂静笼罩着。

突然，她出现了！我认出了她的棕色头发。是的，那是雅姬缓慢地走在她母亲的身边……她那残疾的父亲一瘸一拐地跟在她身后，肩上扛着一个背包。我的伙伴们看到了她……我们把脸紧紧地贴在肮脏的窗户上。

西尔万拼命想要打开窗子，可是它锈住了。然后他开始往楼下跑；但是克劳德和罗伯特抓住他说："待在这儿！这么做你只会惹上麻烦，我们人太少了，打不过警察。"他像被霜打的茄子，坐在台阶上痛苦地抽泣。

我的眼睛没有离开过雅姬；我看到她被两名警察抬上卡车，然后走了进去。这是我最后一次瞥见她白皙的鹅蛋脸，还有披散在她肩上的棕色头发，然后……什么都没有了。[37]

这样的景象改变了男孩们之前对占领者漫不经心的态度："我们突然意识到我们的朋友正处在危险之中，尽管官方的宣传部门每天都还在向我们'注射'大量的'镇静剂'，但我们年轻的良心突然被唤醒了。"[38]

雷蒙的这些回忆揭示了，有多少青少年虽然没有直接参与秘密行动，却因德国占领者和维希支持者的所作所为，深受触动，感到困扰、被威胁，并被激怒。这也再一次说明，抵抗运动并不止那些能被轻易识别的反抗行为。那些反复发生的微小但充满勇气、友谊和基本人性的举动，常常能"抵抗"现状慢慢侵蚀这个独裁国家本已松动的架构。这样的冲动驱使许多年轻人，向那些控制他们和社会的势力，发起更加具有破坏性的行动。原本没有决断力的 J3 们将凭着突如其来的勇气向欧洲最强大的军队发起反击。

第六章

突如其来的勇气

当时只有战争，我就与战争结婚了，因为在我坠入爱河的年纪，除了战争，我一无所有。

——盖伊·萨杰（Guy Sajer），年轻的德国士兵，于前往苏联前线的途中

正如记得伍德斯托克音乐节[①]或马丁·路德·金的"我有一个梦想"演讲的美国人，比实际在场的美国人要多得多，也有许多法国成年人记得上文提过的，1940 年 11 月 11 日在香榭丽舍大街上被德国和法国警察击溃的示威游行。这一事件至今都是法国青少年抵抗德国占领和维希政府的关键事件之一。

1940 年的秋天像夏天一样美丽，但没有人料想到，1940—1941 年那个凶残的冬天，占领会那样加剧。学校已经复课快一个月了。自 6 月签订停战协议以来，这是学生们头一次聚集在拉丁区的圣米歇尔大道上，就发生的一切进行辩论。他们不是在提出抵抗占领者的方案，就是在大声反驳抵抗维希政府的人们。总的来说，大多数大学生都来自上流阶层家庭，除了人文学院和社科学院，大多数学

---

① 1969 年的第一届伍德斯托克音乐节被《滚石》杂志认为是摇滚史上的重要转折点之一，以"和平、反战、博爱、平等"为主题，并成为一种文化现象的代名词，指向 20 世纪 60 年代的纵欲及享乐主义。——编者注

院的学生在政治倾向上偏中或中右，不同于更强调平等的高中生。这个街区尚未出现公开的反叛，但为数众多的高校和数百名不安分的学生确实引起了当局的注意。尽管如此，整个法国在过去的4个月里还是相对消极的，只有区区几次针对德国通信中心的袭击，并没有针对德国人员的严重攻击。特别是在开学季后，年轻人会在街上骑着自行车狂奔，对开着豪车或正慵懒地坐在路边咖啡馆里的德国人大喊大叫或者吹口哨，但这些行为都在占领当局意料之中，他们隐而不发，只要没有更严重的事情扰乱他们受命维护的秩序和安全。

历史学家马克西姆·唐多内（Maxime Tandonnet）详细研究了发生在11月11日前后的众多事件，并在他的书中明确指出"法国的抵抗运动诞生于1940年的秋天和初冬"；第一场大规模的街头示威就在那时发生在拉丁区。[1]事件的导火索是10月30日保罗·朗之万（Paul Langevin）教授被抓捕。这位著名的物理学家是德雷福斯的支持者（当时距德雷福斯事件"被解决"才30年），也是和平外交的坚定信徒。朗之万公开反法西斯的立场，让他成为占领初期最早的靶子之一，那段时间这些突出的"麻烦制造者"（还不是"恐怖分子"）只是被悄悄地禁言压制了。① 朗之万被捕和被解职一事让关于占领的争论达到白热化的地步。左右翼的学生开始互相攻击，大学和高中的墙壁上开始出现标语和海报。

有消息称，人们将在位于拉丁区中心、学院路（Rue des

---

① 朗之万一开始被囚禁，后来被派往外省的一所女子学校教书。1944年，他以抵抗运动英雄的身份回到巴黎。

Écoles）上的法兰西公学院外举办一场集会，因为朗之万就曾在那里任教且声望极高。那场集会的规模不大，但声势颇大，甚至几度陷入暴力争端，支持朗之万的学生试图闯进索邦大学和周围的建筑里。很快，人们开始酝酿更大规模的行动，有越来越多的谣言称，11 月 11 日，即法国于一战战胜德国的纪念日，香榭丽舍大街将有一场盛大的学生游行。当然了，这些谣言也会传到大学管理者的耳朵里，他们立即向所有的校长、院长和系主任发出一份公告：

> 众所周知，我国正处在（为战败的）哀悼之中，政府决定今年于 11 月 11 日继续学术工作……取消纪念仪式。政府寄厚望于你们，确保可以杜绝学生的一切示威活动，无论在校内还是校外。示威活动不但将破坏我们庄严的哀悼，而且会损害我们对工作的尊重。[2]

可以想象教师们收到这份上级警告时作何感想。他们当中大多数人都没有以任何形式参与对占领者或维希政府的抵抗行动；他们只想保住自己的工作，继续在拉丁区的象牙塔里教书育人。然而，他们比自己的领导更清楚，学生们越来越担忧国家的未来（包括占领区和非占领区），无视眼下发生的事只会让这份焦虑浮出水面。

不出意外，学生们开始制作传单，呼吁人们进行公共示威，以抗议对朗之万和其他教授的解聘，并警告大学领导，德国人的武断行为将遭到强烈的反对，甚至更严重的后果。在学生云集的街区道路上，有一张海报这样写着：

法兰西的学子们！

11 月 11 日始终是你们的法定假日！

尽管有压迫者的命令，它仍旧是一个

纪念日！

不要出席任何课程。

下午 5：30，一起来纪念无名的战士们。

1918 年 11 月 11 日，是一个伟大胜利的日子！

1940 年 11 月 11 日，将变得更加伟大！

法兰西万岁！

（请抄写这些文字，并散播出去！）

到了 11 月 11 日中午，学生，还有其他人，从各处抵达离协和广场不到半英里的香榭丽舍大街圆点广场（Rond-point），开始缓慢向西行进到凯旋门。在道路相交的岔口有一座 1932 年立起的乔治·克列孟梭栩栩如生的雕像，此处的广场在 1930 年以"法兰西之虎"命名。人群变得越来越庞大，年轻的、年长的都从旁边的街道汇集进来，这些街道将左岸的人们带到右岸的这个特殊的地点。人们举起抗议的标志；孩子们扛起两根钓竿，在法语中，"两根钓竿"（deux gaules）与"戴高乐"（de Gaulle）同音。数百人高举双手比出"V"形。人们在克列孟梭的雕像脚下敬献花环，学生们高唱着不被法律认可的《马赛曲》（年轻的共产党人则歌唱《国际歌》，这是全欧洲共产主义和社会主义学生都歌唱的颂歌）。游行洋溢着欢庆的气氛；几乎每所高中都有代表参加，学生和教师混在一起。他们在经过香榭丽舍大街两旁为数众多的咖啡馆时，会向那些正坐在那里目瞪口呆的德国士兵挥手致意。这些德国士兵正在休假，卸下了枯燥乏味的任务，此时看到如此随意又庞大的示威人群反对他们的存在，震惊得说不出话来（估计有 3000—5000 人参与游行，但没有任何记录或照片可以提供更确切的数字）。

毫无疑问，正有一大群巴黎市民游行示威，反对贝当那让人失望的停战协定，反对德国士兵占领法国的首都。很快，法国警察开始手持警棍集结成队，试图驱散人数远超他们预想的人群。最终，德国军队赶到了。他们可没有太多耐心，先是用卡车和摩托车将人群分成小群体，然后机关枪响了——他们向空中扫射。人群慌了，开始四散逃离，顺着来时的道路返回他们更加熟悉的街区。但那时法国警察已经重新"振作"起来，他们追赶、殴打并逮捕了数十名年轻人。

作家兼教授让·盖埃诺（Jean Guéhenno）留下了一本弥足珍贵的日记，里面记录了占领期间的日常。他描述了接下来发生的事情：

> 11 月 11 日，停战纪念日，大约（下午）5：30 的时候，我前往香榭丽舍大街。我看到法国警察听从德国人的命令，拿走了路人放在克列孟梭雕像脚下的花。我看见德国士兵用刺刀指着人行道上从学校出来的年轻人，而（法国）警察将他们摔在地上。我听见机关枪响了三次。[3]

除了逮捕了数十人，德国人第二天还封锁了拉丁区。盖埃诺描述了那一天他的感受：

　　今天索邦大学被关闭了。学生们被遣回自己的省市。来自巴黎的学生则被要求每天去当地的警察局报到。我厌恶到无法详细记录我所看到的。这是彻头彻尾的愚蠢行径。这种时候，我甚至不知道我应当作何感想。我也不愿再想任何事。我要从零开始，重新塑造一个新的心和一个新的灵。[4]

不可思议的是，尽管抓捕者和反抗者双方互相指控，但似乎并没有人被杀，甚至受到重伤。数百名年轻人被围捕，并被送往巴黎最臭名昭著的监狱，而不是当地警方管辖的地方监狱。正如盖埃诺指出的，德国当局就像一排摆放整齐的砖头，向法国学生施压：

　　1. 巴黎所有的大学和研究生院禁止上课，复课时间另行通知（教授的个人研究可以继续）。

　　2. 所有在巴黎与父母一同居住的学生，必须回到父母家中，并待在那里等候另行通知。所有在巴黎居住的法国学生，必须每日向当地（即在家附近的）警察局报到。

　　3. 所有警察局局长必须每日汇报符合条件的学生的报到情况。

由于只有一小部分高中生和大学生参与了在香榭丽舍大街上的游行，并且只有少数人被捕，因此当其余的人本以为自己只是在做自己的事，却要面对如此严厉的惩罚时，他们都感到震惊。他们认为这是对他们良好行为的侮辱，最终只会让更多人走上秘密抵抗的道路，无论是以温和还是暴力的方式。

　　这次游行的意义和随后发生的冲突的重要性，在当时被低估了。人们将这次游行视作由一群无组织的学生发动的无用的挑衅。这其实是一种误解。第一，戴高乐此前抱怨过，法国人似乎已经被动地接受了这次溃败的结果。但这次示威游行是第一次和平且大规模的抵抗行为，反抗德国人和维希政府避重就轻的政府宣传。第二，通过歌声，学生们勇敢地将夏尔·戴高乐的名字和他的标志洛林十字架带到更多公众面前（他最亲密的助手之一曾写道，当他听到"两根钓竿"的故事时，他那众所周知的无情双眼里突然有了泪水）。第三，示威也表明，忧虑正在高中生中间蔓延，其程度甚至超过大学生，他们正在越来越认真地对抗无情的政府。法国青少年已成为不可忽视的存在，他们试图唤醒人民正视德国罪恶的占领；他们涌上香榭丽舍大街的冒失行为，千真万确地表明，到当下为止，维希政府的恳求、威胁和宣传在他们身上收效甚微，甚至实际上被抵抗的经历和他们最敬畏的一些老师的谆谆教导所冲淡。第四，游行表明法国共产党虽然被宣布非法，却仍然是最有组织性的反对力量，同时也在招募青少年方面最为成功。尽管游行不是一次共产主义事件，但共产党人随后的出现表明了他们怀抱的热情和献身精神不仅是为了拯救法国，也为了更伟大的事业。第五，对于目睹了一切或经历了一切的人而言，他们第一次清楚地认识到法国警察是德国当局的同谋，因为在大多数情况下，法国警察执行逮捕并时常将被捕者交由德国人审讯处理。

　　这次事件将在那些经历过或听说过此事的人心中留下难以磨灭的记忆，因为他们已经准备好推翻法兰西第三共和国，并抹除德国占领者对祖国的羞辱痕迹。许多民众，包括许多青少年，试探了当局的态度和他们对抵抗行为的容忍程度，将抵抗运动带向一个新的境界。

1941 年 8 月，在不到一年的时间后，德国的庞大军队以前所未闻的速度逼近莫斯科。斯大林撕毁了 1939 年 8 月与纳粹德国签署的互不侵犯条约，所有被该条约捆绑的欧洲共产党一时间得以放开手脚。起初，由年轻人发起的抵抗运动都组织混乱、毫无计划，而且通常收效甚微，但占领当局对此十分关注，因为他们知道，这样的行动一旦受到人民的支持，将迅速发展壮大。他们特别担心，一旦形成稳定又坚固的抵抗力量，德国将不得不派驻更多的军队，从而影响到德国在其他地区迫切的军事需求。东线战场的优先级远高于在法国大城市街上追赶当地的青少年。因此，占领当局命令法国警察接管此事，监视这些"恐怖分子"。但直到 1941 年，对党派活动的打击报复才变得十分严苛，但到那时，早期抵抗团体已经变得更加果敢，组织也更加完善，并在秘密通信方面更加成熟高效。

||||||||||||||||||||||||||

安德烈·基尔申接过一支袖珍手枪，它小巧得正好可以被握在他的小手里。这可能是一把 6.35 毫米的贝雷塔手枪，大约 6.5 英寸长，枪管不到 4 英寸宽。有人称它是"女士手枪"，因为它的精度只能达到几码，但易于隐藏。安德烈已经 15 岁了（1926 年出生），看起来却只有 12 岁，但他身上的严肃气质给抵抗组织的年长成员们留下了深刻的印象。他之前受过投掷手榴弹（用石头代替）的训练，但大概没有使用枪支的经验。当他的上级质疑他的准备情况时，他这样回答："杀人，只需开枪，就这么简单。"[5] 他的朋友们紧张

地笑笑，建议让组织的两名成员随行，一起寻找让年轻的安德烈可以射杀的德国士兵。"不，"他反驳道，"我自己一个人才不会那么显眼。"这名年轻的共产主义者无惧于刺杀一个军人或党卫军军官，但却不想射杀一名刚被招入伍的士兵或一个像他一样的共产主义者。"没关系，"他的战友们说，"只要打死一个德国人就行。"他将袖珍手枪装进口袋里，接受了这一挑战。

安德烈第二天早晨正常去上学（兜里揣着手枪），下课后就去寻找目标（平淡的日常生活和暴力的抵抗运动互相结合，令我们惊奇不已，但不要忘了，这才是占领时期生活的常态）。上周，他的一名战友向一个军官开了三枪，但没有一发子弹打中。正是这名失败的杀手将他的手枪借给了安德烈。少年在巴黎的街道上走来走去，起初并不走运：他看到的德国人都两两为伴走在路上。也许那些前辈们是对的，要杀死一个德国人没有听上去那么容易。突然，他发现：

一个气宇轩昂的德国士兵走下王妃门（Porte Dauphine）地铁站（在巴黎西边一个高档社区）的台阶。毫无疑问这是一个军官，身着非常好看的制服，配有一把短剑。我跟着他下去。（通往地铁站台的）走廊里没有别人。事不宜迟，我应该马上动手。

我掏出我的武器，架在胯部，朝他的背部开枪。我离他有2米远。他一下子栽倒了。我花了一点时间才意识到发生了什么。我向两边看去——没有人，便朝出口跑去，爬上楼梯，跑向左手边的第一条街，又在下一条街右转……几分钟后，我已经离地铁站很远了……我与同伴们会合，将手枪交出去时说了一句很蠢的话："少了一颗子弹。"[6]

一个 15 岁的男孩是如何在 1941 年成为一名杀手的？[①]

安德烈的口述自传《死于 15 岁》（*La mort à quinze ans*）是他在快 80 岁时完成的，直接、可信、感人，讲述一名青少年在占领时期如何被暴力反抗德国人的人们所吸引，是流传至今关于抵抗运动的最私密的记述之一。[②]安德烈经常参加的共青团小组在政治立场上相对一致，但他们的成员来自不同的民族和国家，讲着不同的语言，意第绪语往往是通用语言。与年轻的雷蒙一样，安德烈发现自己在不断地从边缘靠近团体中心，他想参与更有效的行动，而不是仅仅在巴黎的墙上贴告示。法国共产党在 20 世纪 30 年代这 10 年中，建立起一个由年轻、热情的追随者组成的群体，这里面不分男女，成员彼此间建立了坚固的友谊。玛鲁西亚·纳伊琴科、托马·埃莱克（Thomas Elek）、安德烈·基尔申、安德烈的哥哥鲍勃和居伊·莫盖彼此都认识。1941 年 6 月，当共产党解禁对德国人的抵抗运动时，这些小而凝聚的团体已经准备就绪，迫不及待要展开直接行动。

---

① 那个士兵死了吗？并没有。安德烈几年后得知，那人是德国海军的军需官，他可能只是受了点轻伤。安德烈没有告诉我们，德国人对于这一行刺事件做何反应，他们当时肯定会威胁要处决一些人质。这次刺杀行动虽然没有成功，但那种想做些有意义的事的意愿依然充溢在他的回忆录中。

② 令人感动的是，这本书是献给"我的哥哥鲍勃和玛鲁西亚"的，这两个人在他的秘密生活中扮演了重要角色。

||||||||||||||||||||||

早在 1940 年夏天，安德烈就惊讶地发现，他的哥哥鲍勃，这个平时勤奋、聪明的好学生，竟然是共产主义秘密团体的一员。他的哥哥向他坦白，他们在抵抗纳粹并考虑在抵抗运动中表现得更加活跃，虽然莫斯科禁止他们对德军采取任何敌对行动。那么问题来了：安德烈愿意成为这个团体的一员吗？安德烈接受了邀请，但很可能不是出于政治动机，而是为自己能和"大男孩们"一起相处而欢欣鼓舞，特别是能和自己尊敬的哥哥在一起。鲍勃告诉他，自己房间里有一个地方能藏宣传册，安德烈建议他们可以用玩具印刷机多印一些传单（这样的小印刷机很快就从巴黎各地的玩具店里消失了，因为青少年们的想法都差不多）。这样程度适中的抵抗行为在许多青少年看来还像是一种玩乐，但接下来的行动将会给安德烈和他的家人带来严重的后果。

一群热情的共产主义青年开始定期在鲍勃的房间里聚会，其中包括玛鲁西亚·纳伊琴科。安德烈家的公寓坐落在上流阶层云集的巴黎十六区，位于万军林荫大道（Avenue de la Grande Armé）和福煦大街（Avenue Foch）之间，那里的许多豪华公寓都被德国高级军官和外交官没收。整个街区离雄伟酒店（Hôtel Majestic）不远，那里是法国占领区的德国国防军总部。说这些年轻人在盖世太保、纳粹党卫军和国防军的眼皮子底下活动，并不是夸大其词。起初，他们会和法国警察在公共场所玩捉迷藏，到公共集会上大声呼喊，跟在支持被解雇的索邦教授的学生队伍中间，或到拉雪兹神父公墓为那些在 1871 年建立了欧洲第一个共产主义政府的人们献花。在电影院里，每当德国的新闻宣传短片开始播放，他们就嘘声跺脚，直到灯亮起来，放映员停下来。安德烈·基尔申回忆说，他们那时候并不感到害怕，因为占领期间频繁发生的逮捕和处决在那时候尚未开始。安德烈后来反思说："我们当时没有意识到，有多么严重的事情正等待着我们。"[7]

这样的乐趣带给他们强烈的兴奋感。年轻人很享受同龄人之间的团结，以及来自法国共产党领袖的认可和庇护。与此同时，他们完全不在乎自己的同伴是斯大林主义者还是托洛茨基主义者，也不在意恩格斯和马克思到底谁才是最重要的理论家。就像组织中的天主教、犹太教和新教成员一样，他们唯一感兴趣的是待在一起设计一些幼稚的计划来骚扰维希政府和德国人。历史学家吉勒·佩罗（Gilles Perrault）在采访安德烈时观察到："巴黎工人阶级社区的年轻共产党人生活在党为他们制造的泡沫里。他们认为自己就生活在人民公社里。"[8]

但现实打破了这首青春期的田园诗。1940 年 11 月的一天，安德烈从学校回家，在公寓楼梯上看到一群警察，并跟着他们一直走到父母的公寓前。他的哥哥正在接受审问。他们从他房间里搜出宣传册和传单。鲍勃无法否认他参与了地下组织。他没有被人出卖，但一名组织领导人被捕，暴露了团队的组织架构，而鲍勃的名字十分突出。安德烈因为年龄太小，没有被一起抓去警察局。最后，鲍勃被认定有罪，并被判处 10 个月监禁，因为他试图颠覆国家的"非法"行为——就他个人而言，主要是散发秘密印刷的传单。[①]

---

① 1942 年 8 月，鲍勃和他的父亲在瓦莱里安山以人质身份被处决，作为对袭击德国士兵的报复，同时因为他们"恐怖分子"亲属的身份——安德烈也在 1942 年 3 月被捕。

那个时候，人们普遍还不知道，被捕并判处相对较轻的刑罚，往往会带你走向死亡。

男孩们自我辩护，认为那些德国海报上被处决的人都是"恐怖分子"，和他们没有关系。他们似乎忘记了，在形势紧张的1941—1942年，特别为此颁布的人质政策，注定了其他年轻人会为此丧命，比如居伊·莫盖。该政策要求在任何一个德国士兵被枪击或袭击时，要有被逮捕的不法之徒作为人质被处决。鲍勃被贴上了共产主义者、犹太人和"恐怖分子"的标签，这意味着他要在环境恶劣的拉桑特监狱服刑 10 个月后，被转移到莱图雷尔（Les Tourelles）条件好一些的政治犯集中营里，最后被转去巴黎郊外臭名昭著的过渡营——德朗西集中营，在那里，数百名犹太人一无所知地等待着被转移至东方的死亡集中营，特别是奥斯维辛集中营。

即使逮捕变得越来越频繁，朋友们也可能会消失一段时间——甚至永远消失，但安德烈依然利用自己年幼的外表继续他的抵抗工作。他有几名朋友后来不再参与地下活动，因为他们害怕将会发生在自己或家人身上的事，但安德烈坚持了下来。几十年后，安德烈还是不明白，为什么自己的父母从未让他放弃地下活动，即使是在哥哥被捕后。他知道，他们很担心，但他的热情足以反驳父母的一切劝说。无论如何，他们没有阻止过他在奇怪的时间离开或返回，无论是在白天还是黑夜。他还凭直觉知道，他的父母暗自为他和他的努力感到骄傲。

由于他的坚持抵抗和勇敢事迹，安德烈在高中的共产主义学生中名声渐盛。他会给不同的组织演讲，鼓励他们坚定立场。但他认为自己的使命不是宣传党派，而是鼓励年轻人反抗，推翻越来越暴力的德国势力和维希政府。巴黎十六区只有极少数的共产主义家庭，但他们都来自富裕的资产阶级，是一个有影响力的群体。他们住在大公寓里，接受过良好教育。安德烈认为，这些人将成为一股强大的抵抗新势力的领袖。但他们的数量太少了，而且直到1941年6月，该死的《苏德互不侵犯条约》仍然对反德运动有着强有力的牵制作用。

||||||||||||||||||||||||

1941—1942年，更多的暴力行动纷纷出现，而且不仅限于年轻的共产主义干部所为。保罗·科莱特（Paul Collette）于1938年加入法国海军，因为时年18岁的他感到战争已迫在眉睫。1940年春，挪威海战爆发，他在北海迎战德国海军。他的船被鱼雷击中，迅速下沉。许多训练有素的水手设法抓住救生艇和救生员，等待英国海军的救援。但德国的飞机呼啸着越过地平线，无情地向幸存者发起扫射。科莱特最后活了下来，但他在战争后不久写道："正是在那一刻，对德国人的仇恨进入我的心……我发誓要为那些被杀害的战友报仇。"[9]

停战协议签署后，科莱特被解除了武装。他突然没了工作，也没有一个明确的未来规划。他试图联系并加入某个抵抗组织，但没有成功，他倒是发了些传单，但对此毫无热情。不过，他对形势的分析发生了转变，正如越来越多的国民也意识到，真正的、最可恨的敌人不是占领他们国家的德国人，而是那个让占领顺利进行的右翼政府。

叛徒不是德国人。他们打败了法国，是以战士的身份，面对面地……真正的叛徒是那些卑鄙的法国人，他们不满足于看到国家建立起来，现在正毫无顾忌地出卖它。必须教训那些叛徒；需要有一个法国人让他们明白，整个国家都憎恨他们，想把他们赶出去。一些人要被铲除，以儆效尤，那么剩下的人就会继续我的事业。[10]

有了明确的想法，科莱特决定暗杀一位维希政府的显赫人物，让人们看到这是一个独立的法国人，在没有任何人指示的情况下自主发起的抵抗行为。

1941 年 6 月，在希特勒入侵苏联后，维希特遣队中较激进的一部分人，在党卫军的许可下建立了法国反布尔什维主义志愿军团（Légion des volontaires français contre le bolchévisme，简称 LVF）。这些法国志愿军身穿德国军装，走在卐字旗下面，在东线与苏联作战。该军团的官方成立仪式在凡尔赛宫举行，所有政要都会出席。皮埃尔·赖伐尔也被邀请了，尽管 1941 年 8 月他还没有复职，但最终他还是决定参加。科莱特谎称自己要加入 LVF，于是得到了一张参加仪式的门票。当看到赖伐尔与其他政要一起出现时，他简直不敢相信自己的好运气。他从夹克里掏出一把小口径手枪，开了五枪，重伤了赖伐尔。"我已经成功了。在短短几秒之内，我的内心充满巨大的喜悦，出色完成任务的满足感让人如此幸福。"[11]

维希政府和德国的卫兵在枪声中四散开来，但当他们开始还击时，据说赖伐尔大喊："不要伤害他。"赖伐尔被送到医院，险些丧命；一颗子弹嵌在离他心脏很近的地方，因为取出来的风险太大而被留在了里面。科莱特立即受到警方审问。起初，他们以为他是某个著名抵抗组织的成员，或许他和几天前在巴黎杀害了一名年轻德国干部的凶手是一伙的。[①] 但科莱特直接又诚实地说出了他向赖伐尔和其他人开枪的理由。炸毁军火库或车队是爱国行为，但将目标对准那些只是在服役期间听从命令并执行任务的士兵是不道德的。此外，杀死一名德国军官会导致 50 名人质因报复被处决，但暗杀叛徒则另当别论。任何一个德国爱国者在相同的情形下也会如此行事。"这就是我向赖伐尔开枪的理由。"[12]

科莱特被维希政府的司法机构审讯并判处死刑。但由于尚不明确的原因，该判决后来被减为无期徒刑。是谁批准了这一决定？贝当吗？还是维希政府？抑或是德国人？他始终没弄明白。科莱特在二战剩余的时间里，从法国的一个监狱转移到另一个监狱，最后被送往德国的一个集中营，但最后幸存了下来。他从其他囚犯和同情他的守卫那里得知，他的行动引起了整个欧洲的共鸣。通过自由法国电台和其他电台广播的报道，"从波士顿到莫斯科""数百万人屏住呼吸，看到维希政府并不代表法国人民。而反过来，法国人民意识到了自己的责任，开始反抗那些假装进行民族社会主义统治的人"。[13]

这个年轻人的故事扣人心弦，也表明许多抵抗行为是多么独立和独特。尽管如此，这种"独狼式"行动，即由个人发起的、没有他人协调但非常严肃的行动，还是十分罕见的。为了实现更大规模

---

① 第一起公开暗杀德国军官的事件就发生在一周前。年轻的抵抗者们在巴黎巴贝斯－罗什舒阿尔（Barbès-Rochechouart）地铁站枪杀了一名德国海军干部。

也更持久的抵抗行动，团队组织是必需的，从吕塞朗的故事中我们看出，许多渴望加入抵抗运动的年轻人，首先会通过自己的朋友圈接触抵抗组织。这样封闭的圈子大量存在，彼此并不总是重叠的。战后众多历史学者往往将抵抗运动视作一块铁板，并认为抵抗运动组织严密、领导有方。但各种各样的目的和行动，甚至让自由法国的领导人也感到困惑。[1] 随着戴高乐获得越来越多的支持，声望越来越高，他也开始带着偏见的眼光，越来越担心法国国内抵抗运动的状况。由共产党人、移民、右翼分子和戴高乐主义者构成的组织，毫无团结可言，相互交流也很少。他们经常独立行动，甚至彼此竞争。他们的秘密刊物刊载了各种各样混乱的信息和指示，大大迷惑了那些迫切需要信息的人，以及即便是以和平方式，也想要参与抵抗的人。这些组织的武装设备十分简陋，这就意味着他们要经常冒着生命危险来弥补物资的匮乏。他们都希望得到伦敦方面的某种认可或支持，但伦敦方面由于法国本土没有协同一致的领导层而不愿提供武器。

　　早先，戴高乐创建了中央情报与行动局（Bureau central de renseignements et d'action，简称 BCRA），以协调和控制自由法国领导下的秘密行动。他曾派遣自己最得力的手下让·穆兰（Jean Moulin）多次前往法国执行一项艰难的任务——联合几大抵抗组织

---

　　① 在荣军院的法兰西军事博物馆（Musée de l'Armée）和解放勋章博物馆（Musée de l'Ordre de la Libération）中，有一段对抵抗运动的描述："1940—1944 年，在巨大的困难面前，国内的抵抗运动（Résistance）逐渐展现出创造性，并自发组织起网络、运动和游击队，此后彼此协调统一，一直战斗到自由解放。"这是一个理想化却富有误导性的描述，现实是，抵抗运动是由长期无组织的网络和个人构成的。

的力量。这些抵抗组织的首次会面，于 1943 年 5 月 27 日在巴黎六区附近的圣日耳曼德佩（Saint-Germain des Prés）修道院举行。关于这次会面是否有效有许多争议，特别是许多独立的抵抗团体，比如不稳定的游击队和移民组织，没有参与其中。但人们普遍认为，这次会面是对协调战略的首次尝试，而且在一年后的诺曼底登陆前后发挥了作用。然而，随着局势逐渐明朗，人们看到法国终将摆脱德国的统治，维希政府终将被钉上耻辱柱，那些抵抗组织便开始争夺战后的政治地位。从诺曼底登陆到法国的自由解放，再到解放之后，各个抵抗组织将为了争权互相残杀。

|||||||||||||||||||||||||||

研究抵抗运动的历史学家和 20 世纪 50—70 年代的老兵一直争论不休：法国的共产主义青年在占领初期究竟有多大的影响力？罗伯特·吉尔德（Robert Gildea）是一名受人尊重的学者，在占领期间曾在法国读书。他直言不讳地评价道："共产党人大概是最激进的抵抗者，尽管他们（法国共产党）的道路……十分复杂，每个人的路线也未必相同。"[14] 不可否认的是，20 世纪 30 年代，法国共青团在团员们的教育上作用极大，很多男孩和女孩在十几岁时就已经加入了。他们定期会面，不仅为了接受教导，也为了社交。这种由年长一些的成年人带领的团队，在某种程度上和童子军十分相似，童子军也做着相似的事情，只是没有某种根深蒂固的意识形态。共青团也会去露营、举办派对、组织舞会、去乡下骑自行车。在西班牙内战期间，几个年仅 16 岁的少年甚至加入了国际纵队（International Brigades），为西班牙共和国浴血奋战。据警方估计，

在 20 世纪 30 年代末期，有数千名法国共产党人为了维护法兰西共和国，准备与准法西斯的右翼势力展开斗争。这批人早在 1940 年 6 月就迫不及待想要继续与占领法国的法西斯势力战斗了。

因此，1940 年 8 月至 1941 年 6 月，当苏联指示各国干部不要与德国开战时，唯一能让这些青少年发泄情绪的方式，就是对抗维希政府。在占领开始的第一年，几乎没有暴力事件发生；大多数共产主义青少年努力地印刷和分发传单、张贴海报、在墙壁上写下标语，并时刻提醒人们大溃败带给法国的难堪。

|||||||||||||||||||||||||

几年前，帕梅拉·德鲁克曼（Pamela Druckerman）在《纽约时报》上发表了一篇文章，讲述了法国抵抗运动的曲折故事中最有趣的人物之一——阿道弗·卡明斯基（Adolpho Kaminsky）。他出生在阿根廷，有东欧犹太人的血统。[15] 在他 13 岁时，他从波兰移民到法国的父母就被迫带着他离开巴黎，不是因为他们是犹太人，而是因为他父亲与一本共产主义杂志有关联，而法国政府在 1939—1940 年苏联入侵芬兰期间，越来越不信任支持苏联的法国共产党人。在纳粹德国发生的种种事件，特别是 1938 年的"水晶之夜"（Kristallnacht）①，让他们在大都市里感到不适，再加上卡

---

①　"水晶之夜"是一场在德国全境内发生的有组织的暴行，因遍地破碎的窗玻璃而得名。1938 年 11 月，穿棕色衬衫的暴徒（褐衫党）带头打碎了犹太人商店的橱窗，烧毁了犹太教堂。国际社会对此一致表示愤慨，但这丝毫没有影响到希特勒的"最终决定"。

明斯基一家比大多数犹太人都更有先见之明，于是他们逃离了巴黎，来到诺曼底地区卡瓦尔多斯（Calvados）省的维尔（Vire）。在阿道弗叔伯的帮助下，他们一家得以在维尔生活，他们的到来也使这座小城镇的犹太居民数量翻了一倍。他们受到了很好的接待，孩子们也很快完成了学业（法国公立学校的教育在 14 岁结束）。

在高中的最后一年，阿道弗和一个朋友一起印刷校报，这段经历让他熟悉了印刷机、墨水和纸张——他所学的这些技能未来将帮助他成为抵抗运动中最重要的伪造专家。很快，阿道弗和哥哥保罗开始为他们脾气暴躁的叔叔工作，即在镇上的市场售卖女帽。接着他们又一起到一家制造飞机仪表盘的小工厂工作。在那里，阿道弗认识了一些关心政治的工人，而其中一人——让·拜耳（Jean Bayer）的命运对阿道弗的成长之路产生了重要影响。

"然后，有一天，他们来了。那是 1940 年 6 月。"阿道弗当时正沿着一条公路骑自行车，突然遇到一队德国坦克：

> 崭新的，就好像刚下生产线。士兵们都穿着锃亮的靴子和笔挺的制服。然后我就明白了父亲的话。当看到法国征召的士兵们穿着不合身的军装，有些人连头盔都没有时，他说："这次胜负已定。我们输定了。我们无法用这样的军队赢得这场战争。" 16

德国人在维尔安顿下来，准备进攻英国，这座小城镇和犹太居民的生活立即发生了变化。飞机仪表盘制造厂暂时关闭了一阵后，在德国人的管理下重新开工，只为德国空军生产军用物资。很快，所有的犹太人都被解雇了，阿道弗和哥哥被粗暴地从朋友身边押走。他们的同事为了支持他们而冲着德国警察大喊大叫，一些人也许在此之前都不知道这两个男孩是犹太人。没有了工作的两人还是必须要帮父母勉强维持生计。事实上，德国的种族主义政策恰恰解放了一名青少年，促使他去追求另一番事业，而这将使他成为占领期间德国当局的头号通缉犯。

阿道弗应聘了一份染匠学徒的工作。染匠专门清洗衣物上难除的污渍，而这名染匠比起清除污渍，更多时候会选择重新染色。但阿道弗很快就发现了去除污渍的方法，无论是血液、葡萄酒还是墨水，他都能清理干净，就好像衣物从没被弄脏过。对色彩变化的化学反应和一般化学原理的研究，将为他未来的抵抗工作积累大量知识。"我找到了最适合我的职业。"[17]

很快，阿道弗就成了当地的名人，因为他还学会了制造肥皂（当时靠配给才能得到）、蜡烛（变得越来越有必要）以及如何"清洁"因金属污染而被丢弃的盐。最后一项尤其有用，因为德国人严格限制食盐的配给，他们担心当地农民会用盐来腌制猪肉，私自把肉藏起来。当时在法国执行占领的德国人持续向第三帝国运送法国四分之三的牲畜。阿道弗"清洁"了如此多的食盐，以至于精明的诺曼底农民都将他视为英雄（他们还送给阿道弗的家人充足的食物，让阿道弗及其家人生活得更加舒适）。

到1942年，阿道弗16岁了，他与当地的药剂师成了好朋友，药剂师帮助他在化学方面继续深造。1940年末，当阿道弗听说让·拜耳因参与颠覆政权活动被处决时，他了解到一个残酷的真相：占领者在剿灭反抗者时是认真的，毫不留情。他渴望能做些什么，切实打击这些外国士兵，也常常向他信任的邻居和朋友提起。而他一直为之工作的药剂师，事实上是一名戴高乐主义特工，用药店来掩护地下活动。他察觉到这名年轻人的反德情绪，询问阿道弗是否有兴趣做比肥皂和蜡烛更重要的东西。这个暗示很明显，而男孩也热情地给予了肯定的答复。

> 从（1942 年末的）那天起，除了肥皂、蜡烛和食盐，我开始制作更有破坏性的东西，它们可以腐蚀输电线路、让铁路零件和雷管生锈。从事这样的破坏行动，让我第一次觉得，在母亲（很可能是在去巴黎的路上被德国人从火车上推下去的）和我的朋友让去世后，自己不至于那么无能为力。至少我觉得我是在为他们报仇。我感到自豪。我是抵抗运动的一分子。[18]

然后，恐怖降临了：1943 年夏天，阿道弗一家都被抓捕送往德朗西集中营。在他哥哥保罗机智的坚持下，阿根廷领事被惊动，于是，他们一家在遭遇了 3 个月的监禁后，尽管身为犹太人，却作为阿根廷公民被释放。① 没有配给的粮票和住所，他们在巴黎举步维艰，但最终他们得到了其他人的帮助，重新开始自己的生活，但不久后又被逮捕，回到德朗西集中营。官僚体制的混乱再次让他们逃过一劫，回到巴黎。在中转集中营里目睹的贫困和恐惧，是阿道

---

① 他们至少不用佩戴黄色六芒星标志，来自中立国或德国盟国的犹太人可以在这一点上获得豁免。这是种族政治特征的又一个例子。阿根廷是二战的非交战国，且国内有大量有影响力的德国侨民。第三帝国希望这个南美国家能够尽可能保持"中立"。

弗一辈子都无法忘记的，两度从监禁中死里逃生的经历也让他终生背负着一名幸存者的罪恶感。

再次回到巴黎后，他很快就加入了一个抵抗组织。他的上级很偶然地发现，他在去除墨迹、制作纸张和摄影方面十分擅长，而且拥有其他才能，正好有能力成为一名伪造专家。阿道弗在拉丁区不同的地点建立了两所实验室，他不仅能精准仿造官方文件——身份证、配给票、护照、出生证、洗礼证明和结婚证等，还能立即完成任务——这是地下工作的必要条件。这让他成了法国北部的伪造大师。当1943年的形势变得对德国不利后，纳粹开始大力围捕犹太人，而不再集中力量抵挡苏联日益强悍且训练有素的军队的进攻。阿道弗接连不断伪造出的官方证件，极大地妨碍了纳粹官僚机构的运作。在战争余下的时间里，他和两三个亲密战友的工作，挽救了数百人的生命，特别是犹太儿童的生命。

随着武装抵抗运动越来越频繁，抵抗人员在法国境内更加便捷的出行就变得至关重要；倘若没有身份证，他们连几个街区或几英里都走不出去。伦敦正空降大量特工到法国，他们都需要新的身份信息。勇敢的特工、间谍和战士都嗅到了德国即将战败的气息，希望助法国一臂之力，阿道弗则是他们打开法国大门的钥匙。为了确保抵抗运动的顺利进行，他从未抱怨过，也从未考虑过停止伪造工作。当他被问到，为什么在法国解放后还要如此努力又勇敢地工作时，他停顿了很长时间，想起了他造访过的那些被解放的死亡集中营和里面垂死的被囚禁者，还有那些在占领期间死去的人。那么多人死去，他怎么能不利用自己的伪造技术做点什么呢？

||||||||||||||||||||||||

　　显然，犹太人加入抵抗运动最主要的原因就是保全自己和家人危在旦夕的生命。不像在苏联，法国没有恶名昭著的党卫军特别行动队（SS Einsatzgruppen）——他们被专门训练来列队射杀犹太人，据估计，以这种方式被杀害的犹太人、吉卜赛人和共产党员，比在东欧集中营里被毒气杀死的还多。但殷勤的法国警察和他们的德国"监守"，还是致使法国大量犹太人被围捕。这些犹太人被送往巴黎郊外像德朗西这样的中转营，然后被赶进牛车，最后被关进劳改营或死亡营。

　　因此，犹太青少年开始在学校结成秘密社团或上文提到的童子军，开始印刷出版两页版的报纸以粉碎从东方传来的谣言，伪造证件，为那些最容易受到伤害的人寻找藏身之所，并照顾数百名失去父母或受其父母所托的孩子。他们为自己的工作自豪，并积极组织行动，只是他们一旦被捕就要面临更大的风险：作为犹太人，他们会被立即送往德朗西或法国的其他拘留营，并最终被送往东方。没有审讯，除非是为了作秀；即使是那些有特殊人脉的抵抗者也不可能获得特赦；多少贿赂都不足以动摇当局的决定。与其他抵抗者不同，犹太抵抗者一旦被捕，绝无出路。

　　那些藏匿被遗弃儿童的抵抗者就更提心吊胆了：他们不但要担心自己，还要担心他们藏匿的人。巴黎著名的医生让－拉斐尔·赫希（Jean-Raphaël Hirsch），为父亲西吉斯蒙德（Sigismond）写了一部令人不寒而栗的传记——某种程度上也是一本自传，这本书叫《爸爸醒醒，没事了！》（*Réveille-toi, papa, c'est fini!*）。书中也介绍了本书中最年轻的抵抗者——让－拉斐尔本人，他在 10 岁时，突然成为整个地区不同组织之间的联络员，这些组织都负责藏匿和照顾儿童。

西吉斯蒙德和贝尔特·赫希（Berthe Hirsch）采取了所有的预防措施，而当地的维希特工及其同伙盖世太保正在加紧围剿那些藏匿犹太儿童的抵抗者。夫妻二人从罗马尼亚移民法国后，立刻于 1940 年志愿运营一个地下网络，这个地下网络帮助超过 400 名犹太孤儿前往法国西南部避难。他们找到一栋偏僻、有大门的别墅，而且行事保持低调，就像一对来自巴黎的难民夫妇一样。

还有迪克——一条警惕性和保护欲极强的看家狗，它会对每一个走近房子的陌生人狂吠。但一天早上，迪克咬断了拴在大门上的布"链条"，一路小跑着去参观村子了。"报警系统"溜走了，盖世太保的车这时可以悄悄驶过大门，停在房子前。特工们悄无声息地来到前门，拿着枪冲进房间，问年轻的管家赫希夫妇在哪儿。他们很容易就被找到了——两人刚起床，还穿着睡衣。西吉斯蒙德急中生智，冲向一扇大窗户，跳出去跑进树林里。就在人们注意力被分散的瞬间，贝尔特将藏在摇篮里的被藏匿儿童名单扔进房间的炉子里。单单是这一举动，就可能救下了数十名犹太儿童的生命。很快，西吉斯蒙德被捕，他和贝尔特被押送到图卢兹，关进监狱，并被严刑拷打了好几个星期。他们 10 岁的儿子让－拉斐尔，也就是当地人所知道的纳诺（Nano）前一晚连夜出发执行任务，向藏在当地的孩子们传递消息。翌日清晨，他的一个朋友拦下了正骑着自行车回家的他，于是他没有向已被洗劫一空的房子走去，只能不情愿地调头，前往姑妈家躲藏。纳诺再也见不到母亲了。①

　　尽管危险重重，但纳诺的父亲还是需要高效又可靠的人来追踪几十个犹太儿童藏身点的动向。正如纳诺在他的回忆录中描述的，他父亲最终决定让他帮忙联络多个童子军和游击队组织。

　　　　那是 1943 年，我父亲有了一个想法，他给了我一辆自行车，决定让我参与他的地下工作——不会有比家人更可靠的人了。我当时 10 岁，毫无疑问是法国最年轻的抵抗运动成员之一。父亲希望我向所有他负责的孩子传达口信，而要传信就要经由几乎无法通行的道路抵达十分偏僻的农场。[19]

　　纳诺就是所谓的"联络官"（agent de liaison），是抵抗运动组织之间及参与藏匿孩子们的人之间的信使。一方面，这份工作不算特别危险，除非被人抓到。孩子们在很长一段时间里，都没有引起警察的着重关注；如果在宵禁后外出，他们会在监狱里度过一个可怕的夜晚，但很快就会被送还至父母身边。另一方面，抵抗组织网络也要承担风险，因为这些孩子知道大量关于藏身之处、游击队营地和组织领导的信息。

　　纳诺是个特例，但也不是唯一一参与秘密活动的孩童。还有一些

---

　　①　夫妻俩最终被驱逐出境，送往奥斯维辛，贝尔特死在了那里，而西吉斯蒙德幸存下来，并于战后返回巴黎，度过了漫长却失落的一生。年轻的让－拉斐尔后来成为一名卓有成就的外科医生；西吉斯蒙德在事件发生的 70 年后撰写了大量详尽的回忆录，讲述了犹太人在法国南部进行抵抗运动的故事，感人至深（让－拉斐尔的书名，指的就是他父亲后半生一直挥之不去的噩梦）。

家庭同样全家参与抵抗，尽管这样的家庭不多，而且他们大多是犹太人，但一些非犹太家庭也无法对犹太人的苦难置之不理；在这些家庭看来，不管从道德还是从实用的角度出发，都不应将任何一个家庭成员排除在外，剥夺他们为更重大的使命而斗争的机会。在德国人于 1942 年 11 月接管非占领区之前，将孩子们安置在类似孤儿院的地方还是相对容易的，这些地方主要由新教教徒或天主教的修女们，在年轻犹太人的帮助下运营。男孩和女孩都混居在一起，当地社区，特别是在法国南部和西南部的人，几乎不怎么关注这些孩子。在此期间，多亏了法国人，数百名犹太儿童被拯救，这些法国人厌恶德国人对儿童的猎杀，也特别憎恶那些忠于维希政府的法国同胞。我们已经看到，组织最完善也最可靠的抵抗网络是法兰西以色列童子军，也就是犹太童子军。这些年轻人在战争爆发前就是童子军，他们的领袖也是童子军出身。到 1940 年 5 月，这个最有凝聚力也最训练有素的群体已经准备好抗击德国人了。法兰西以色列童子军在转移避难儿童上做出的贡献具有不可估量的价值。

1942 年 11 月，德军占领法国南部，以更严苛的法律管控犹太人。那些通常坐落在大型废弃校舍或城堡中的孤儿院，一夜之间变得岌岌可危——一次突袭就会致使几十个孩子被捕，而孩子们会被送往法国的集中营，最后被送上开往东欧的火车。为此，童子军要竭力分散孩子们，将他们安置在不同区域。他们的工作还有一个困难，那就是许多来法国避难的孩子只会讲德语。罗歇·菲希滕贝格在 1994 年的一场会议中被问及，如果没有犹太童子军对青少年的训练，这些工作能否顺利完成，他回答："不，那是不可能的。"

随着占领持续进行，当地官僚的压力越来越大，因为纳粹德国要求他们加大对犹太人的种族清洗力度。于是，关于哪些农场或修道院可能藏着这些孩子的传言开始流出。犹太童子军的负担不断加重，他们要不断将孩子们从一个地方转移到另一个地方——通常用步行或骑自行车的方式，而他们中的很多人比要保护的孩子大不了多少。1943 年，特别是在德国强制向法国征兵之后，游击队开始壮大，许多孩子在长到十几岁的时候就悄悄溜进森林，半推半就地加入那里的地下团体。一些人可以充当联络员，一些人可以帮忙看守营地，但时刻处于警惕状态的游击队无法照顾大量的青少年。

西吉斯蒙德在停战协议签署后很快就开始了他的工作。在他的领导下，藏匿犹太儿童的工作取得了惊人的成功，直到他 1943 年被捕。他的儿子回忆道：

> 事情过去那么多年，还是很难想象，这些善良的 20—30 岁的年轻人在自己还有很多问题要解决的时候，就志愿参与这些了不起的工作。他们确实成就了看似不可能的事：用一眨眼的工夫把孩子们藏好，或再次藏好……每一次的情况都不同，因为要针对不同孩子采取紧急而具体的行动。孩子们不得不从学校被转移到牧师家里或修道院里，从一个偏僻的农场被转移到另一个农场。一些人要留在原地，一些人则要去往他处。所有人都必须（在整个地区）分散开来。大多数情况下，只要藏匿了一个人，就意味着要再次变换地点藏匿他，如此反反复复好几次……每一次都要说服一个新的房主，每一次都要安慰这个孩子，让他知道这样的新变动是必需的。[20]

不只要寻找新的房主，还要伪造新的证件，想出新的名字，与当地居民建立新的联系，不管他们有没有参与抵抗运动。

女孩们也在这样的秘密工作中发挥了非常重要的作用。正如我们在其他地方看到的，与男孩相比，她们更容易被警察忽视；如果女孩的年龄再大一些，她们就要假装和警察调情，让警察误以为她们做不出什么要紧的事。对于这些像男孩一样卖力拯救儿童的年轻女性，让－拉斐尔有一个特别深刻的观点："人们非常敬佩她们，（因为）这些年轻的女孩同样被悲伤淹没，觉得自己与青春擦肩而过。"[21]

让－拉斐尔的回忆录里反复提到失去的童年，不光指那些被迫藏起来的孩子，也指那些帮助藏匿他们的人。失去童年将对这些年轻人产生心理和道德上的深远影响。他们的童年，包括让－拉斐尔自己的童年，已经逝去了。他们关于童年的记忆里没有安全和自由，日日面临着或大或小的威胁；他们所受的折磨不是暗恋得不到回应，而是纳粹无情的棍棒；他们的压力并非来自学校的考试，而是惊恐地看着自己的朋友被带走而且再也不会回来。

1942 年，让－拉斐尔一家还住在巴黎，9 岁的让－拉斐尔被迫戴着黄色六芒星标志上学。他的母亲将六芒星绣在他的校服上，同时告诫他不要因此感到羞耻，而要为自己的犹太血统感到自豪。但这种自豪的情绪只持续了一会儿，不久后他就在学校操场上第一次被人辱骂了：

　　那颗星玷污了犹太人的世界，也玷污了非犹太人的世界；它玷污了全世界。一个孩童能清楚地认识到这一点。当一个孩

子不得不佩戴那颗星的时候，他就不再是孩子了。他在突然间
长大成人，被夺去童年和纯真，过早地成年了。没错，我不再
是一个孩子了；我不再纯真；我不再善良；我病了——我怒火
中烧。[22]

后来，当他无所畏惧地骑行在朗格多克地区（Languedoc）的
山岭间，为弱小的犹太儿童寻找藏身之处时，这份愤怒将给他信心，
支撑他去完成一个孩子在战争年代时常要完成的任务。

在让－拉斐尔的回忆录中，有一段内容颇有启发性：他解释了
为什么有那么多年轻人可以自信地与装备如此精良的敌人作战，尽
管他们没有一直得胜，但至少能持续给占领者施加压力，让他们不
敢掉以轻心。首先，因为南部的犹太童子军（他们被禁止在北部占
领区活动）成功藏起了大量武器和其他物资储备，这都是法国军队
在撤退时丢弃的。1943 年后的局势证明了，这些武器和物资在战
争中不可或缺，因为当时盟军不愿向法国的核心占领区投放武器，
也不希望让抵抗运动中的大量共产主义者得到武装。

此外，让－拉斐尔还表示，二战中所使用的武器比起一战中的
轻巧多了，操作也没有那么复杂。

> 由于现代武器的发展，武器在微型化的趋势下兼具令人生
> 畏的杀伤力，一个小孩子不但能使用小型的斯坦冲锋枪或其他
> 装备扫射，还可以随身携带一把左轮手枪或一小包塑性炸药。
> 使用这些武器都不需要成年人的体力，一个小孩的手指足以扣
> 动扳机。[23]

其他许多类似的"弱项"事实上都成了抵抗者的强项。一些在其他情形下可能显得负面的素质，实际上对秘密组织来说非常有用。年轻抵抗者们"不成熟，容易冲动，没有经历过生与死"，对于不认识的陌生人不会抱有悲天悯人的同情心。一旦接受命令，他们会忠实执行，常常毫无怜悯，因为他们就像所有娃娃兵一样，单纯老实。但当看到一个孩子如此独立，又面临如此大的潜在危险时，大多数成年人都觉得难以接受。不过，这对于年轻抵抗者们是有利的，他们的短裤、他们随心所欲的骑行游戏、他们的快乐和雀跃，就像迷彩服一样保护着他们。他们直觉敏锐、机灵勇敢、决策果敢，并且总是坦然无惧。

让－拉斐尔拥有几乎所有男孩私下都渴望拥有的冒险生活。一个全心信任他的父亲，一种天生的坚韧品格，以及对犹太血统的自豪感，这一切都赋予了让－拉斐尔勇气，让他能够直面突如其来的来自德国和法国国内残忍的种族主义政权的威胁。

||||||||||||||||||||||||||

克劳德·魏尔（Claude Weill）的父亲曾于第一次世界大战期间在法国军队服役，在巴黎经营着一份相当成功的印刷生意。德国在巴黎建立占领当局后，开始委派法国的"雅利安人"管理犹太人的企业。他们毫不费力就能找到贪婪的巴黎人，事实上这些巴黎人不但从方方面面接管了犹太人的生意，还将所有利润收入囊中。一段时间内，魏尔一家并没有感到危险，但随着黄色六芒星法令的强制推行（克劳德回忆说，他曾佩戴了一个月左右），他们的好运就到头了。1942年夏天，当局负责人来到魏尔先生的办公室，要求

他必须立刻离开，并拒绝了他向共事多年的员工们道别的请求。

克劳德向我描述，他的父亲是一个十分保守的人，执着于融入法国社会，并为自己的法兰西血统感到自豪。他经常对年幼的克劳德说他更乐意儿子带非犹太男孩到家里来。当德国的犹太难民来敲门请求帮助时，他会称他们为"德国佬"，很少施舍他们东西。这样的记忆让克劳德至今都无法忘怀。他的父亲坚信，贝当无论如何都不会忘记他的士兵，不管他们的宗教信仰如何。就在他们失去小工厂后不久，克劳德的父亲去世了，因为癌症——尽管克劳德始终认为，父亲是死于心碎。

多亏了从他们的天主教朋友那里得到的伪造文件，魏尔一家得以逃到自由区，最终定居在泰拉松（Terrasson），那是一个位于多尔多涅地区（Dordogne）、拥有3000—4000人口的小镇。克劳德当时大概14岁。魏尔一家得以在那里安然居住，而且幸运的是，魏尔先生之前的非犹太秘书仍然在换了新领导的印刷厂工作，并定期给他们寄钱——是她从"雅利安人"经营者的眼皮子底下弄到的工厂利润。

在克劳德的印象中，泰拉松或周围地区一定还有其他犹太家庭（该地区以同情难民而闻名，因为它从宗教改革以来，一直有抵抗天主教霸权的传统；也有流亡的阿尔萨斯人和摩泽尔人来此处定居）。当地的天主教神父同意给这个家庭提供假的出生证明，但条件是孩子们必须学习教理问答（catechism）的课程，并受洗成为天主教徒。他们违心地接受了。克劳德已经在巴黎接受过犹太成人礼，又在这里接受了另一套成年仪式，这让他觉得很好笑。他知道自己必须小心，不要提起巴黎或他认识的犹太人，而且要隐瞒他接受过割礼的事实。尽管如此，他的母亲一定还是很担心他，因为当有人跟她商量让克劳德加入当地的游击队时，她马上就鼓励他这么去做，让他时不时离开家到野外与抵抗组织一起生活。克劳德认为，他的母亲为他想要对抗纳粹而感到自豪，而且该地区的地下组织领导人是一名受人尊重的乡村医生，因此他母亲确信自己的儿子可以得到精心照看。克劳德每周都会回家，但在两年多的时间里，他都像让-拉斐尔一样，在泰拉松两支不同的游击队之间充当联络员。他告诉我，这份工作尽管有时会有危险，但也很刺激。"就像童子军一样，只不过更危险。"①

克劳德的团队总是在不断寻找供给，他们发现该地区的大多数农民都乐于助人。他们曾经驾着医生的汽车到农场去，手上拿着武器，然后狮子大开口。我问他们是否偷过食物，克劳德笑了。"我们可是开着医生的车；好吧，也许有人会说我们有时'偷了'。"我没有问他为什么那些农民"被偷了"东西，却不去向当地政府举报他们。但有研究表明，游击队的侵袭导致的恼怒，甚至愤恨，远不及被侵袭者对法国政府和德国人的憎恨。何况这些团体都有武装，人们都知道他们组织内会进行审判和惩罚。

有时，他们会与巡逻的德国人发生短暂的冲突，但克劳德从未开过一枪，也从未因交火而处于危险中。当他们前去布置空投降落所需的信号弹或站岗执勤时，他会携带一把手枪，但他在执行邮差任务时，一次都没有携带过。传递消息是游击队和城市中青少年最

---

① 魏尔告诉我，他是法兰西童子军的一员，而不是犹太童子军成员。"在我是一名犹太人之前，先是一名法国人。我的一位祖先曾经是拿破仑军中的一员，在意大利战斗过。"

常见的任务之一。年轻通常是秘密行动最有效的伪装，女性身份也是如此。成年人也会骑自行车出行，但青少年骑自行车路过时最多招来人们短暂的一瞥。不过，这也不代表他们一直是安全的：传递信息的过程中，有时需要携带地图或其他机密文件，而且随着战争加剧，路上会突然设立检查站，哨兵会彻底搜查骑自行车来往的人。但骑自行车的孩子已经随处可见，已经成为城市景观的一部分了。

尽管如此，克劳德在二战中最可怕的遭遇都是在被德国或维希巡逻队拦住时发生的。有一次他差点被抓到了，他口袋里装着能让他坐牢的文件。当时，一名为维希政府卖命的法兰西民兵突然蛮横地要求他下车，随即开始询问他。就在他要被搜身时，一名德国军官打断他并问了那名士兵一个问题，克劳德这才得以毫发无损地骑车离开了。倘若他被发现身上带有这些文件，用不了太久，人们就会知道他是犹太人。他事后才意识到，如果事情真的发生了，他肯定会被送进德朗西集中营，再被转去奥斯维辛或另一个死亡营。

|||||||||||||||||||||||||

20 世纪 30 年代到 40 年代初，法国最著名的电影童星之一就是年轻英俊的万人迷罗伯特·莱宁（Robert Lynen）。莱宁因 1932 年出演由朱利安·迪维维耶（Julien Duvivier）执导的大热电影《胡萝卜须》（Poil de Carotte）而名声大噪，他在其中饰演一个孤苦伶仃的小男孩。在那次成功后，他继续出演电影，甚至在已经加入抵抗组织的情况下，也毫无心理负担地一直演到 1942 年——他 22 岁的时候。如果我们认真审视一下这位卓越的年轻人，就会发现一个如此有名的人，在加入地下组织后仍然会向外界送出数百张他的宣

传照，这着实将"大隐隐于市"的反常识策略带到一个新的高度。他会给抵抗组织的同伴们讲，自己如何在餐馆和街上被人认出来，以及连德国士兵都向他要签名这样的轶事，来逗乐他们。他比同伴们更加傲慢和大胆，也经常用他与德国人及法国警察在一起时的事情来吹牛或吓唬同伴们。当然，这也是他"伪装"的一部分，因为他意识到，他的名气使他可以经常在酒吧里戏弄警察，比如说他有机关枪出售，或用几法郎就能买到一枚手榴弹。他夸张的吹嘘加上他的名人身份在一段时间里保护了他，尽管这往往会让和他一起工作的同伴精神崩溃。莱宁有着非凡的幽默感，常用俏皮话和滑稽的表情逗朋友们开心，使他们放松下来。这种变色龙的能力使莱宁既肆无忌惮又暗中隐秘，让他乐不可支，并保护了他足有 3 年之久。

没错，莱宁是如此知名，以至于德国人也想请他出演他们在法国的电影公司大陆（Contiental）影业拍摄的电影。但他是一名爱国者。有传闻称，大陆影业给他递了一份在当时难以想象的百万法郎的合同，在签订合同时，莱宁拿起德国代理人递给他的笔，把它当作匕首扎进一个高级烟灰缸里，对代理人说："你们要有那么多钱，就请镇上的人都喝一杯，为希特勒干杯，但别指望我。"[24]

他的名气，他美丽的外表，还有他超出一般标准的身高，使他成为这个黯淡世界里最引人注目的一个人。他的妹夫皮埃尔·埃内盖尔（Pierre Henneguier）也是一名在二战中幸存下来的抵抗组织领导人，他这样描述莱宁："他美得就像北欧神话中超凡脱俗的年轻王子，拥有金色的头发、蓝色的眼睛、瘦削的身材、修长的轮廓。他善解人意，朋友多到数不清。每个人都爱他的明朗、活泼、勇敢，是的，有时也爱他那鲁莽的性格。"[25]

从一开始，他和埃内盖尔，以及另一个亲密的爱尔兰朋友罗伯特·弗农（Robert Vernon），不仅在墙上张贴反德告示，或在电影院播放德国宣传短片时起身咒骂，还设法成立了一家卡车运输公司，并从 1940 年起用卡车在整个法国南部运送、藏匿武器。他的公司蔚蓝运输（Azur-Transports）也带给他收入，尽管莱宁作为演员事业有成，但他身上几乎没有现金，而且他还要照顾自己的母亲和妹妹梅（May）。

莱宁学会了驾驶大卡车，他觉得最开心的事就是在卡车里装满要藏匿的步枪、弹药和其他物资。不可思议的是，这些卡车从来没有被拦下搜查。但很快，莱宁在抵抗组织里的角色发生了变化，开始负责收集和传递情报，而不是运输武器。他以"雏鹰"的代号行遍法国[①]，但很少隐瞒自己的身份。他学会使用短波无线电，在法国的田野里与空降的特工会合；还时常用伪造的身份证件往返于法国占领区和非占领区。他的一个朋友说，他似乎很享受这种危险，因为他对自己挫败占领者的意志有信心，并且很高兴自己能做到这些事情，尽管到处都有人认得他的脸，与一般的地下工作者截然不同。

莱宁总共出演了 13 部电影，最后一部是 1942 年的《驶向外海》（Cap au Large）。在电影拍摄期间，他还在担任一个抵抗组织的联络员和策划者。该组织先是在非占领区行动，后来开始在整个法国为英国情报局工作。但正如经常发生的那样，一个成功的组织不能

---

① "雏鹰"是拿破仑二世的绰号，也是 19 世纪埃德蒙·罗斯唐（Edmond Rostand）一部颇受欢迎的戏剧之名，戏剧讲述了年轻英俊的拿破仑二世因肺结核于 1832 年英年早逝。希特勒在 1940 年归还的正是他的遗体。

保证不会被一个叛徒出卖。莱宁和他的女友阿西娅（Assia）从巴黎
回到他的朋友弗农在法国南部卡西斯（Cassis）的家。莱宁本应在
盖世太保突袭弗农家并逮捕弗农的当天抵达的。他提前给弗农发了
一份电报，告知弗农自己的到来，而弗农在读这封电报时被盖世太
保逮捕了。事实上，电报局知道抵抗组织的事情，也提前看过电报，
因此赶忙派人去火车站提醒莱宁。但造化弄人，那一天莱宁是非法
搭乘火车的，而且从车站的另一个出口离站，因此电报局派去的人
没能找到他。（他经常不买票就直接跳上火车，在火车要进站时又
从另一边跳下。为什么这么做？可能他把这当作一场游戏、一个玩
笑，抑或是他桀骜不驯的标志。）他一抵达弗农家就与女友一同被
逮捕了。那是 1943 年的 2 月，从此罗伯特·莱宁再也没能重获自由。

　　他最先被移交给国防军，而国防军很可能向他提出一笔交易：
如果他能供出几个人的名字，也许就能让他前往德国拍电影。但他
肯定毫不迟疑就拒绝了——鉴于他的名声和年龄（23 岁）。莱宁
已经投身于反抗暴政的斗争中，绝不会屈服。之后他被移交给盖世
太保，他们才不在乎他是年轻的电影明星。我们不知道在莱宁身上
究竟发生了什么，有一种猜测称，他受尽折磨，才最终与其他年轻
的抵抗者一起被送往德国；在一个寒冷的清晨，他被带出来，牵着
另一名年轻人的手，站在一根柱子前被射杀了。他的尸体被扔进一
条沟里，里面满是其他受害者的尸体，这些受害者中超过一半都只
有不到 24 岁。

　　二战结束后，罗伯特·莱宁的家人，连同两位著名的法国电
影演员克劳德·道芬（Claude Dauphin）和让 - 皮埃尔·奥蒙特
（Jean-Pierre Aumont），想方设法要找回莱宁的遗体（最终在那条

德国的沟渠里辨认出他的遗体）。他们将遗体运回法国，先是停留在斯特拉斯堡（Strasbourg），然后在 1947 年运回巴黎，并在荣军院举行公开悼念仪式。而在 1940 年，历史上的另一个"雏鹰"也在这里下葬。克劳德·道芬写了一篇广为刊载的文章，不仅歌颂了同为演员的莱宁，也充分赞扬了在德国占领期间，那些不惜献出生命的青少年在抵抗运动中的卓越贡献和道德意义。

我们年轻的罗伯特·莱宁的命运，今早在荣军院的正厅里终结了，他的离去深深触动了你我。首先，他尽管忧郁，却是最能让我们感到快乐的朋友之一，尽管寡言，却是我们中最热情的那一个。其次，他是那人数众多又令人悲伤的男孩中的一员，他们在 20 多岁的年纪就为了某项事业英勇就义。20 多岁就逝去的灵魂令人心碎，但他的参与光荣体面。年轻的罗伯特·莱宁在抵抗运动的黑暗小径上奔跑，明白这不是午夜就会结束的戏剧表演，每一分钟都是一场致命的游戏。

今天早上在荣军院（英雄在这里被歌颂），我们必须铭记这个故事，在这具棺木前，里面安息的人，比（另一个）"雏鹰"（年轻的拿破仑二世，罗马王）更加高尚也更加动人。我们绝不能忘记，当 12 支黑色步枪被举起对准这些孩子时，他们没有因恐惧或后悔而动摇。他们决意要舍弃未来的每一个春天、每一桩乐事、每一个生日，在 20 多岁的年纪，唱着祖国最动听的歌曲，离开这个世界。我们——这些年龄已经翻倍的人——必须记得这些孩子为我们留下的教训，不仅有尊严、勇气和伟大，还有谨慎、智慧和谦逊。[26]

　　道芬情真意切的悼词尖锐深刻，因为他不仅赞美了莱宁和朋友们的勇气，也表达了幸存者和不经意间默许了占领者及其法国帮凶的人深深的愧疚。毫无疑问，在那些悼念的人当中，有许多人当年抱着"等着就好""希特勒比布鲁姆强"或"绝不要相信一个共产主义者"的想法，他们在黑暗的岁月里有声或无声地支持了贝当和赖伐尔。我们希望道芬所讲的能让他们羞愧，希望他们认罪悔改，希望他们从此不再担任任何官职。但我们也要记得，希望就像雪花，哪里有热量，就会在哪里化开。

||||||||||||||||||||||||||

　　据估计，在 1940—1945 年被德国行刑队处决的人质和抵抗者有 4000—5000 人。[27] 在占领早期，当一个德国士兵被暗杀时，被当作人质处决的大多是共产主义者、共济会成员或犹太人。他们身上发生了一些二战中最残忍的故事。那些死去的年轻男人和男孩，就像居伊·莫盖，因为较轻的违法行为被捕，在监狱里一关就是几个月甚至一年。然后突然得知，几个小时后他们将被处决，作为抵抗者对德国人发动的暴力行为的惩罚。和他们一般大的年轻士兵，会将消息公布给这些关押在他们监狱里的人质。一名副官会为囚犯们安排神父服务，并给他们机会写告别信，每人最多三份。一些德国看守甚至会同意帮忙邮寄信件，或将信送到收信人手上。为什么这些看守者会这么"慷慨"？因为在匿名法庭判处某人（特别是年轻人）死刑，与监狱确保因犯在行刑前保持冷静的责任之间，存在着巨大的差距。监狱通常会向犯人保证，他们的财产和衣物会被交给他们的家人和朋友，他们的遗体也会得到安葬（死刑犯会告知他

们想被葬在哪里，但他们通常被葬在一处普通的墓地，在那些地方，遗体被葬得乱七八糟）。一名年轻人甚至在最后一封信中详细描述了他的穿着，以便他的父母在没有收到遗体的情况下可以找回他。他们的亲属在收到信件时才得知他们的死讯。

随着暴力抵抗行为越来越多，嫌疑犯和真正的罪犯被更加迅速地"绳之以法"。受刑者写好告别信、填好地址并被处决后，当局会先审查信的内容（用浓墨盖住不当言论，或删除信中部分字句段落），然后才将信交由狱吏、神父或军官，让他们将信带给死者的家属。收信人会被警告，不允许与家庭成员以外的任何人分享信件内容，否则将受到处罚。尽管如此，这些信件经常被大声朗读出来，听众不光有家人，也有亲近的朋友；一些信件被复印并传阅；一些信件甚至被刊登在地下报纸上。信中所体现的，特别是来自早逝的年轻人的痛苦、勇气和爱国主义精神，就这样大胆地被公之于众，并让所有人都向自己提出了一个问题：这个人在 20 岁就献出了自己的生命，那么我，面对占领能做什么呢？

这些将死的年轻人在表达恐惧和焦虑时，很少会想到自己，更多的是想到他们的死会对留在身后的人，即他们的爱人，他们的父亲、母亲，以及他们的弟弟妹妹，造成什么影响。他们还会对法国的命运进行最后的思考。时常有人提到来世，但几乎都是为了安慰收信人。一些人会表达自己的歉意，抱歉自己惹上了这样的麻烦，或抱歉自己不是父母理想中的孩子，但没有人后悔曾站出来反对暴政。许多信件带着自省的口吻，一方面想知道自己为什么会落到这般田地，另一方面又希望自己依照信念做了正确的事。

||||||||||||||||||||||||||

时间来到 1941 年 11 月；从 6 月德军攻打苏联西部开始，"轻松"的占领就结束了。局势骤然紧张起来。一名共产主义青年军（Bataillons de la jeunesse）的年轻成员，在使法国北部里尔（Lille）附近的一列火车脱轨①后，与其他同伴一起被捕。22 岁的费利西安·若利（Félicien Joly），生命时光已经所剩无几了，在里尔监狱的狱卒让他开始写信的时候，他觉得自己有责任传递两个信息。当然，他想向家人解释事情是如何发展到这个地步的，但他也必须警告朋友们，他们中间有叛徒。奇怪的是，两封信最后都寄到了他父母的家中。事情无疑十分紧迫：

我亲爱的、还在战斗的同志们……

我希望这封信寄到你们那里时不被别人看到。我们一共有五人被判处死刑，但我希望能够得到赦免，因为我已经给德国军队的最高指挥官写了信。莫里斯（Maurice）背叛了我们的事业——我们曾发誓必要时即使放弃生命也要效忠的事业。他把我们这群朋友的地址都出卖了。他还说："现在先不要逮捕加里（Gary）。"这一行动可能会暴露不少同伴。如果他们还没有被逮捕，就应当立即逃走。（所有组织的领导人应采取一切预防措施。）所有的接头地点都要更换。

你们要确保自己没有被跟踪。

---

① 这种行动越来越普遍，因为这样比正面攻击德国人更安全。一段被扭曲的铁轨最终可能伤害或杀死更多敌人，也可能让一列满载军火的火车停下来。

尽全力战斗到底，我们很快就会取得胜利。

问你们安。要勇敢。如果我得到赦免，希望很快能见面。[28]

我们只能猜测这封信是如何通过监狱审查的。另一封直接写给父母的信是我找到的篇幅最长的信件之一，洋洋洒洒地讲述了这名即将上刑场的年轻人，带着怎样的自豪与黑暗的法西斯主义进行斗争。以下是几段摘录：

这是我给你们写的最后一封信。你们会在我死后收到，它会唤起你们悲伤的回忆。写这封信令我心痛。

……我与我的朋友们一直走到了最后……我本可以出卖我的同伴来换取我的生命……但我没有这样做。我不是懦夫……

我要回了我的两个笔记本……其中一个的封面上写着尼采的一句话："我总想攀得更高。"我将（这句话）留给所有的理想主义青年。

请大家永远记住我的坚强；我的名字将在我死后鸣响，不像葬礼的钟声，而是像希望飞翔的声音。[29]

1941 年 8 月，21 岁的亨利·戈特罗（Henri Gautherot）在给父亲的信里写道："我知道如何作为一个法国人死去……无论在审判期间、审判之后，还是此时此刻，我都没有显露一丝软弱。"[30] 其他人在信件里悄悄掺入关键信息，交给与抵抗组织尚有联系的家人。21 岁的安德烈·西戈内（André Sigonney）在 1941 年 8 月写道："我像其他人一样……被德国当局判处了死刑，因为法国警察将我们交给他们。"[31] 我们再次纳闷：这句话为什么没有被审查？也许德国人希望散布这样的消息，让人们知道法国当局在围捕年轻人的行动中扮演了积极的角色。

1942 年 3 月，19 岁的费尔南·扎尔基诺（Fernand Zalkinow）在拉桑特监狱给妹妹写了最后一封信。这封信也很长，就好像只要他的笔不停，那个不可避免的结局就会推迟：

> 自从我来到这里，我就一直在深深地审视自己。我意识到，尽管我缺点很多——不止一两个，但我并没有那么差劲，我本可以成为一个很好的人……我喜欢吹牛，这我知道。但说实话，我无法解释为什么我可以这么冷静。在宣判之前，我经常哭，但宣判后，我连一滴眼泪都没流过。我从内心感到一种深邃的平静和安宁。似乎我只剩下一个考验了，那最后一个，之后一切就都结束了，仅此而已。[①][32]

皮埃尔·格勒洛（Pierre Grelot）如果没有死，将会成为一名西班牙语老师。他用犀利的语言向母亲描述了自己的审判，与其他人一样，他向母亲强调，尽管他的死令她悲伤，但她决不应为他的行事作为感到羞耻：

> 10 月 15 日，我与朋友们一起受审。这场审判就是一出喜

---

① 扎尔基诺在波旁宫公审前几天被判有罪，并与其他 6 名年轻的共产主义者在瓦莱里安山被处决。

剧。我们事先就知道判决结果如何，因为他们为一点点小事就判人死刑。我的罪行是"进行反对占领军的反法西斯宣传，携带并藏匿武器和弹药等"……我们在法庭上的态度庄严，品格高尚。我们知道如何赢得与会者的尊重。士兵们被感动了，我看到一个人在哭。想想看，我们不过才17—20岁。当判决宣告后，法官问我们有什么要补充的……我回答说："我为自己配得上这一判决而自豪。"如果有人（对我们的忠诚）存有任何疑虑，这句话将让这些疑虑烟消云散。[33]

这是在不可避免的死亡面前逞强吗？是的。他想让妈妈为他骄傲吗？是的。但这也是在向一个更庞大的群体——包括他自己——传达一个信息：他像一个成年人一样行事，依照他的组织和朋友的信条行事，从未动摇。最令人心酸的语句似乎是年轻的作者在震惊中写下的：我究竟做了什么要遭受这一切？但最有可能的是，当有通告说有德国士兵或军官被暗杀时，他们就从囚犯中被随意挑选出来。个中曲折，我们无从知晓。

像格勒洛这样的信件之所以十分感人，是因为他们在书写时既带着明确的目的，也带着不明确的目的，既写给特定的读者，又写给未知的读者。这些年轻的作者知道，他们的遗言能否被传达出去，全凭当局的决定；给他们纸笔并浪费他们生命中的最后几个小时，也许是反复无常的抓捕者戏弄他们的又一个残忍把戏。那些有自知之明、受过良好教育的年轻人，凭借常识，怀疑这些信件最终都会被丢进监狱后院的垃圾桶里。因此，他们最重要的倾诉对象，至少在潜意识里，还是他们自己。我们还要想起那些我们从未读到过的信件：那些只写了一半的，那些被丢弃的，那些因为承载了太多痛苦、绝望和迷茫而被家人销毁的信件。这些写于生命临终时的信件一定也都谈到了人性，以及要面对祖国仇敌的勇气。

青春期是童年和成年之间的过渡期；我们很难区分童年何时结束，成年何时开始，尤其是处在一个社会与经济剧烈变动的时期。但这些信件除了表达对父母的安慰，还明确体现了个人认知的形成，既鼓舞人心又坦白直率：这就是我想要成为的人；这就是我希望成为的人；这就是我希望被记住的方式；这就是我努力的方式；我没有时间完成向成年的过渡了，但请记住我是一个选择了正确道路的人；请记住我是一个获得了父母和导师的爱与教导的人；如果我活下去，我一定会成为值得钦佩的人。这是这些被处决者的书信中最让人感伤的一面。

个人的记忆，出版的回忆录，未公布的日记、日志和信件，还有监狱墙壁上的涂鸦，都满载着这样的故事，彰显了人们与敌人对抗后朴实的勇气。这些故事重新提出了一个问题：在一个警察国家（police state）里，什么才是"抵抗"？"抵抗"并不一定要向占领军或警察开枪，也可以是像传递纸条，悄悄转述在 BBC 上偷听到的消息，或把钉子扔到德国汽车的轮胎下面这样微不足道的举动。"抵抗"可以很短暂，就像一个少年在拥挤的电影院里跳起来大喊"戴高乐万岁！"；也可以很危险，比如藏匿一名被击落的盟军飞行员，或把人悄悄带去西班牙或瑞士边境；也可以很安静，就像一名老师温和地提醒学生们不要忘记法国大革命的价值和格言——"自由、平等、博爱"。

一个极权主义政权需要用几代人的时间，才能将长久的、令人麻木的恐惧根植于人民内心，尤其是当一切表达抵抗的途径都被封堵时。但总有一个人或一些人，能想办法举起拳头，或创作一幅艺术作品，或发出一个声音表明"这必不会长久"。在这个极其复杂的时期，这就是所有抵抗者的力量，无论这力量多么温和。占领者在逮捕犯人后使用的手段极其残暴，如殴打、勒索和折磨，但他们在设计招募间谍、追踪通信线路、分析人口记录和耐心监视家庭与企业雇主时，则采取更不易让人察觉的手段，更多是引诱而不是恐吓民众。这些手段在今天仍在被极权主义政权或警察国家使用，而年轻人仍旧会走上街头质问：为什么？

第七章

对抵抗运动的抵抗

现代暴政就是恐怖治理。

——蒂莫西·斯奈德（Timothy Snyder）

1943 年 1 月，在德国入侵所谓的"自由区"从而占领法国全境的两个月后，一个有骨气的法国人——当时负责法国南部图卢兹一个区的警察局局长菲利普，向省长写下了以下声明：

> 我拒绝迫害犹太人，相应后果由我一力承担。在我看来，犹太人和赖伐尔先生本人一样有生存和追求幸福的权利。
>
> 我拒绝强迫法国工人离开他们的家庭。我坚信，将我们的同胞驱逐至外国做工不是我们的职责，任何参与这桩恶行的法国人，即使是菲利普·贝当本人，都是卖国贼。
>
> 我信守我所说的每一个字，每一个词。[1]

这样的勇气让我们心神激荡。但如果我们只是感动，就忽略了这封写给上级的信将使他付出怎样的代价。如果幸运的话，菲利普只会丢掉工作。他会被立即解除职务，可能因此失去养老金，他的家人会因他的行为吃尽苦头。而最坏的情况，可能是他被捕，被公开羞辱，甚至被送入监狱。他不会被送往德国或被处决，因为毫无疑问，他有来自下属和社区众多居民的支持。这样的勇气在法国警察中并不多见，毫不夸张地讲，二战期间超过 90% 的犹太人、共产主义者和其他被占领当局及盖世太保视为"不良分子"的人，都是被法国警察围捕的。

政治理论家迈克尔·沃尔泽（Michael Walzer）在他对游击战（现在被称作"不对称战争"）或军事交锋的研究中，细致地区分了那些拒绝接受停战协议或条约的人和那些追随胜利方军队的人。这是 1940—1945 年，法国平民在抵抗占领军的各个阶段中都面临的一个重大的道德和军事难题。使这种区分模糊不清的重要因素是，当时很多抵抗组织反抗同一个敌人，但他们彼此之间也互相抵抗。在占领初期，许多法国公民认为，抵抗行动无论武装与否，都会刺激到紧张的德国军队，为自己招来危险。他们指望占领军能够赶紧离开他们的国家。而停战协议签署后，抵抗组织有义务保护那些对他们心怀敌意的公民吗？尽管如此，沃尔泽认为，"在国家投降后，如果仍有值得捍卫的价值，也只能靠那些政治地位或法律地位较低的普通人去捍卫。（这）就赋予了这些人一种道德权威。"但他同时承认，这样的行为几乎总是将抵抗者置于危险中，因为战争的法则是："抵抗是合法的，对抵抗进行惩罚也是合法的。"[2]

1940 年 6 月到 1942 年 11 月之间有两个"法国"：占领区和非占领区。一开始，抵抗行动在两个地区都有开展，但占领区的报复和惩罚更加严厉。因此，我们就要面对这一时期最难解决的难题：如果法律就是法律，那么法兰西国应当如何对待宣誓效忠于政府却不认可国家最恶劣的政策的那些公民呢？谁对法国更加忠诚，是那些盲目追随维希政府，追随不做决断的贝当和他不甚明智的停战协议的人，还是那些拒绝屈从于任何独裁国家的人？是那些即使国家实际上已经投降，仍继续与外国势力抗争的人，还是那些接受现实与占领者合作的人？

即使维希政府对外宣称，自己要带领法国走向复兴，建设更有活力、生产力和更强大的国家，但实际情况完全相反。随着1942年盟军在北非作战，德国入侵法兰西国，德国人变得无处不在。纳粹的卐字旗悬挂在每一座办公楼和纪念碑上，鲜明地提醒着法国人他们是战败的一方。占领初期，法国人就认识到德国官僚的特点：有组织、有预见性且极其自信，特别是那些经常与法国人打交道的。规矩就是规矩，只要守规矩，就能一切安好。但是规章制度不停变化，生活节奏已经被打乱，这让那些想拼命维持秩序的人也无能为力。食物越来越少，汽车纷纷被征用，人们每天被限制应该读什么、听什么、在电影院里看什么，法国公民的独立感和自由感开始不断被蚕食。许多法国人会说，是的，我们支持秩序，但我们也支持自由。

几乎所有研究这一时期的历史学家都赞同，抵抗行动事实上和军事行动一样重要，甚至更为重要。如果我们只看到成功的爆炸或其他破坏行动，以及暗杀或间谍行动，我们就忽略了，因战败而不安的民众意识到占领似乎将永远持续下去时，以顽固的抵抗给社会带来的缓慢变化。德国人无法阻止那些黄蜂般的袭击，无论袭击的规模有多小，消息都会通过闲话家常或其他方式在占领区传播开来。人们都知道了，又有哪里的变压器被损毁，有多少德国士兵在铁路袭击中受伤，有多少玻璃碎片扎破了停车场里的车胎，或者谁家的孩子又被逮捕了。每一个城市、城镇和村庄的每一个居民，不管他的政治倾向如何，通常都知道自己生活的社区里，谁是共产主义者，谁是狂热的贝当主义者，谁是秘密的戴高乐主义者。他们甚至会知道当地的游击队首领是谁。爱国团结的意识与被报复的恐惧混杂在一起，让大家对这些人的身份守口如瓶。这就是占领当局试图稳定一个庞大又混乱的国家时所要面临的状况。尽管也有不少人出卖自己的邻居，但当局不能仅仅依靠私人冤仇和举报奖励来惩治不法之徒。

第三帝国早已预见了这一局面。在发动战争之前，纳粹德国就自信他们将在军事上占领一些国家，对有些国家的占领还会持续较长时间，因此他们制定了一套自认为可以普遍适用于所有战败国的法规。柏林的原则就是，德军必须确保"秩序和安全"——平民的秩序和执行占领任务的德国人的安全。尽管如此，法国的情况还是特别复杂且具有挑战性。首先，法国是被占领国中人口最多的。其次，地理上，法国幅员辽阔，且与中立国（瑞士和西班牙）比邻而居，边界多有破口；它还与四大战略水域英吉利海峡、北海、地中海和大西洋相接。最后，它的西海岸与不列颠群岛隔海相望，而不列颠群岛是德国入侵的最初目标，但后来，法国西海岸成为德国防御不列颠群岛入侵的第一道防线。第三帝国与维希政府签署的停战协议，就是为了解决其中的一部分问题，这也是为什么协议规定将法国南部地区留给法国控制（除了被意大利军队部分占领的东南部地区），而法国舰队被指派保护从西班牙到意大利的地中海边界。尽管如此，有关管辖权和责任分割的问题，从占领的第一天开始就一直困扰着德国当局和维希政府。

1940 年秋天，明确终止"海狮计划"（即入侵不列颠群岛）

后，德国就开始从法国撤军，秘密集结军队准备于 1941 年 6 月进攻苏联。突然间，德国军事指挥部发现自己人手严重不足，无法实行有效的占领。他们需要增援，特别是来自维希政府的大量增援。于是，一场耗时 4 年的"跳棋比赛"开始了，因为占领当局发现自己的内部也在相互斗争。德国军队厌恶来自党卫军或盖世太保的任何干预。而贝当政府在试图维持一定的司法主权，哪怕是针对德国人的破坏行为和自己的政权。两边政府的官员不得不一直与对方的军队和警察协谈。职权分明绝对算不上占领时期的标志，因此，抵抗组织成员不但要担心自己被发现或被抓捕，还要担心到底是谁发现或抓捕自己，以及接下来是谁来审判他们并定他们的罪（他们肯定会被判有罪）。在这些黑暗岁月里，有不少处决或放逐都是这种行政混乱导致的结果。

|||||||||||||||||||||||||

几个世纪以来，作秀公审一直是极权主义统治的核心。将反国家的行为公开"正法"至少有两个目的：一是提醒那些以为安全机构不是铁板一块的公民们小心谨慎；二是向被围困的民众表明，国家会保护他们免受"强盗""恐怖分子""无政府主义者"和"共产主义者"等"不良分子"的侵害。而审讯过程经过精心排演，向公民营造出国家组织良好、规则清楚明了的假象。为此，要进行大量的准备，通过（通常由国家控制的）媒体进行大肆宣传，将这出诉讼和判决（几乎总是"有罪"）的大戏带到每个受惊吓的公民日常生活中。

占领期间对地下工作者的公开审判，有一些是由维希政府的民事法庭处理的，另一些则由德国军事司法机构处理，这些公审倾向于将工人（大多是共产主义者）和外国人（大多是近几年移民的犹太人）聚集在一起。这么做是为了延续德国在反布尔什维克和反犹太方面的政治宣传，也为了表明受教育不足的下层阶级容易被戴高乐和斯大林欺骗。当然，德国人经常干涉这些闹事者的公审、判决和行刑的另一个原因，就是提醒维希警察们，他们没有像他们的主人所期望的那样彻底完成任务。

在抵抗运动史上有三场作秀公审标志了这段历史的关键时刻。这三场都是军事审判，公开且透明——尽管被告的朋友和亲属不能出席。富于同情的记者会被邀请参加，但是为了将故事刊登在全国各地的报纸上，并附上有损被告形象的照片。大多数时候，在被告抵达法庭之前判决结果就已经定了。狱卒会确保被告看上去一无所有、悲伤不悦，并且一看就是外国人（胡子拉碴、头发凌乱、衣着邋遢）。但事与愿违，许多被告身上的青春气息，反倒激起了法国人内心更深的愤怒。

1942 年 7 月，包括法国公民在内的大批犹太人被围捕。看到无辜的孩子、母亲和祖母们被拖进卡车和公共汽车运往德朗西，非犹太法国人感到惊骇和厌恶——这违背了法兰西祖先为他们构建的国家历史图景，即法国是公民权利的守护者。越来越多的直接证据揭示了德国和维希政府的残忍，尽管他们试图延缓对"人质"的粗暴处决以维护秩序和稳定，但这并不能安抚日益质疑政府的民众。到 1942 年末，就像先前的犹太人一样，越来越多的法国人终于发现原来整个东欧都有死亡集中营。没有人能完全了解这一灭绝计划究竟有多庞大，以及 24 小时燃烧的焚烧炉里究竟销毁了多少证据，但有足够多的传言已经被证实，这令已厌倦了无休止占领的法国民众心生怀疑和焦虑。①

因此，这些公审也是另一种宣传手段，以防更加有力的抵抗运动出现。鉴于这些公审的目的就是使消息散布开来，让人们知道占领当局在处理抵抗袭击上是认真的，同时营造出司法公正的假象，表明这样的审判符合国际战争规则，因此公审必须在大礼堂中举行，以容纳来自法国各地被命令出席的记者。为数众多的德国官员被要求见证审讯过程。被告家属不允许在审判之前或审判过程中与被告见面，而大多数情况下，就连被告被宣判定罪后他们也不能见面。

这种合法的乔装都是通过镇压来维持的。与此同时，德方一再定义什么是"恐怖主义"和"反占领者行为"，以确保每个冒犯者都会受到审判，不管他们是被法国警方抓获再移交给他们的，还是由德国人自己抓获的。一开始，德国国防军把这类审判都交给维希政府的民事法庭处理，但他们逐渐发现，维希政府的处罚远远不够严厉，因此军方接管了所有对抵抗运动成员的司法传讯和审判。很多家庭直到在报纸和贴在城市各处墙壁上的公告中发现家人的名字，才知道他们的家人被监禁或处决了。

1941年11月，7名年轻人被捕，他们的面部照片显得平静冷淡，与他们"犯罪"的狂热不符。他们被捕后几乎立即就被交给德国人，等待了6个月对他们命运的判决。其间，占领当局经过迂回曲折的手续，在寻找最有效也最成功的方式对抗他们认为越来越有组织性的抵抗运动。费尔南·扎尔基诺，19岁，巴黎人，是一名皮货商的助理；他的父母与他一起被捕，死于奥斯维辛集中营。罗伯

---

① 大型的处决最早发生在苏联，由党卫军特别部队执行，当时很少人知道。

特·佩尔蒂埃（Robert Peltier），20 岁，也是巴黎人，职业是钣金工人。托尼·布隆古（Tony Bloncourt），生于海地，父母是法国人，他是一名 20 岁的学生。另一个学生，克里斯蒂安·里佐（Christian Rizo），19 岁，在索邦大学就读；他参加了 1940 年 11 月 11 日的香榭丽舍大街大游行。被捕者中最年轻的皮埃尔·米兰（Pierre Milan）是一名 17 岁的电报员。罗歇·昂莱（Roger Hanlet），19 岁，是一名印刷技工。出生在萨洛尼卡（Salonika）的希腊犹太人阿谢·塞玛西亚（Acher Semahya）是被捕者中最年长的，27 岁，也是一名技工。我把他们的生平信息连同名字告诉大家，是为了让大家对这些年轻人有一个切实的认识：他们来自或高或低的社会经济阶层，有知识分子也有工人，有外国人也有法国人。7 名年轻人就像一个横切面，让我们看到了占领期间被德国处决的大多数年轻人都是怎样的。

在著名的波旁宫——法兰西第三共和国政府最后的所在地——举行这样的公审，是一个异乎寻常的决定。[①]（尽管贝当一再请求德国允许自己将政府迁回巴黎，或至少迁到凡尔赛，但法兰西国的政府一直都在维希。）当时的波旁宫与现在并无两样，里面布满 18 世纪和 19 世纪的装饰：墙壁、天花板和装饰品都是镀金的、红色的和白色的。拉塞宫（Hôtel de Lassay）里，前众议院院长的宏伟官邸与主建筑的西侧相连；根据当时到场的记者回忆，公审很可能就是在这里举行的（尽管也有人质疑他们记忆的准确性）。为什

---

① 波旁宫本身就是历史记忆中不同寻常的存在。作为民主政府的所在地，却保留了波旁家族的名称，而这个家族的成员在 1793 年遭到暴力的处决和流放。

么在这里？我们无法确切知道。也许是为了羞辱这 7 个衣衫褴褛的年轻人，才将他们推到一个人人都穿着正式的军事法庭前，主导者还要提醒公众，他们的伟大历史正处在被犹太人和共产主义者玷污的边缘。

历史学家埃里克·阿拉里（Éric Alary）写道：

> 德国在审判这 7 名共产主义者时，所遵循的司法程序与占领期间通常采纳的流程没有区别，但选择波旁宫作为公审地点却是个特例，就像 1942 年 4 月 15 日的公审选择了化学之家（Maison de la Chimie）。事实上，为了使公审的效应最大化，地点的选择也同样重要并具有象征性，特别是还要容纳尽可能多的记者。[3]

这 7 名年轻人在被判有罪后，很快在臭名昭著的瓦莱里安山里的林中空地被执行枪决。在他们之前和之后都有许多人与他们一样赴死。让这一悲剧更加惨烈的是，当时只设立了 5 个行刑柱，所以有 2 名年轻人在自己被绑上血腥的木桩受死之前，还要眼睁睁地看着自己的兄弟们被杀。

此外，这场公审还有一点不容忽视：这 7 名年轻的共产主义者或共产主义的支持者，都是被法国警方中恶名远扬的特警队逮捕的，而不是德国当局，尽管特警队在德国人的指令下行事。他们将年轻人交到德国人手上后就再也不管最终的结果了。

这场公审揭示出抵抗运动的三个重要事实。首先，它证实了只在未表态的法国人之间流传的那些消息，即有一个抵抗组织认真肩负起使法国摆脱占领者的责任；其次，尽管德国人认为这将是一次很好的政治宣教，但这些年轻人隶属于法国共产党的事实，让法国人清醒地注意到共产党在抵抗运动中隐秘而重要的工作；最后，法国警方和德国当局之间的关系被证明不但亲密而且十分牢固。

第二场引起广泛关注的公审发生在一个月之后，在另一个著名的地点——位于巴黎圣多米尼克路（Rue Saint-Dominique）的化学之家。化学之家曾经是一座巨大的公馆，在第一次世界大战后被选为科学家聚会并探讨研究成果的俱乐部。这里不像波旁宫那么富丽堂皇，但仍然反映了这个一度在文化上占主导地位的国家的辉煌历史。这次被判"有罪"的人也体现了明显的阶级和宗教信仰上的混合。当这些名字被公布后，一些法国人松了一口气，因为大多数人的名字听上去像"外国人"。但另一些人可能从各种差异中发现了一些共性。

被告被抓捕时都住在巴黎，他们从法国各地聚集到首都，参与巴黎市内及周边的抵抗运动并建设地下网络。在总共 27 名被告中，有 7 个人不到 20 岁，8 个人在 21—25 岁之间，8 个人在 26—35 岁之间，只有 4 个人的年龄超过 35 岁。我们同样只能推断出，法国和德国的警方将年轻人视为主要目标，这是从 1940—1944 年发生的数千起逮捕事件中发现的规律。除了 3 个人以外，其他人全部被处决——男人被枪杀，女人被送往德国斩首。[1]

---

① 在整个占领期间，德国人只枪毙过两名被法庭判定有罪的女性，其余的都被送往德国，她们在那里不是被关进集中营就是被送上断头台。断头台一般用来惩罚犯罪的平民而不是军人。但德国人经常争辩说，那些被枪决的人都不是军人，而是些"非正规军"。这听上去自相矛盾，而事实也确实矛盾重重。

按照德国的军事法律，被审判的人当然不是无辜的：他们积极招募地下工作人员，在被捕时身上携带着武器和用来印刷传单的工具，以及写有地址和碰头地点的笔记本。他们中的一些人因试图刺杀德国军官被判刑，但大多数人的"罪行"都是非暴力的，却因为和那些最暴力的人是朋友或老相识，他们被视为同一个团体的成员。一些人仅仅因为认识某个暴力抵抗的人就被随意定性为抵抗者。

这次公审中有3名被告最后在战争中幸存下来：两名被判"无罪"，被送往德国服了5年苦役；而年轻的安德烈·基尔申，当时还不到16岁，按照德国军法不能执行处决，因此也被送去了德国。① 剩下的囚犯已经知道自己将被处决，只是不知道何时以何种方式执行（也许就在审判结束之后）。安德烈回忆道：

> 这就是我的感受，我想其他被告也是这样的（在等待审判时是被分开关押的）。尽管如此，我们在那个大房间里看到法官后面的卐字旗时，确实一下分了神。我们以为他们至少会把我们的手铐摘掉，因为在牢房里我们的手被铐在背后，日夜不得松开；但我们还是期望太高了。他们只有在我们被单独带上法庭前的几分钟才将我们的手放开。⁴

安德烈描述，公审过程中的大多数时间都很无聊，主要用德语进行，整个军事法庭的诉讼显然在以国际战争法则为依据，为德国

---

① 令安德烈感到惊讶的是，被告之间很少有人互相认识，只知道彼此的代号。限制每个小组人员在3个人以内的策略使组织成员们不知道还有谁是他们的秘密同伴。

自己的行为辩护。指派给被告的律师几乎不与被告说话，明显就是做做样子，被告之间除了对视，不允许有任何交流。这出大戏持续了一个星期，在每一天结束的时候，他们会被带回拉桑特监狱里的单人牢房，不允许与他人接触。

在最终宣判前，安德烈被告知，他因为年龄小只会被判处 10 年苦役。他对此十分失望。当他的兄弟们向法官宣誓，要一起"像好兄弟一样死去"时，他觉得逃过死刑，自己就会变得没有那么正义，在别人看来他也没有同伴们那么勇敢。

报纸头条向法国全体人民报道了公审的结果，只是重点不同：

25 名共产党人被处以死刑：
他们是数次恐怖袭击的肇事者。
莫斯科花钱买凶！
25 名布尔什维克被判死刑！

此后，公审长时间停止，三场标志性公审中的最后一场在两年后举行。这场公审是这三场中广为人知的，或者说是被处决的那些年轻人家喻户晓，全因一幅适得其反的德国政治宣传海报。"自由射手和法国游击队－移民劳工分队"（Francs-tireurs et partisans-main d'oeuvre immigrée，简称 FTP-MOI）是一个主要由移民组成的抵抗团体，他们在 1942—1943 年与共产党员联合，在 1943 年秋季的中后期给占领当局造成巨大破坏。组织中最活跃的武装分支由亚美尼亚人米萨克·马努尚（Missak Manouchian）领导，他既是诗人也是难民。他所领导的 24 个秘密成员，其名字听上去像是国际联盟的电话簿。比如说，年满 25 岁或更年轻的成员（占组织里人数的一半），名字分别是克雷克（Coarec）、德拉·内格拉（Della Negra）、埃莱克（Elek）、芬奇瓦杰（Fingercwajg）、丰塔诺（Fontano）、格杜吉格（Gedulgig）、戈尔德贝格（Goldberg）、卢卡里尼（Luccarini）、赖曼（Rayman）、萨尔瓦多里（Salvadori）、瓦杰斯布罗特（Wajsbrot）和威奇茨（Witchitz）。这些人是公开审判的"理想"对象，因为他们正好代表了外国人、犹太人和共产主义者这些"恐怖分子"，是德国及其同谋维希政府一直放在政治宣教核心位置的一群人。①

特警队对该组织的跟踪持续了数月之久，这是他们最成功的盯梢行动之一。从 1942 年底开始，这个由共产主义者领导的组织（包含法国青少年男性，但主要由来自东欧的移民组成，且包括几名年轻犹太人）接连数次对德国的物资和人员进行了暴力袭击。他们组织严密，有着隐秘的等级制度，每名成员只认识整个组织中的另外两名成员。这个组织在大约一年的时间里运行得相当成功，尽管他们受到警察的严密监控，但有支持者为他们提供各种帮助：为他们寻找临时的藏身之处，给他们现金，允许他们将物料藏在安全的公

---

① 尽管他们都是共产主义者，但战后共产党并不希望人们给予这些外国人太多的关注，尽管 1954 年，巴黎二十区的马努尚团路（Rue du Groupe-Manouchian）以他们的名字命名。由于共产党的抵制，他们的故事花了更长的时间才进入法国人的集体记忆。大多数抵抗运动的历史学家要么只是简短地提到他们，要么根本就不提他们。2009 年，罗贝尔·盖迪吉昂（Robert Guédiguian）的电影《罪恶部队》（*L'Armée du crime*），将"红色海报事件"重新带入大众记忆。因此，近年来，"马努尚帮"（Manouchian gang）得到了越来越多的认可。

寓里，帮他们放哨留意警察和盖世太保在社区的巡逻，并悄悄传递情报。随着占领的持续，类似的活动越来越频繁，让 FTP-MOI 可以在民众中悄无声息地展开有效行动。

但咬住他们不放的法国警察终于胜利了。这次公审，德国还是将重心放在"合法性"上，但并没有像前两次那么公开，只有听话的记者受到了邀请。这次公审时间也不长；裁定结果是如此明确，判决只花了一刻钟。法官在宣读判词时非常直接：

> 显然，将法国拖入战争的犹太人并没有放弃他们的活动，并以为这个国家会赞同他们的宣传口径。布尔什维克和他们的同伙以打击德国军队为借口，正在增加法国的问题。大多数情况下，犹太人或共产主义者都是恐怖组织的领导人，为英国和苏联卖命。[5]

所有男性都在判决宣布的一周后被枪决，地点也是在瓦莱里安山。他们当中唯一的女性奥尔加·班契奇（Olga Bancic）被送往德国，于几个月后被斩首。

这个团队里最知名的人物除了领袖马努尚，还有一个名叫托马斯·埃莱克（Thomas Elek）的 17 岁男孩。他就像居伊·莫盖一样，许多法国人希望像他这样的年轻人能带领他们。他的同伴们叫他"卡都宝宝"（Bébé cadum）——一款广受欢迎、适用于宝宝的娇嫩肌肤的柔肤香皂品牌。从他的照片可以看到，他光滑的脸庞衬着卷曲的金色头发，眼睛明亮有神。他是出生在匈牙利的犹太人，随母亲埃莱娜（Hélène）移居巴黎，那时他才 5 岁。埃莱娜后来在圣热讷维耶沃山（Montagne Sainte-Geneviève）上开了一家饭店，位于从先贤祠下来的那条路上。占领期间，德国人经常光顾她的饭店马蹄铁餐厅（Fer à Cheval），因为她能说一口流利的德语，而且餐厅可以供应常见的东欧菜肴，因此也是地下组织年轻成员们的聚集点。玛鲁西亚·纳伊琴科、安德烈·基尔申和其他人都经常来这里，与德国士兵待在同一个空间。

从 15 岁加入抵抗组织起，托马斯就对占领者采取暴力攻击，且愈演愈烈。由于他的外貌，那些有偏见的人绝不会怀疑他是犹太人，也不会怀疑他的母亲，但发生在他犹太同胞身上的恐怖遭遇给了他行动的勇气。在 3 年的时间里，年轻的托马斯先是独自行动，然后成为马努尚团队的一员。他是一个不知疲倦的信使、破坏者，并最终成为一名杀手。警察在抓捕他时，起初以为他年纪太小，不能坐牢，但他既没有隐瞒自己的犹太人身份，也没有掩饰自己是地下抵抗者。就像两年前的居伊·莫盖一样，残忍的警方并没有因为他的娃娃脸而免他一死。在一本关于托马斯·埃莱克的半自传小说里，他的侄子托马斯·施特恩（Thomas Stern）描述了德国警察镜头下他的容貌：

> 托马斯，你的凝视直直穿过照片，看向我们，无论你活着还是已经死去，都似乎有一种来自永恒深处梦幻般的悲伤从你眼中流淌而出。这是你离开我们前的最后一瞥。不久之后，将有步枪漆黑的枪眼和行刑者的目光瞄准你，为了杀死你，他们不看你的眼睛……你的凝视为那无法挣脱的恐怖沼泽开辟出一条道路，满载着澄澈之光，永不熄灭。[6]

这次特别围捕和半公开审判最重要的遗产，就是德国号称从中获得的巨大政治宣教利益。他们制作了大概是整个占领期间最有名的视觉象征——"红色海报"（l'Affiche rouge）。海报采用了大面积的红色来体现"罪犯"及其"罪行"，画面中拼贴了破坏和刺杀现场的照片，照片上方还陈列了皮肤黝黑、留着胡须的男性肖像。这张海报被送往法国各地的公共场所，并在报纸上大量刊载。"这才是你们真正的敌人！"海报"尖叫"着，"不是德国军队，而是这些外国人、犹太人和共产主义者，他们唯恐天下不乱。"但我们通过口头叙述和地下报刊的记载得知，特别是在占领后期（1944年2月）的这段时间里，民众的回应与德国人的预期大相径庭。到了3月和4月，FTP-MOI的秘密报纸刊发了一个报道，表示德国人的"仇外运动"适得其反："公审（马努尚队伍）的闹剧最终产生了与纳粹预期相反的结果。许多法国人此前也许会被这样的仇外宣传所蒙蔽，但如今终于明白，这些移民劳工正是他们在战斗中的兄弟。"[7]

这些公审带来的结果，与德国及其同伙维希政府实施的一切镇压一样：人质被任意拣选，年轻男性被谋杀，年轻女性被监禁，激励性的奖励和声明（如果帮助德国人，就能让被当作战俘关押的亲人得到释放）不断出台，还有告密、酷刑折磨、家庭成员被任意逮捕等。尽管如此，他们却未能——也许永远也不能——粉碎一场往往由年轻抵抗者发起的无组织性的抵抗运动，更不要说一场有组织的运动了。

||||||||||||||||||||||||

弗朗茨·施托克（Franz Stock）是一名德国天主教神父，也是一名德国国防军成员。他被命令前往巴黎及周边的监狱，并在行刑时在场。他的《战时日记》（*Journal de guerre*）分为三部分，于2017年以法语出版。日记的第一部分记录了1940—1944年他在巴黎生活的每一天，描述了他作为德法双方囚犯神父的职责。日记的第二部分记录了他在二战结束后，被盟军关押在瑟堡（Cherbourg）时的相关情况。日记的最后一个部分，则讲述了他在德国战俘神学院的工作内容。施托克是一个虔诚的天主教徒，1934年后一直住在巴黎，担任一个小型德国天主教教区的神父。他法语流利，热爱法国，就像同时代的许多德法知识分子一样，相信如果德国人和法国人能一同生活，整个欧洲会变得更加安全。当德国在1939年末入侵波兰后，施托克被召回德国，并在几个月后作为德国占领部队的一员，重新回到"光明之城"巴黎。

1940年11月13日，施托克神父第一次被派去巡视监狱，当时监狱里挤满了数百名学生，这些学生都是在两天前第一次针对德国人的大规模示威中被捕的。他给自己的上级写信道："两周前，我接到命令去照管叙雷讷（Suresnes）的一座大型监狱，我还将获得许可去照管巴黎的国防军监狱（谢尔什－米蒂）。鉴于所有的囚犯都是法国人，我的语言能力将派上极大的用场……这个新的工作领域将带来很多新机会。"但这种天真的想法很快就在他开始工作后破灭了。

一开始，他并没有记日记，但当他的职责变得越来越重时，他便开始认真地记笔记。他最常造访的监狱之一是位于巴黎南郊的弗雷讷监狱。这座大型监狱是在 19 世纪末作为监狱"模板"建造起来的，但到了 1940 年，建筑的状况已经远不如当初了。德国人立即征用了这座监狱来关押盟军的间谍，以及英国飞行员、破坏者和高级军官。有幸存者回忆，当时监狱里人满为患，夏天酷暑难当，冬天寒冷刺骨。牢房里关押了远远超过其承载能力的犯人。还有一名幸存者记得，每当有一个新的囚犯被带进来，或者有神父进来，打开的大门就会把一个囚犯挤到走廊里，然后囚犯又被警卫用警棍打回来。

所有的监狱都破绽百出：只要有点想象力，就能传递消息。新的囚犯带来监狱外最新的传言：又发动了哪些围捕，兴起了哪些抵抗运动，与德军的战争进展如何。幸运的囚犯还可以通过贿赂警卫将消息传给自己在外面的朋友和亲属。而在监狱里面，囚犯之间也用各种各样的方式传递消息。比如在水管上敲打摩斯密码，如果水管够粗，信息就能传到隔壁牢房里；在看守的帮助下，用书面信件在监狱内组织团体。从外面传来最让人不安的情报之一，就是又有重大的抵抗袭击发生。囚犯们都知道，只要有一名德国士兵被袭击或杀害，就可能有 25 名、50 名甚至 100 名人质被处决，届时大家都会保持沉默，直到得到进一步的消息。那些只被判了几个月或一年刑期的囚犯会特别焦虑，因为他们作为人质的命运和那些被判死刑的人是一样的。当然还有犹太人和共产主义者，因为他们的出身和信仰，他们很清楚自己位列所有名单的榜首。

1941 年后的处决次数增加了，且几乎影响了监狱中的所有人。施托克提到，他曾看见有年轻的德国士兵，两眼含泪地看着自己残暴的弟兄们，在犯人前往刑场的路上殴打他们，又或是因目睹了一些囚犯与妻儿见最后一面时的场景而流泪。有时候，这些年轻的德国警卫会因为他们表露出的情感而受到惩罚。一名在德军监禁下幸存的人回忆道：

> 一支行刑队拒绝向一名神父开枪。负责的军官走近绑在木桩上的神父，朝他头部连开数枪，然后下令逮捕了这支行刑队……违抗（德国）军官的命令通常会被处以斩首。弗朗茨不知做了什么，使（违抗命令的指控）被撤回了（让这些人以士兵的身份而不是罪犯的身份受死）。一名（天主教）士兵……协助另一名神父给死刑犯主持完最后一次圣餐礼，便拿起他的步枪，加入行刑队，射杀了那些刚做完弥撒的人，他的德国同胞们。[9]

虽然为杀人的德国士兵感到难过并不是一件容易的事，但在这么多年的残酷惩罚中，鲜有报道的现象之一，就是那些执行处决的人为此付出的精神代价。德国国防军士兵最初的那股冲劲，随着战争的持续而逐渐消退了，更何况不断有消息传来，称英国和美国的轰炸机正在夷平祖国的家园。随着军心涣散，施托克发现有年轻的国防军新兵开始逃跑；这些逃兵一旦被抓回来，就要和那些年轻的法国人一样，接受临终圣餐礼。一些小型的叛乱被悄无声息地迅速镇压了，行刑者所付出的个人代价究竟有多大，给我们留下的信息少之又少。行刑队里也有青少年，与那些他们要射杀的死刑犯一般大，甚至更年轻。我们知道有一些军官认为，行刑者应当支取战争津贴，并被允许在行刑后或两次行刑之间喝一杯烈酒，但施托克并没有提到这些事。还有德国人会因为其他罪行被处决，比如爱上一个妓女、向他人传递消息或身穿纳粹军装但仍效忠于德国共产党。而施托克最深切的痛楚源于那些拒绝在临终前接受上帝安慰和赦免的年轻同胞们。

克里斯托弗·布朗宁（Christopher Browning）研究东欧犹太人大屠杀的历史且颇具影响力，他在研究中详细描述了行刑对党卫军特别行动队成员们的心理影响。这些人曾在波兰杀害了数千名犹太人，在受害者将倒向的深坑前近距离地射杀了他们。他发现"许多行凶者都是年轻人"，他们接受了纳粹政治宣教的灌输后，在自己的意识和行动之间建立起一个道德屏障。[10] 然而布朗宁认为，来自其他新兵和领导者的压力在这类恶性谋杀事件中起了更大的作用。尽管有人并不反对大屠杀，但在被反复下令执行处决后，这些人仍然会产生"生理上的排斥"和"强烈的消沉感"，即使行刑的对象是那些"有罪的人"。勇气并不总能催生始终如一的英雄行为，但勇气偶尔会在恐惧中显现，甚至在实施恐怖行为的人中间出现。[11] 与我们一直提及的年轻抵抗者不同，德国青年的勇气往往是在这样的压力下显现出来的，选择离弃罪恶的工作就是他们坚韧品格的体现。

施托克的故事如此引人入胜，是因为他做到了既忠于自己出生的祖国（尽管他对希特勒和纳粹主义毫无感情），又尽最大的努力缓和了德国国防军和后来盖世太保对法国公民施加的暴行。他有一张通行证，可以让他在造访弗雷讷、谢尔什－米蒂和拉桑特这样大型的巴黎监狱，以及收容受伤囚犯的皮提耶－萨勒佩特里医院

（Pitié-Salpêtrière Hospital）时，不必接受搜查。而看守人员不知道的是，施托克擅长为囚犯们偷运食品、书写材料和书籍，也帮助囚犯与家人通信。他从不在作为神父抚慰的时候穿国防军的少校军装，而总是穿着一件黑色的长袍（看守们都叫他"黑乌鸦"）；他也拒绝穿德国军官的靴子，因为害怕惊吓到他要抚慰的人。看守们都认为他宽厚仁慈，因此他可以在监狱和囚犯之间来去自由。

施托克曾与一些著名的受害者度过他们最后的时光，其中包括第一个在巴黎被处决的法国人雅克·邦赛尔让（Jacques Bonsergent），以及戴高乐手下的第一间谍奥诺雷·德艾蒂安·道尔夫（Honoré d'Estienne d'Orves）。工作令施托克心力交瘁；尽管他当时才快 40 岁，但他因幼年患有风湿热，心脏功能衰弱。很快，他就得到另一名德国国防军军官兼神父西奥多·莱奥威尼奇（Theodore Leovenich）少校的帮助。西奥多与他一起偷运物资，将糖果、字条、铅笔、纸张——几乎一整个杂货铺——都藏在他又大又空的手枪皮套里。但最终，施托克的这位天主教共谋者受到监狱里的告密者揭发，被免去了神父职务并被送往东部前线。他的命运最终如何，无人知晓。施托克再次孑然一身。

施托克相信，在死前没有接受天主教圣餐礼的人，最好的结局就是被降到炼狱，而最糟就是要落入地狱。因此，他的工作不但要减轻死刑犯在临终前的焦虑，还要确保他们的来世像任何虔诚的基督徒一样富足（施托克坚信他是在拯救灵魂，但令他悲伤的是，很多犹太人和共产主义者，即使到了最后关头也不愿皈依天主，他将这份悲哀明确地记录在日记里）。施托克曾花时间与那些法国囚犯相处，尤其是那些最年轻的。有些人想起了他们母亲的虔诚信仰，并承认自己的罪孽；有些人会要求进行最后一次圣餐礼；不少人会请求重新受洗。施托克经常会接待或探访那些被枪决的年轻人的家人，并安慰他们说，他们的孩子死的时候是一名天主教徒。

施托克的记录从未质疑过，为什么有那么多平民，被迫站在地上的柱子前，被5—12名士兵射杀，而这些受刑者中有不少人才十几岁或20岁出头（他曾多次提到他们的青春年少）。保留这样一份日记，意味着施托克必须时刻提防它被警方发现或没收，因此他在行文时，刻意保持了客观的描述，甚至没有一丝一毫对当局的批评。尽管这样的当局会因微不足道的破坏行为处死年轻人，他也从未因自己为这样一个冷酷无情且血腥残暴的政权效力而感到愧疚：

> 我们早上6点出发前往弗雷讷。为了报复袭击，5名犹太人被执行枪决。巴黎司令官要求我在场。都是普通人。被葬在楠泰尔（Nanterre）公墓……（先造访了）谢尔什－米蒂监狱，因持有武器而被判死刑的22岁的天主教徒，认罪并平静地接受了圣餐礼；之后前往拉桑特监狱，那里真远啊，有2名恐怖分子（这里他使用了德方对囚犯的称呼），被判死刑已有一段时间。[12]

尽管如此，透过他的部分笔记，我们还是能看到一个敏感的人，他敬佩勇气，并在巴黎的监狱里感知到上帝的存在。他带着敬意，通过一些细节让我们得知，有哪些抵抗者高举双手向共产主义敬礼，那些抵抗者在就义前高唱《马赛曲》，还有哪些人拒绝被绑在柱子上或戴上眼罩。例如，他描述了1942年4月17日处决21名囚犯的事件：

> 1942 年 4 月 17 日星期五
>
> 21 起处决
>
> 上午，前往弗雷讷（巴黎地区最大的监狱）。必须在下午对周二审判的共产主义者和恐怖分子（这里他使用了官方术语）执行枪决。短暂的午休后，前往拉桑特……21 人被枪决。我去了他们的牢房，尝试让他们接受一个神父的帮助完全是无用功！没有人想要任何东西。这些年轻人谈论着他们将为之献身的理想、共产主义……他们（抵达）刑场时，高唱着《马赛曲》的第一节。[13]

这些记录无情地讲述了恐惧、焦虑、悲伤和死亡，满是无谓泼洒的鲜血和无动于衷的杀戮，人们也许能从他日记的字里行间，推断出他的仁爱和同情。

> 21 岁的小莫里斯是坐着救护车来的，他是唯一的信徒。此前已经认罪忏悔并领过圣餐。（我）和他一起在救护车里——他之前试图逃跑，从拉桑特的墙上摔下来，摔断了一条腿和脊柱。他躺着，裹着石膏。他有一个孩子的灵魂，从未失去过笑容，尽管他疼痛难忍……他掩饰着自己的痛苦，没有发出一句呻吟。他被枪决了，孤零零地，最后一个。当他的审判被宣读时，他说："这很公平。"我走到他身旁，（给他）最后的祝福："永别了！"然后他和恩斯特，也就是在审判期间每天用担架抬他

的警卫，郑重地握了握手，说："谢谢，恩斯特，再见了。"[14]

施托克是一个虔诚的基督徒，却能在某种程度上，设法将自己国防军随军神父的身份和他的神职区别对待。我们不知道，这两者之间的冲突是否造成了他的忧虑、懊悔或自我怀疑，因为我们能看到的只有他日记里干巴巴的记录。但施托克完全称得上一名合格的德国士兵。在他的日记里，日常生活和特殊事件以令人毛骨悚然的方式并列呈现——他在每天例行的工作、会面和饮食内容旁记录了如此多年轻人的死刑现场，出席这些场合几乎已成为他的惯例。尽管拥有国防军的身份，施托克仍然承认"恐怖分子""共产主义者"，特别是犹太人，都是有着寻常人性的（正如先前提到的，犹太人对皈依天主教的蔑视和拒绝令他十分苦恼）。

施托克也会时不时质疑囚犯们的勇气。他不明白，如果一个人已经没有什么可失去的了，包括他的生命，那他为什么不接受17世纪哲学家兼神学家布莱兹·帕斯卡尔（Blaise Pascal）的著名赌局呢：我不确定我相信，但万一我错了，并且万一死后真有来生的话，那我为什么不像有来生一样去生活并死去呢？输了没有损失，赢了回报颇丰。但施托克却无法以此攻破大多数年轻人不屈不挠的精神和理想主义的信念。即使他们想要告诉自己的父母，他们也是信徒，也领受了庄严的仪式，他们中的许多人拥有更高的理想，但他们没有时间或方法解释给他人听。正是这份理想最初激励他们展开抵抗：明辨是非对错的坚定信念；保护无法自我保护的弱者的愿望；与同世代的人团结一致的意识；对国内外背叛者的愤怒；对祖国的热爱，这份热爱比他们在学校和长辈那里学到的更加深沉和感性。很少有像施托克这样强有力的见证人，证实了德国人恐吓平民的方式，以及这些被定罪者的勇气。①

巴黎解放后，弗朗茨·施托克成功地将被处决者的信息告知他们幸存的家人，此举引起了自由法国军队的注意。自由法国希望获取施托克手中可能拥有的重要情报，但没有称赞他的勇气，而是试图刺探他掌握的秘密。这导致了历史上极其滑稽的一幕，双方闹得撕破了脸面：

　　他们询问了巴黎监狱里（发生的事情），如酷刑折磨……但最重要的是，他们要求他提供姓名，那些行刑者、背叛者、监狱管理人员和看守人员的姓名。"他们试图强迫我带着这些情报一起回到巴黎，"施托克写道，"借口说，这是为了告知那些死者的家属，同时为了实现人类的最大利益，帮助他们追查这些罪行的始作俑者。"……

　　（他）……冷冷地告诉审问者，无论他手上掌握了怎样的信息，都是通过他的神父身份获取的。他不允许自己在任何情况下成为实施报复的工具。审问他的人恼羞成怒地……回到巴黎，留下一个安静反抗的、顽固的威斯特法伦（Westphalian）战俘。15

---

①　1940—1944 年，瓦莱里安山上发生了 1000 多起处决事件。今天，在一个纪念公园里有许多牺牲者的纪念碑，每年有成千上万人前往参观。在主纪念碑前有一个广场以弗朗茨·施托克的名字命名，以表彰他对法国和德国囚犯的抚慰养育以及秘密帮助。

施托克在战后继续与那些想成为神父的年轻德国人和国防军老兵一起工作。他试图促进德法之间的友好关系，但已然受损的心脏令他在工作中疲惫不堪。43 岁时，他因过度劳累离世，被葬在法国。1963 年，他的遗体被迁至沙特尔（Chartres）附近新建的小天主教堂里。德法两国的政治和宗教领袖前来吊唁，教皇约翰二十三世（Pope John ⅩⅩⅢ）在去世前寄出的最后一封信里也对施托克神父所做的一切表示尊敬并给予荣誉。梵蒂冈神学院的学生曾预测，施托克最终会像约翰·保罗一样被宣福①。

施托克是一个德国人、一个士兵、一名神父，在任何时候这三种身份中都有一种会占据主导地位。他冒着被发现、被撤职和被调职的危险行事，却从未被真正地监禁、处决或逐出教会。他在漫长的占领期的所作所为，为什么值得让官方和民众称颂呢？或许是因为从他的例子中，我们看到许多德国士兵和官僚，在面对其他武装同僚的残酷镇压时，心中抱有的复杂情绪。他们也许没有将自己的生命置于危险的境地——正如施托克的例子，他也许心里真的深信纳粹所吹嘘的"上帝与我们同在"——但也有成千上万的人不畏强权，拒绝服从上级的野蛮命令。此外，施托克的记录是我们从德方获得的最精准的编年史之一，详细地记载了那些抵抗者的监禁和处决过程。他的日记客观到寡淡无味，连一句对同僚批判的话都没有，但他的文字也打开了一扇与死亡亲密接触的大门，让我们看到那些年轻的法国爱国者临终前最后的抵抗行为。

---

① 宣福礼是天主教会追封德行高尚的逝者的一种礼仪。——编者注

||||||||||||||||||||||||

对于很多人而言，在被抓捕和受审后没有判死刑也算不上是缓期执行，因为被驱逐和被埋葬在德国或波兰的集中营，是另一种死刑。在这种地方，有比殴打和辱骂更可怕的敌人——刺骨的寒冷、稀缺的食物、枯竭的体力、无法治愈的疾病和挥之不去的恐惧，要抵御这些敌人，需要勇气、运气和团结一致，这甚至比抵抗运动所要求的更难。

在巴黎和周边地区被监禁数月后，吕塞朗最终被送往布痕瓦尔德集中营，这是纳粹在 20 世纪 30 年代建立起的一个大型集中营。它靠近德国的文化中心之一，即东部的魏玛，约翰·沃尔夫冈·冯·歌德（Johann Wolfgang von Goethe）曾在此生活并写下大量科学论文、诗歌、戏剧和小说。[①] 集中营在一座高山上，更容易受到当地严冬的侵蚀；吕塞朗最常提到的担忧就是营地一年中有 6 个月都被雨雪、严寒包围。他估计，在 1944 年 1 月到 1945 年 4 月美军解放集中营，有大约 2000 名法国男性被送往布痕瓦尔德，其中只有 30 人幸存。让人难以置信的是，这名盲人男孩就是幸存者之一，尽管他在最初的几个月里差点没能逃过死亡，因为他的身体完全无法承受寒冷、疾病和长期的饥饿。他还注意到，那些 20—25 岁的年轻男性和年长的男性一样会迅速死亡。他认为这是因为

---

① 这座建立在歌德后院的集中营曾关押过欧洲最著名的囚犯：布鲁诺·贝特尔海姆（Bruno Bettelheim）；莫里斯·哈布瓦赫（Maurice Halbwachs），他在集中营解放前的一个月去世；莱昂·布鲁姆；潘霍华，即迪特里希·邦霍费尔（Dietrich Bonhoeffer），他在集中营解放前两周被党卫军吊死；豪尔赫·森普伦（Jorge Semprún）；以及一个叫埃利·威塞尔（Elie Wiesel）的男孩。

他们的身体无法适应突然来袭的饥饿和寒冷。吕塞朗本人4个月前才刚满20岁。

吕塞朗在进入集中营的第一天就遇到了他的"守护天使"。每一名新囚犯都要向爱做记录的党卫军报告自己的情况，而记录信息的职员通常就是被关押的犯人。当一个波兰普查员问到吕塞朗的职业时，吕塞朗回答："我是巴黎大学的学生。"这名职员压低声音，用德语小声说："别让他们知道你是知识分子，他们讨厌知识分子。"吕塞朗固执但精明地指示普查员填写："职业：法语、俄语和德语翻译。"尽管他根本不会俄语（不过在几个月后，他就快速掌握了俄语基础）。事实证明，41978号犯人的生命很可能因为这次偶然的相遇而得到保全。

最初的几周大概是吕塞朗监禁生涯中最难熬的日子。首先他发现，尽管他因失明不用进行每日繁重的体力劳动，但监狱里其他的囚犯会偷他的食物，然后藏起来。没有了老朋友的可靠保护，他经常被推到所有队伍的末尾，拿不到食物也找不到舒适的地方睡觉。吕塞朗后来被分配到"残障区"，德国人将那些不能全力劳作的囚犯都聚集在这里：

> 独腿的，独臂的，颅穿孔的，聋的，又聋又哑的，失明的，没腿的……患失语症、共济失调症、癫痫、坏疽、瘰疬、结核病、癌症、梅毒的，70岁以上的老人，16岁以下的男孩，偷窃狂，流浪汉，变态和疯子里面最疯癫的。他们是唯一一群看上去没有不开心的人。[16]

　　他们都有一个共同点：没有一个人是完整的。然而慢慢地，吕塞朗相信他因失明而获得的"内在视力"，让他不但能生存下来，还能在集中营里成为一名领袖，就像他 17 岁时领导抵抗组织一样。他给不懂法语的囚犯们朗诵兰波和波德莱尔的诗歌，给他的新狱友——无论是俄国人、波兰人还是别国人——打气，让他们能够唱歌、跳舞和大笑。"遗忘就是法则。"要抵制集中营的禁锢和残酷，最好的方法就是记起从前的歌声和快乐。

　　吕塞朗直接、坦率、清晰的说话方式，给狱友们带来了短暂的幸福，加上他的"传声者"角色，这些都让他在集中营中颇有声望。他的德语使他能够认真聆听从扬声器里传出来的柏林电台广播，这些扬声器是叫囚犯们每天按时完成他们的任务用的。他从广播那些规范的说辞里推测被隐去的信息和言外之意，再结合新来的囚犯带来的新闻（几乎每天都有），来回比对。他采访新来的狱友，试图整合所听到的故事、新闻和传言，再招募荷兰语、波兰语、俄语、捷克语和匈牙利语的母语者，将他的"新闻简报"传播出去（有一次，他震惊地从新囚犯而不是德国人那里得知几周前刚发生了诺曼底登陆战役）。通过这种方式，囚犯们了解到，德国前线正在逐渐崩溃，美国军队即将到来。尽管德国人急于清空集中营而匆忙准备了"死亡行军"，但最终囚犯们自己起来收拾局面，袭击了留下来的卫兵，因为他们知道有大规模的盟军正在前往布痕瓦尔德的路上。

　　吕塞朗因此活了下来。但这场戏还没有落幕。在集中营被解放后，囚犯们不得不再次等待清点和审问。每天都有囚犯死去，有些是被撑死的，有些是被突然降临的自由吓死的，有些则由于长期无法得到救治而病死。集中营的卫兵在撤退时给粮仓下了毒，饥饿也开始夺走人们的生命：

> （那些）日子……是令人昏昏欲睡的日子。我们昏沉麻木，就像是喝醉了，但是一种不祥的醉态……有人无法一下子从要死的想法里转到要活的日子里。我们听见他们（美国人）对我们说的话，但我们需要一点时间来相信……自由的喜悦和活着的快乐在哪里？整个集中营都处在麻痹的状态下，我们要花好几个小时才能抓住活着的感觉。最后，突然间，它降临到你面前。它让你两眼昏花，比你的感觉和理智都更强大。它像巨浪一样出现，每一波浪潮都激烈地冲刷着你。[17]

||||||||||||||||||||||||

对于那些没有参与抵抗占领当局的人，我们还剩下一些无法回避的疑问：有多少法国人在惩罚和杀戮同胞一事上充当了帮凶，并且一辈子活在愧疚和恐惧中，害怕有人随时想起他们，指认他们？有多少人在行动中背弃了共通的人性，却在最后愿意承担责任？我们书写英雄和反派，那其他的受害者呢，那些被夹在绝对邪恶与绝对善良之间的人呢？自二战结束后，法国人就一直在这些问题上挣扎。也许他们，还有我们，都将这样永远挣扎下去。

第八章

抵抗运动有性别之分吗？

即使你怀疑自己行动的有效性，也不应当怀疑你行事的正确性。

——玛丽-马德莱娜·富尔卡德（Marie-Madeleine Fourcade），一名女性抵抗者

研究占领时期的历史学家米谢勒·宽泰（Michèle Cointet）在她的新作里直截了当地指出："抵抗运动被视为男子气概的体现。"[1] 接着她一步步驳斥了这一说法。直到今天，围绕这一主张仍然有不少争议，人们认为有必要纠正这种不实的说法。女性在反对德国当局和维希政府的抵抗运动中究竟占据何等地位，依然是一个悬而未决的命题，尽管有像宽泰这样的学者对此进行了深入的研究。20世纪 80 年代以来的研究都强烈地主张，如果没有年轻女性的协助，抵抗运动可能无法取得成功，那些女性将自己置于和男性同胞一样的危险处境中。尽管如此，在战后，仍然是男性抵抗者收获了大多数的关注，更不用说大部分的荣誉勋章了，而女性在抵抗运动中扮演的角色，往往被男性功绩的光辉所笼罩，尽管不是被完全覆盖。坦白说，尽管也有许多女性在德国的监狱和集中营里死去，或勉强活下来，但年轻男性被绑在木桩上，被蒙上眼睛（或没有），高唱着《马赛曲》或高喊"法兰西万岁"被枪决的画面，还是会吸引更

多目光。

在巴黎荣军院的解放勋章博物馆中，陈列了 1038 名解放勋章获得者的肖像，其中几乎没有女性。夏尔·戴高乐在 1940 年设立了这一勋章，以表彰为法国解放做出非凡贡献的杰出人士，但只有 6 名女性获得这一最高荣誉，年龄在 30 岁以下的只有 1 名。[①] 年轻的女性们，不管她们的重要角色是否被人认可，但她们经常执行危险任务并做出相应成绩的事迹，已经完美诠释了她们的勇气和正直，值得被书写进抵抗运动的国家叙事中。

今天我们能读到一些关于女性抵抗者的重要书籍，但比起关于男性抵抗者的，这些著作的数量还是太少了。不过女性一直没有停止呐喊，官方或非官方的证词也不断被提出和重述。女性抵抗者在战后不断的坚持带来的最切实的结果之一，就是戴高乐对女性选举权的支持，这一权利终于在 1944 年被法律确立。[②] 因为他无法忽视女性在二战中做出的重要贡献，她们参与了夺回法国领土的斗争，将德国人赶到了莱茵河的另一边。

几十年后的 2015 年 5 月，法国总统弗朗索瓦·奥朗德（François Hollande）在先贤祠（那里埋葬了法国最伟大的政治、社会和文化名人）主持了 4 名抵抗运动成员的迁灵仪式，这几名抵抗运动成员是：两名女性，热尔梅娜·蒂利翁（Germaine Tillion）和吉纳

[①] 大约有 100 名勋章获得者为男性，年龄在 20 岁以下，最年轻的 1 名在被德军射杀时才 14 岁。

[②] 尽管法国有着"自由、平等、博爱"的座右铭，但女性的选举权直到 1944 年才被法律确立（法国女性在 1945 年第一次参与投票），比起包括德国在内的很多欧洲国家晚了几十年（瑞士直到 1971 年才允许女性参与投票）。

维芙·戴高乐 – 安东尼奥（Geneviève de Gaulle-Anthonioz），以及两名男性，皮埃尔·布罗索莱特（Pierre Brossolette）和让·扎伊（Jean Zay）。[①]70 年来，人们头一次广泛关注到参与抵抗运动的女性。

||||||||||||||||||||||||||

年轻女性的角色定位一直是法国共产党领袖们反复遭遇的难题。在 20 世纪 20 年代初，人们同样没有给予年轻女性过多的关注。我们在当时的照片里可以看到，她们坚定地高举拳头反对法西斯主义。但法国人民阵线为了安抚民众，使他们相信以人民阵线为首的政府不是极端激进的政权组织，开始向年轻的女共产党员施压，要求她们重新回归自己的传统角色，做党内聪明且乖巧的成员。这就意味着，她们被分配打理日常事务，比如打印、打字，隐藏在人们的视线之外。有时，她们甚至被禁止到街上散发传单，以免激起中间派和右派的愤怒。当然，那些最直言不讳的女共产党员往往会拒绝这些限制。

||||||||||||||||||||||||||

第一次世界大战造成近 200 万法国男性丧生，这令人们不得不注意到女性所肩负的重任，她们需要独自抚养孩子、打理房屋、在

---

① 让·扎伊是人民阵线执政时期的教育部部长、共济会会员、社会主义知识分子。他是犹太人，于 1944 年 6 月出狱，被维希政府下的法兰西民兵枪杀。皮埃尔·布罗索莱特是一名社会主义抵抗运动的主要组织者，也是共济会成员，与戴高乐关系亲密，参与地下活动多年，最终被抓捕。1944 年 3 月，他在严刑拷打中从窗户跳下，自杀身亡。

军工企业做工，维系一个理想的法国家庭。20世纪30年代的多个青少年运动，最终让年轻的女性得以在夏季短暂地离开家人，在没有父母监管的情况下在营地里学习独立。通过强有力的体能训练，她们学会了如何在公共场合和社交活动中变得更加自信。在这些营地中，她们可以与自己社会阶层和社区之外的人交往，甚至可以和移民做朋友。她们在辩论意识形态立场的过程中也更加笃定。20世纪30年代的文化变迁带来了爵士和摇摆舞的盛行，男孩女孩在舞会上即使没有监护人也可以享受彼此的陪伴；随处可见的新式电影描述了一个个与年轻男性接触的聪明伶俐的女孩，这改变了人们心中年轻女性的形象。

尽管如此，无论是传统风俗的要求（世俗的和宗教的），还是父权制根深蒂固的规定，都旨在限制女性拥有过多的独立性。女性依然要对抗一种共识，那就是她们都应该成为家庭主妇，她们太情绪化、太脆弱了，无法进入银行、工程或商业领域工作。法律上男性是一家之主，女性要在女子学校接受教育。但实际上，法国到处都是寡妇、姐妹和女儿在照顾那些身心受伤的男性。第一次世界大战期间，女性凭借不屈不挠的精神成为法军不可或缺的大后方，这种不服输的品质让她们在第二次世界大战期间没有长时间笼罩在男性抵抗运动的阴影下。

热尔梅娜·蒂利翁解释说，有三种活动是迫切需要年轻女性参与的：发掘并传播信息；帮助那些试图逃跑的人们，特别是战俘、盟军飞行员和犹太人；设法将法国的情况传递给伦敦和自由法国。这些任务没有一项是不危险的，而且在停战协议签署之前，这些工作就开始了，因为显而易见，法国已经战败，许多人害怕整个国家很快将处于纳粹的统治下。大多数青少年在这些工作上毫无经验，也没有组织，更不知道如何区分潜在的支持者和敌人。但无论男女，他们都已经站在抵抗运动的战线上了。

历史学家卡罗琳·穆尔黑德（Caroline Moorehead）在她著名的研究成果《冬日列车》（*A Train in Winter*）中，概述了女性最早的反抗行动是多么混乱无序。她广泛采访了幸存的女性抵抗者，发现最早决定参与抵抗运动的女孩都是出于自己的意愿，而不需要家中兄弟、叔伯和父亲的鼓励。尽管如此，她们通常需要得到家中男性的许可才能独自外出，特别是在晚上，或是她们要借自行车，或在没有人看护的情况下和其他男性相处时。也就是说，她们在想方设法抵抗占领者的同时，也必须"抵抗"20世纪中叶在法国普遍存在的性别偏见。

起初，她们的活动都是非暴力地戏弄德国警察，还有属于她们同胞的法国警官。经过将近两年的时间，一直到1942年初，当局才意识到年轻女性以多么机智的方式，在抵抗运动中扮演了重要的角色。

对普通的资产阶级女孩（这个词主要用来区分共产主义姐妹们）来说，抵抗首先不是一个特别的意识形态决定，而是一种出于爱国情怀的决定，因为她们觉得占领使她们作为法国人的骄傲被践踏。当然，当她们的朋友或男朋友们，吹嘘自己如何在墙上写下"戴高乐万岁！"或是如何捉弄了年轻的德国士兵时，那些自信的年轻女性会被感染从而点燃爱国热情。但很多时候，在抵抗运动被组织起来并引导她们做出冲动行为之前，女孩们更多的是自己做出选择，顺其自然地进入这些角色里。年轻女性一边在寻求"我应该做什么？"这个新问题的答案，另一边则被维希政府持续灌输要生儿育女、照顾家庭的观念。报纸、书籍、杂志、海报、广播、学校教育，都在不断反复地提醒她们应为家庭所尽的责任（而男性没有尽到家庭责任的事实，似乎逃过了最精明的政治宣教者的眼睛①）。

另一群让年轻女性意识到自己在"停战"的灰色时期能够扮演一定角色的人，就是她们人生各阶段的女性教师，她们大多数是和平主义者、左派分子、反法西斯主义者。当她们的老师向她们解释当前形势下欧洲正在发生的一切时（直到这些老师因为意识形态倾向被维希政府的教育机构解雇），或向她们暗示维希政府的软弱时，或向她们询问究竟打算如何度过占领下的生活时，所引发的讨论都是女孩们的家人也许不会与她们探讨的。父母们会担心自己的儿子违抗警方的规定，或被征召入伍，或被留在战俘营里；而他们普遍认为女儿没有那么容易受到伤害，也更加理智、更加谨慎，不容易冲动行事。这种在家庭中的"隐形"，让一些年轻女性拥有可以不受父母干涉做出重要决定的自由。

一开始，人们还抱着"警察抓小偷"的玩乐态度看待这些女孩扰乱德国人秩序的行为。这么说的意思是，许多成年人并不把年轻女孩对反抗当下处境的渴求当一回事。"你打算怎么做呢？"他们会居高临下地发问，"跑来跑去冲德国士兵吹口哨吗？划坏他们的

①　在解放后，人们对一些女性采取了十分恶劣的处置，特别是那些与德国人交好的女性，会被当众剃光头发。许多学者认为，这样的行为诠释了男性对于这些女性的看法，因为这些女性在战争中取得了有影响力的地位——正是那些男人在战争中所失去的。

汽车，撕毁他们的海报吗？这只会给你——还有我们带来麻烦。"
但从 1940 年冬开始，一直到 1941 年夏，这样的游戏并没有停止，
正如穆尔黑德所说的：

> 除了不断地骚扰德国人，她们的行动没有明确目的，她们
> 只想让德军始终处于不安的戒备状态。她们还想向维希政府
> 传递一个信息：通敌是一件令人作呕的事情，是正派人士无法
> 接受的，当理智和胜利重回法国的时候，他们将受到严厉的惩
> 罚……她们（不管是年轻的还是年长的）在这个不认为女性会
> 积极参与抵抗运动的国家里，有种奇怪的安全感，却谁也不知
> 道，这么做的后果将会多么致命。[2]

在 1942 年中期，盖世太保和党卫军取代国防军成为法国警察
的监督者后，逮捕行动变得越来越公开，安全检查也越来越频繁，
警察在查看身份证时也不再仓促草率。当时的年轻女性受到密切关
注。她们虽然不常在暴力行为中被捕，但一旦有人被逮捕，就可能
危及那些帮助准备假证件、找住处、隐匿抵抗者或在抵抗组织间传
递消息的人。尽管她们仍然可以利用自己的青春活力和单纯外表摆
脱德法警察的怀疑，但她们发现这么做越来越难逃脱。不少年轻女
性被逮捕，尽管更多的是为了恐吓而不是惩罚她们。

随着监视和背叛越来越普遍，这些往往还和父母同住的年轻女
性，不得不在行动中变得更加老练。没有成年人，特别是成年男性
的支持，她们很少独立行动；也没有全女性的抵抗组织，专门负责
不太繁重、不太危险或不太重要的行动。玛鲁西亚·纳伊琴科有一

个理论来解释，为什么积极参与暴力抵抗的年轻女性那么少："（抵抗运动）很难招募联络员。因为支持者，甚至是参与者的家庭，都不会允许家中的女儿们在没有家长监督或监视的情况下，和一群男人混在一起。"[3]

那时和现在一样，人们都期望女孩们能将自己最私密的想法和梦想写下来，特别是当她们进入青春期的时候。就像米舍利娜·布德向我们展示的，她对自己在占领时期的日常生活进行了详细的描述。她们会收到空白的日志和笔记本，一些还带着锁和钥匙。多亏了这些记录，人们得以了解占领时期的日常生活，看到那些年轻女性是如何在这个压抑的社会中生存的；而男孩子很少写日记。占领期间，女孩们也会写信给不在身边的父亲、男友、丈夫和兄弟，甚至 BBC。她们似乎抱有一种不可思议的信念，正如玛鲁西亚·纳伊琴科在《一名战争中的女孩》（Une jeune fille en guerre）的结尾宣告的那样："如果我能逃过一劫，我会写作！……这个决定也是一种心理防卫，一种可以支撑我面对越来越多的失踪者和我自己的痛苦的手段……我将会成为一名保管者，一个见证人，目睹并记录那些恐怖的日子。"[4] 米舍利娜·布德把她的笔记本称作"双重岁月"（les années doubles），因为每一条规定、每一份期盼和每一种"常态"都有着双重的意义、期待和选择。这样的文献从历史的迷雾中被持续地发掘出来，当后代们找到它们时，它们正被随意地堆放在箱子、阁楼和旧衣橱的旁边。

||||||||||||||||||||||

玛鲁西亚·纳伊琴科的回忆录之所以如此动人，原因之一就是

她既记录了那个时代人们的焦虑，也没有忘记她自己只是一个 16 岁的少女。1940 年 6 月 14 日德军抵达巴黎后，她和朋友们想到一个绝妙的主意：爬到埃菲尔铁塔的塔顶——离荣军院一小段路的地方，从上向下俯视被占领的巴黎。他们到了那里，却发现电梯无法使用，很可能是被破坏了。于是，他们借着 16 岁强壮的双腿，爬了 1700 级台阶。到 1940 年 6 月下旬，巴黎几乎一夜间挤满了德国人。玛鲁西亚和朋友们再次决定，到离她外祖母家不远、荣军院前面的大阅兵广场那里，观看敌军从拿破仑的墓前行过。

> 德国坦克……排成整齐的队列，占满了整个广场。这支静默的力量伴着低沉而有规律的声音，压过"我们的"沥青路，令人感到压迫，几乎难以想象……我失去了所有的想法和感觉，感到空虚，被惊呆了。纳粹就这样赢了，还践踏在我童年的土地上，就在我居住的这个街区！
>
> ……驾驶这些坦克和卡车的士兵们，系着光鲜的腰带，显得年轻气盛、意气风发。而不像我们可怜的士兵，穿着褪色的军装，笨拙而疲惫……谁也不会相信，这群面无表情从我们面前走过的金发少年，在那么短的时间内成功击败了我们。面对这支可憎的军队，我们可以做什么？在那一瞬间，我终于理解了"占领"这个词。[5]

玛鲁西亚还漫不经心地描述了另一件事，从侧面表明了抵抗运动在随后几个月暴力化发展的重要趋势。玛鲁西亚说，她的外祖母有一把手枪，被当局要求交出来。法国警察在德国国防军的告知下事先颁布了强制令，要求巴黎市民将所有私人武器上缴给最近的警察局。玛鲁西亚的外祖母太紧张了，不敢照办，就把她的小手枪给了玛鲁西亚的一个伙伴，让他扔进下水道里。后来，据玛鲁西亚所知，许多人都是这么做的，于是共产党的水道工们通过收集这些武器，慢慢地建立起一个对抗抵抗者的军火库。

玛鲁西亚引人入胜的回忆录，也许是关于那段时光最隐秘的回忆，它不光指明了是哪些更宏大的问题促使青少年挑战当局的权威，也让我们看到勇敢但不安的年轻人如何在日常担忧中仍想积极地对抗占领者，这与他们时常谨慎的父母不同。他们渴望表达对背叛国家的强烈愤怒。至于玛鲁西亚本人，她的外祖母十分保守，母亲却是忠诚的共产党员，两者之间的冲突交流，将玛鲁西亚塑造成一名十分敏锐且一直保有好奇心的战士，并反对企图诱使她放弃法兰西共和国荣耀的"新革命"。

玛鲁西亚回忆，在大逃亡之后，年轻人纷纷回到巴黎，业余制作的海报和墙上涂鸦又开始重新出现。一开始，当局对这些年轻的闹事者不甚严厉，通常只是将他们带到最近的警察局，吓唬他们，然后通知他们的父母前来。但玛鲁西亚写道："我们并不知道，盖世太保正在暗中工作。"名单正在拟定中，外来的犹太人、共产主义者、共济会成员被秘密逮捕。犹太商人的住处被洗劫一空，"不良分子"被塞进法国各地为收押西班牙移民而冒出的集中营；尽管那不是死亡营，但也让人不舒服。"悄无声息地，抓捕我们的陷阱被悄悄架设起来。"[6]尽管如此，玛鲁西亚和她年轻的同伴们还是无所畏惧地继续骚扰德国和法国的警察。她们了解到，在哪些街区散发传单是最安全的；哪些路的尽头是死胡同；哪些路看上去是死胡同，其实能通往其他的街道逃生。她们还知道在哪儿以及怎样隐藏自行车。

接着，一个奇迹出现了：玛鲁西亚的母亲在占领军司令部谋得了一份差事。司令部就坐落在歌剧院广场（Place de l'Opéra）上。应聘的时候，她用了娘家的姓德·吉列尔米（de Guilhermy），大概是那个"德"字让德国的势利眼们刮目相看。她受聘成为一名法语教师和翻译，最重要的是，她因此获得一张官方身份证，得以前往巴黎任何地方，包括进出所有被德军占领的高档酒店，可以免费乘坐公共交通工具，还能在宵禁之后外出。这个"掩护"对身为年轻抵抗者的女儿而言，有着不可估量的用处。

就是在这段时间里，玛鲁西亚结交了三个男孩，这三个人的名字后来成了青少年抵抗运动的代名词：居伊·莫盖、托马斯·埃莱克和安德烈·基尔申。就像许多参与地下活动的青少年一样，他们之间的相处时间常常十分短暂，牵绊却无比牢固。他们几乎没有成年人的领导，而是自发又无畏地行事，这常令他们陷入未曾预料的意外危险。总会有父母知道他们在干什么，当他们房间里或身上的犯罪证据被父母发现时，家里就免不了争吵。一个年轻的战士就曾回忆，他有一个朋友的父亲，在儿子的床垫下没有发现色情杂志，却看到了几十页的反德传单。怒不可遏之际，那位父亲将那些传单全都扔到了窗外，也就是繁华的博斯凯大道（Avenue Bosquet）上。意识到自己的愚蠢举动后（幸亏这没有招致其他后果），晚上他把18岁的儿子锁在房间里，除了往返学校，禁止儿子前往任何地方。

虽然玛鲁西亚在课堂上缺乏耐心，但她是个精力充沛、有幽默感、对一切道貌岸然毫不耐烦的人。她漂亮又受人欢迎，是一个

"正常"的年轻人，必须快快长大。很快，她和闺蜜们一起第一次做出了违法行为：巴黎墙上的所有海报都必须贴上官方的邮票，她和一个朋友小心翼翼地取下这些昂贵的邮票，希望年轻的共产党人之后可以把这些邮票贴在自己的标语海报上。如果遇到警察出来制止并警告她们这是在违法，她和朋友们就会咯咯地嬉笑，装作在玩游戏，警察往往会笑一笑，尔后走开。她将不止一次用女孩子气来伪装自己。

玛鲁西亚在实践一名年轻共产党员的浪漫幻想时，也学到了几节重要的课程：她发现一个群体的团结就像是一个家庭的归属感；她学着在一个会质疑但不会嘲笑她的环境中，表达自己的想法；她感到与青少年男性平等地相处很舒服；她才知道一个人的人生计划会因外部事件突然改变。她还发现，如果团队内部出现分裂，即使那些最笃定的人，也会突然怀疑别人，或莫名其妙成为别人怀疑的对象。即使在德国入侵苏联后，法国共产党得以展开武力行动，但党内仍然分裂为两个派别：一方支持斯大林，认为苏联应当成为完美的社会主义国家的理想代表；一方支持托洛茨基，因为他是列宁亲密的战友，强调宣扬国际社会主义的责任。由此在党内引发的争执，导致部分成员退党，并引发了情绪最激愤的成员之间的敌意。年轻的玛鲁西亚常常感到疑惑：她的同志们在彼此争执到底谁才是最忠诚的共产党员时，是不是忘记了更广阔的蓝图？

有一次，玛鲁西亚完全投身于反抗占领者的行动中。她在回忆录中自豪地描述了她的第一个辉煌时刻，并在之后的 4 年里被所有事实上或精神上参与此次事件的人铭记：

> 那一天，我们走进（索邦大学的）主庭院，高呼："释放朗之万！"朝向院子的大礼堂关着门，所以我们不得不在台阶上一边等，一边呼喊抗议誓言……一小群抗议者随后前往法兰西公学院。我们人不多，我们的行动自然也不足以撼动学校的管理层，但这一小部分抗议者向这个尊贵的学府表明，我们就在这里。我们点燃了学生抵抗运动的第一把火。[7]

就像我们在第六章讨论过的，这就是她关于 1940 年 11 月 11 日第一次反对占领者的大规模示威的记忆。

在 1940—1941 年的冬天，希特勒和斯大林之间的协约依然生效的时候，玛鲁西亚和她年轻的朋友们继续想办法抵抗党内高层的命令。他们继续肆无忌惮地印刷和分发传单；他们毁掉了散落在巴黎各处的数百张德国和维希政府的宣传海报；他们定期举行小规模的聚会，埋怨苏联的懦弱和与希特勒之间那份可耻的互不侵犯条约。这些年轻人到处寻找油印机，甚至印刷机；再寻找偏僻的地方完成嘈杂的印刷工作；学习怎么识别自己是否被跟踪；以及怎样避免在身份检查时被拦下。这些孩子依然生活在父母家里，还是得听父母的话，他们的父母大多也是共产主义者，会抱怨苏联给他们的行动套上枷锁。即使不是与党内成员，而是与同世代的年轻人，团结在一起去做一些冒险的事，依然令人沉溺其中，无法自拔。他们知道自己要特别小心，因为自己受到各种各样可疑人士的监控——德国人、维希警察、法国共产党领导层和反共产主义的抵抗组织。

当被问到自己忠于谁时，他们会很谨慎；他们也很小心，不提及任何关于他们秘密聚会的事情，甚至不会告诉自己的父母；他们会精明地避免与其他同学发生冲突，特别是那些鄙视共产主义者、犹太人和戴高乐主义者的学生们。与此同时，他们一直听说有像他们一样的年轻人被围捕，被无限期关押，有些人还会像居伊·莫盖一样被处决。

定义这些年轻共产党人的，是他们之间的相互团结、他们对自由的追求、他们对彼此的尊重以及他们将为共产主义事业做出的贡献——不管男孩女孩。女孩们在招募中尤其受欢迎，因为她们有自己的特质、技能和性别上的伪装，这些优势被证明在之后的斗争中大有益处。在这段灰色时期，玛鲁西亚往往充当年轻人、共产主义者和其他人的守望者，像她这样的人会突然出现在市场上做一段简短的演讲，或向人群抛撒传单，或给离开教堂的人递上写着"请加入我们的反法西斯斗争"的票据。她和朋友们小心翼翼地掩饰自己的共产党人身份，以免与党内亲苏派的领导阶层发生冲突，但当成年人在国际政坛上讨价还价时，当犹太人、吉卜赛人和政治难民被围捕并常常驱逐出境的时候，他们并没有坐视不管。

玛鲁西亚简单地写道："我们暗中行事。"那是隐秘的、被掩护的、有破坏性的、默默对抗的和极其神秘的。[8]而且不止年轻的共产主义者在暗中搞破坏，还有学生，从极右翼分子、和平主义的中立者，到非共产主义的左翼学生，都以友谊和政治为基础组成各种团体。在大约一年的时间里，即使有几个年轻人被抓到并受到惩罚，但当局还是更关注那些成年人。那段时间，年轻人有更大的空间去行动，变得更加自信，但也越来越鲁莽。

毫不奇怪，在如此严密的监视下竭力展开行动，很快就对青少年们造成影响。玛鲁西亚曾经爬上了埃菲尔铁塔，但当时才上五六层公寓楼就已经气喘吁吁。她的疲劳和营养不良的身体状况，让她看上去一脸苦恼，有心观察的人会怀疑她可能在执行某项秘密任务。她在发传单的时候还要担心自行车该停在哪儿，因为自行车被盗造成的危机，和因反德行动被捕的后果一样严重。"我回家时往往被这些事情搞得筋疲力尽……我总是上气不接下气、头晕目眩。很显然，吃不饱饭让我连最简单的工作也做不了。我开始出现短暂的耳聋……在爬地铁楼梯的时候。如果有人能帮我，这些状况还是可以忍受的，但我觉得孤立无援、心力交瘁。"[9]

1941 年 6 月，德国入侵苏联，解除了共产党身上的束缚，党内开始组织抵抗小组。那时，玛鲁西亚不管在哪里发传单，都有两个男孩陪着她，他们如果看到警察或者便衣走近，就会提醒她。这使她重拾信心，斗志高昂。青少年的抵抗行动几乎立刻就变得更加严肃，也得到了党内更多的尊重。她在极端保密的情况下被告知，组织松散的共产主义青年团现在要负责破坏铁路、电塔和德国仓库。

玛鲁西亚对这个崭新的"特殊组织"的良好运作感到十分惊讶，尽管她对武器一无所知，但她还是勉强支持这个组织。她像其他巴黎人一样，不是通过试图使他们保持沉默的报纸，而是通过红色海报才了解到这些秘密攻击的厉害。那些红色海报"公布了为报复对德军的袭击而受处决的人质。在巴黎墙上的（红色）海报……就像溅在石头上的一摊血迹"。[10]

就在玛鲁西亚 18 岁生日后不久，德军在布列塔尼的一个营地里处决了 27 名年轻的共产主义者，其中包括她的同伴居伊·莫盖。暴力抵抗运动所引起的道德上的困惑日益折磨着她。她知道她的党内领导不得不尽其所能，让德国人明白他们是这个自由国家的非法占领者，但倘若这么做的后果是将更多同志推入危险中呢？如果每当有暴力发生，德国人就随意枪杀犹太人和共产党人，那么党内领导怎么能不对这些人的死亡负责呢？这些年轻人就是在这样的道德网络中生活并行动着。

玛鲁西亚一再拿自己的生命冒险。她乐在其中，不仅是因为她沉浸在爱党爱国的热情里，也因为她在与他人携手保护过着卧底生活的年轻人时，被一种团结、友爱、彼此都是一家人的感觉所环绕。

啊！不，他们看上去不像是英雄！因为大多数情况下，他们还没到应征入伍的年龄。他们远离家人，没有女朋友，兜里没有一分钱，鞋子也总是破的，穿着破旧的衣服，甚至没有足够的钱买地铁票到下一个碰头的地点。一些年长的战士，那些在西班牙内战中参加过国际纵队的，会给他们上几节游击战的课。他们冒着被捕和死亡的危险在田野中练习，尽管他们还对杀人这件事惴惴不安。我们唯一的力量就是彼此之间强烈的感情，这种团结使我们为着共同的目标，赌上自己的生命去帮助别人。我对同志们所抱持的感情，只能在极端条件下存在。

自我怀疑也常常出现："敏感的年轻女孩不适合游击战，但我别无选择。我不得不支持我的同志们。一个人不能就这样放弃。"[11]

精神疲劳会使人身心虚弱，这种疲劳不仅来自持续不断的工作，还来自一直被人监视的感觉。尽管如此，人们还是会时不时找点乐子，放松一下。有一次，一名党内成员给玛鲁西亚介绍了一名支持左派的女医生。玛鲁西亚跟她预约了支气管炎的治疗——炎症让她的身体越来越虚弱。去看医生的前一天，她的朋友罗伯特向她透露说，像他们这样工作，"一个人最多能活两个月，他的语气好像在谈论一场口试的预备工作"。他累极了，身心极度疲乏，于是陪她一起去了医生的办公室。到了那里后，玛鲁西亚问医生，能否也给罗伯特做个检查。医生给罗伯特开了降血压的处方药，因为她发现他血压太高。医生还建议他，要养成"平静又规律的日常生活习惯；不要紧张，不要激动；早点上床睡觉"。[12] 两名抵抗者在下楼的时候笑了一路。

玛鲁西亚对政党和国家的忠诚消除了她对斯大林主义的一部分担忧。被处决者的名字继续在墙壁的公告和报纸上公示。有时他们的照片也被公之于众，让人们看到他们究竟有多年轻。从 1943 年进入 1944 年，当局明显更好地控制了抵抗者。"这段时间……倒下的同志比德国士兵还多。"[13]

一名读过玛鲁西亚回忆录的读者惊叹于她和同伴们的幸运——她们总是能与警方控制的致命领域擦肩而过。她意识到，即使最完备的计划也可能在瞬间化为乌有："在那些日子里，逮捕、自由或死亡的依据是什么？在春日花园里与一个偶然遇见的朋友握手？……一切不过是机缘巧合。"[14] 对这个聪明的年轻女性而言，这段时间里她的压力越来越大，她必须努力区分"正统"观念和对朋友的忠诚。不管反抗者们如何声称，在帮助法国摆脱外来占领者和非法政府之外，再没有其他意识形态，但各种盘算还是会显露出来。战后的法国共产党会有多重要？哪些共产党派别可以占据主导地位？戴高乐会是另一个贝当、另一个保守的军事独裁者吗？

新加入的成员往往只认识他们团体中的几个成员，这一方面是为了防止他们被捕后，被迫透露组织的秘密，另一方面就是领导者通过保密来维持自己的影响力和权威。这种社交隔绝让一个爱交际的女孩深感负担。玛鲁西亚详细描述了她是如何陷入党内派系斗争的，以及如何因不被党内某些派系信任而不受城市的某些街区待见 [①]：

> 在此之前，我一直相信党的教导，但鉴于它的行为（针对一些最忠诚的党员），我意识到我再也无法坚持下去了。幸运的是，我的青春里有许多可靠同伴的陪伴，他们教会我良知，很好地武装我，让我没有犯任何错误。我发现我完全无法谴责我的朋友们。我可能不同意他们的观点，但责难他们，我做不到。我也像他们一样失望。[15]

她在怀孕后还坚持开展自己的活动。她生了一个男孩，其父亲也是一名抵抗组织成员。她以英勇就义的居伊·莫盖的名字，给她的儿子取名居伊。不幸的是，玛鲁西亚的爱人乔治·格鲁恩贝格尔（Georges Grünenberger）被德军抓获。虽然他在战争中幸存了下来，但直到居伊 2 岁半的时候，他才第一次见到他的儿子。

---

① 法国国内共产党和共产国际之间的内讧历史已经得到很好的阐述。对同伴的怀疑、背叛，甚至对持有不同意见的人士（比如不同意斯大林或托洛茨基主张，或者在是否保持国家政党独立、是否要屈从于莫斯科的问题上争执不休的人）施加暴力的行为时有发生。由于彼此之间的不信任和敌意，针对德国人的抵抗行动偶尔会失败。

　　玛鲁西亚在居伊出生后，重回共产党参与行动，不过这次是在外省。她成为国际七人小组（Inter 7）的重要成员之一，在巴黎周边的省份展开行动。她的母亲同意帮她照顾孩子，而她坚持要回去抵抗占领者。玛鲁西亚在那里的生活比在城市中危险得多。由于外省的行动网络只有屈指可数的几名成员，她的活动更加多样和广泛：她必须一天用打字机打字，一天练习骑自行车穿过未铺路的田野，一天充当传递信息的联络员，另一天则要负责运输武器。

　　玛鲁西亚终于发现，她在党内的麻烦源于1940年《苏德互不侵犯条约》仍然生效时，她偶然签署的一份关于重新刊发《人道报》的请愿书。这些微小的分歧，加上共产党不认可她和乔治为抵抗运动做出的贡献，迫使玛鲁西亚在战后不仅离开了共产党，还彻底放弃了共产主义信仰。尽管如此，她肯定地说，她很幸运能在孩童时期就加入共产主义青年组织："我从那里获得了非凡的教育、公民道德、适应能力、责任感以及企业家所具备的专业技能，这些品质从未离开我。"[16]

||||||||||||||||||||||||

　　关于抵抗运动最细致的回忆录之一，就是安妮·克里格尔的《我以为我知道的一切》（*Ce que j'ai cru comprendre*）。这本回忆录在她1995年去世前几年出版，不光检视了积极的抵抗行为，也检视了那些选择抵抗的人的心理活动。安妮在占领期间是狂热的共产党人，但在战后退党。她所书写的历史和对共产党的批评，遭到前同志们一致而激烈的讨伐。但那都是后来的事了。在投身于反法西斯斗争这件事上，安妮在意识形态方面比年轻的玛鲁西亚清晰得

多。在德国入侵波兰的时候，安妮刚满 13 岁。她来自一个阿尔萨斯－犹太家庭，比大多数人都清楚纳粹政治的威胁。他们一家生活在巴黎典型的犹太街区玛莱区，安妮很早就认识到贫穷的天主教徒和犹太人之间的社会和宗教分歧，以及欧洲不同地区犹太人之间的紧张关系。但这些微小的差别都不再重要了，因为维希政府和德国的法律在围捕犹太人、将他们驱逐出境的时候，并不会对其进行区分。

1938—1939 年，由于她父亲的政治倾向，安妮参加了一个左翼营会，第一次听到了《国际歌》。营会会举办徒步旅行、篝火晚会、歌唱比赛、全国行军等活动，在整个世界发生天翻地覆的改变之前，安妮充分享受了这种有组织的青少年的自由：

> 1939 年 9 月 1 日，天气依然晴好。我穿着凉鞋，裸露着肩膀，从鱼市前踩着自行车飞驰而过。在那里有一小群人，特别是女性，聚集在一幅巨大的白色海报前，海报上有两面交叉的法国国旗……这引起了我的注意。我迅速刹车，跳下自行车。海报上写着"总动员"。凌晨 4 点的时候，德军没有宣战就入侵了波兰。英国和法国犹豫了两天，在 9 月 3 日向德国宣战，英国是在早上 11 点，法国是在下午 5 点。[17]

她已经听父亲抱怨了好多年德国的反犹主义，这时她意识到，这一事件对她而言比海报前的其他女性更重要。她当然是法国人，但也是犹太人。

德军入侵低地国家和法国后，安妮的父亲试图带家人去大西洋沿岸的圣纳泽尔（Saint-Nazaire）并从那前往英国，但他们抵达那里时，发现港口已经被德国空军摧毁了，他们被困在了法国。"被占领的法国就像一只牡蛎困住了我们……而我们是犹太人。"她父亲绝望地念叨着。[18] 他们别无选择，只能返回巴黎。

一天傍晚，安妮结束一项任务回家的时候，突然意识到自己是在宵禁后的犹太街区。她记得玛莱区几个外国人的地址，他们会把寻求庇护的犹太人暂时藏起来。于是，她敲响其中一人的大门，受到了那人的欢迎。她被带进一个房间，里面几乎全是犹太人，大家都在等待天亮之后宵禁解除。当她从公寓的大门向外窥视时，她看见一个中年的法国警察，拎着两个大箱子，泪水顺着他饱经风霜的脸颊流下来。跟在他后面的，是一群老人、小孩和妇女，手里提着装有自己东西的小包（到这时候，犹太男性已经知道不能在家过夜了，以为只有自己会被逮捕）。她意识到"这是一次围捕"。安妮听见母亲与孩子分离时的尖叫声——她永远也无法忘记这声声的哀号。安妮知道不能回家，她母亲已经叮嘱过她了。最后，黎明终于来临，她决定步行去上班——她刚应聘了一份薪酬很低的打字员工作，地点就在歌剧院大道附近。她思忖，只要装作一切都正常的样子就行。那天晚上，她回到家里，她的母亲带妹妹离开了公寓，直到局势稳定下来。他们安全了，但只是暂时的，她父亲坚持说。

安妮为父母的恐惧感到惊慌。为什么要逃跑？他们是法国人。他们属于法国。他们没有做任何违法的事。圣女贞德不是骄傲地迎战英国人吗？为什么贝克尔（Becker）一家（安妮出嫁前的姓氏）不能骄傲地迎战德国人呢？她将这些想法都藏在心里，但她的愤怒和激情让她越来越靠近秘密世界。他们一家第二天偷偷溜出了

巴黎，从巴黎里昂站乘火车前往当时还是非占领区的格勒诺布尔
（Grenoble）。

在格勒诺布尔，安妮第一次接触到一个有组织的抵抗网络。她
在巴黎参与的微不足道的秘密行动没有让她信心大增，反而让她更
战兢怯懦了。她不知道是什么让她更害怕，是德国人、法国警察、
组织领导，还是她的父母？在巴黎的时候，当她被要求派发越来越
多的传单时，她照做了，但吓得直呕吐。如今在格勒诺布尔，安妮
回想起这件事，才意识到到底是什么令她如此恐惧：是她已经加入
地下世界的事实，是她必须学习新规则以适应在阴影中的生活。安
妮写到了"地下生活"和"抵抗运动"的一个差别。这个微妙的差
别揭示了，那些深入危险行动世界的人所凭依的理由是多么精妙：

> 人们进入地下生活的路径各有不同，取决于一个人是独自
> 生活，还是参与（一个有自己规则和条理的组织）……一个
> 人不能仅仅挥一挥魔法棒，就让他的全部（社会责任）都消
> 失……这是一个缓慢下沉的过程，一个逐渐削弱（尽管没有斩
> 断）原有社会关系的过程……这是 1940—1942 年的标志……
> 这是从思想到行动，从允许到禁止，从公共到地下的过程。无
> 论出于什么动机，不是所有人都适合违反规则。我就比大多数
> 人更不适合，我不会轻易变成一个反叛者。[19]

在格勒诺布尔，安妮很快了解到，她加入的团体隶属于共产党
的青年组织，因此对于年轻女性有着更多的耐心和尊重，这正是大
多数组织都缺乏的。加入组织的决定几乎是随意做出的。她知道共

产党人在不断被追捕，但他们知道如何秘密地生活，也不怕与德国人对抗。但仅仅与共产党人结交都被视为危险之举，是什么吸引了这名胆小的姑娘加入呢？她想起了当年在左翼夏令营里度过的时光，觉得一切都很熟悉。更让她无法抗拒的，是她想采取行动的冲动——她不想一味抱怨现状。

这些年轻的共产主义骨干，通常只称呼名字而不称呼姓氏，大多数情况下这个名字也不是他们的本名，这是为了防止无意中向间谍或叛徒透露情报的一种保护措施。除了名字，大多数年轻人还会启用完全秘密的身份，借此从零开始建立社会关系：没有阶级、没有地域、没有种族的差异。对于特定任务，组织还会再分配另一层假身份，这个身份只使用一次，任务结束后，这个名字和相关的个人信息就会被遗忘，直到被别的地下同志再次使用。二战后期，其他非共产主义团体也会使用这些手段，这种身份的扮演和互换，或许在潜意识中提醒了年轻的抵抗者们，他们自身也在自我演变中。每时每刻都需要隐藏自己身份的行动，一定令人既兴奋，又疲惫。

很快，安妮就被指派加入一个工人阶级的犹太组织。这促使她再次思考为什么要参与抵抗运动。"也许没有人能衡量，我们脆弱的灵魂被撕开了多大的口子，（当我们发现自己）每一天都被粗暴地拒绝、被驱逐出国民社会甚至我们自己的社交世界时，这个裂痕就再也无法修补了。"[20]她得出一个结论，即犹太人除了参与抵抗运动别无选择，但她想知道，为什么非犹太人也要参与呢？他们没有什么可怕的，也不会被迫与父母分离。如果一个16岁的女孩不是犹太人，为什么要担心战争的结果呢？这些当然都是很幼稚的问题，但这些问题的答案却让年轻的犹太人更加钦佩他们的非犹太兄弟姐妹。

安妮的冒险经历让她变得更果敢也更自信，但就像她这个年纪的年轻人一样，她有时候也会心不在焉。有一次，她把一些违禁物料装在自行车的挂包里了，途中跳下车，把自行车靠在一间商店的外墙上，进去飞快地买了一把梳子。她的头发乱糟糟的，她可不想父亲盘问她刚才去了什么地方。从商店出来后，她发现自己的自行车不见了，就像当年没有上锁且无人看管的自行车一样被偷了。安妮吓坏了，不仅害怕自行车被警察或盖世太保发现，还害怕向自己的队友交代。第二天，她到达约定的碰头地点后，被领导劈头盖脸一顿臭骂。然后奇迹般地，他把自行车推了出来。她的车是被一名年轻的"跟踪者"带回来的，也就是那些被指派监视联络员的男孩女孩们。如释重负的她也因此意识到，共产主义的青年组织是一台运行周密的机器。

同时，正如此前提到的，这台机器在大多数情况下都平等对待它的工人们，无论男女。安妮注意到，她在乡间传递信息时，大多数躲在法国东南部山谷中的组织成员都是年轻的男性，很少有年轻女性。但在城市中，从事秘密工作的女孩和男孩一样多，而且执行的任务也差不多。这一事实的公开在战后变得越来越重要，因为女性会争辩说，男性获得了抵抗运动绝大多数的荣誉和利益，而女性的贡献很少得到认可，除了一些感谢之情。而乡村的游击队则被塑造成颇有魅力的，全由男性英雄组成的队伍。

"那些没有参与过秘密行动的人，会对地下生活有一个虚构的，甚至是浪漫的印象……1940—1944年的秘密行动体现了对残酷暴力的公然反抗。（这）不是游戏。"[21] 无数勇敢的法国人拿起武器抗击德军及其维希支持者的浪漫画面，不过是战后的幻想，于还原真相全然无益：进行秘密行动是乏味的，而且常常看起来毫无用处。这个人数越来越多的年轻人群体，最主要的工作通常是印刷和分发报纸、警报和宣传物料；还有制作假的证件——通行证、身份证、食品券、地铁票，这也占用了他们大量的时间。他们不能随随便便走进一家文具店就购买彩色墨水、不同类型的纸张和笔，而是要到不同的商店分别采买，每次就买几张纸，在一个商店只买一种墨水，再到同一条街上的另一个商店，或者完全不同的街区或城镇购买另一种。这些单调乏味的日常事务构成了大多数的抵抗运动，而不是向一队德国士兵投掷手榴弹这样的"浪漫"举动。尽管如此，这样的平凡任务也可能使抵抗者身陷险境。

秘密网络无法为青少年提供他们渴求的人际关系；当然，也会有不正当的性关系发生——毕竟，规则总会被人破坏，不是吗？但对那些认真对待自己工作的青少年来说，亲密的两性关系也失去了吸引力，他们所追求的是在抵抗运动中取得胜利，并且避免被捕。

那些将自己的智慧、精力和想象力都奉献给抵抗运动的年轻女性，其中一些已经结婚、怀孕或成为母亲，她们的恐惧更甚。20世纪40年代，法国社会还在用19世纪的行为规范来要求女性，使她们的才能无法得到施展。女性尚未拥有完整的法律权益，不能参与投票；不能开设个人银行账户，财务完全由父亲或丈夫打理。第一次世界大战之后，女性在就业方面取得了重大的社会进步，在着装和与男性交往方面也取得了更多自由，但她们还是需要付出数倍的努力，才能在男性当中出人头地。

||||||||||||||||||||||||

　　女性抵抗者也未能逃脱恐怖的集中营。戴高乐的侄女吉纳维芙·戴高乐于 1943 年 7 月 20 日在巴黎博尼－拉丰帮的一次搜捕行动中被抓获，那时她 22 岁。她当时在从事与安妮·克里格尔和玛鲁西亚·纳伊琴科一样的卧底任务——传递情报和信息，协助犹太人及其他人逃跑。被捕后，她先是在法国监狱里被关了 6 个月，然后于 1944 年 2 月被送往拉文斯布吕克（Ravensbrück）集中营。这座集中营位于柏林北面，专门关押女性政治犯。吉纳维芙甚至在她 20 岁参加抵抗运动后，也从未隐瞒过自己与叔叔的关系，德国人知道自己钓到了一条大鱼。

　　吉纳维芙能听懂也会说德语，因此她能在营地里听到一些碎片化的信息，使她和狱友们的日子好过一些。她仍然是一名战士，顽强地与地狱般的残酷生活抗争。每当她的名字在每天早上和傍晚没完没了的点名中被提到时，一群女囚犯就会高喊"戴高乐万岁！"她为那些心灵空虚的人提供了无形的帮助。法国的许多女性抵抗者被关押在那里，包括热尔梅娜·蒂利翁。[22] 毫无疑问，吉纳维芙害怕孤单，不仅害怕她存活不下去，更害怕她的心智出问题。"当门被关上时，我不再孤单了。我的同志们提醒我，有一条血脉亲情般的纽带将我们所有人团结在一起。"吉纳维芙在拉文斯布吕克的名气就像雅克·吕塞朗在布痕瓦尔德时失明的双眼一样，如一把双刃剑，各有利弊。

　　她的回忆录特别关注细节。正如意大利电影导演维托里奥·德西卡（Vittorio de Sica）观察到的："穷人的生活里没有小事。"集中营的囚犯生活也是如此。像一只大蟑螂爬过牢房地面这样的细节，也不会被她忽略。她还写到囚犯们对自己身体入神的关注，这既是在集中营度量时间的方式，也是预测未来的方式。回忆录中的绝望情绪让她不断坚定一个信念：她生活在另一个宇宙里，一个时间支离破碎的地方。吉纳维芙写道："日子过得惊人地快，但每分每秒又像是没完没了。"并且更进一步说："时间已经不复存在；美梦与噩梦之间，甚至美梦与现实之间，不再有边界。"[23] 看守们（纳粹和被赋予监督职权的囚犯）的蛮横行为，为未来增加了更多的不确定性，给承受痛苦的肉体和产生幻觉的大脑带来无休止的压力。

　　但她在描述其他抵抗者的品质时，保持了清醒的观察和可靠的表述。"我发现这些女性彼此之间有很大的差异，年龄上的、社会背景上的、地理渊源上的。她们中大多数都是因为参与抵抗运动被捕的，动机虽不相同，但在拒绝战败事实和纳粹主义上是完全一致的……奥黛特（Odette）告诉我们，她16岁的儿子是如何（在她'受审'的时候）大喊道：'妈妈，别说话。妈妈！'"[24] 她的回忆录里还点缀了很多这样的小人物肖像，凸显了这些异常勇敢的女性如何威胁并震慑了敌人。这群女性因共同的愤怒和仇恨而团结在一起，代表了法国对一个不共戴天的政权最好的反击。卫兵们称她们为"碎片"（Stücke），但她们是女人，而且也证明了她们确实是女人。

　　吉纳维芙·戴高乐－安东尼奥（她战后的夫姓）在监禁中幸存下来，她的后代有幸通过她的描述，体会到整日在一个充满仇恨和残酷的地方生活的无尽疲惫。吉纳维芙和其他人的回忆录，比如夏洛特·德尔博（Charlotte Delbo）的《奥斯维辛及之后：我们无人生还》（*Auschwitz et après: Aucun de nous ne reviendra*），反映了年轻女性在集中营里就像她们被捕之前作为联络员和策划者在街道上行动一样勇敢。德国人虽然将男女分开安置，但对待犯人的方式同样残酷，而且不管犯人此前有没有参与抵抗运动。

被关在拉文斯布吕克的还有安妮斯·波斯特尔－维奈（Anise Postel-Vinay）。她于 1922 年出生在法国东部的汝拉（Jura）地区。她的母亲是一名知识分子，希望女儿们能了解信仰和宗教衍生出的复杂文化及哲学现象，而不只是对某个特定教派虔诚。她还确保女儿们学会德语，由于她们的家离德国不远，这项技能将成为安妮斯在拉文斯布吕克存活的关键。① 她也在那里与吉纳维芙·戴高乐及热尔梅娜·蒂利翁成为好朋友。

安妮斯被当作间谍逮捕并送进集中营。回忆录中她作为地下组织成员短暂的职业生涯，反映了早期抵抗者是多么混乱、无组织，甚至无能。像大多数的青少年，她想"做些什么"。她参与了 1940 年 11 月 11 日的香榭丽舍大街游行，差点被捕，但之后她得出一个结论：游行并不能阻止德国对法国的占领。安妮斯认为自己的德语和关于德国文化的知识一定能帮助一些激进组织，但她不知道要去哪里寻找这些组织。"我们都下定决心，必须对占领者做些什么，但做什么呢？怎么做？和谁一起呢？一些宣传小册子时不时会落到我们手里，但上面从来没有名字，也没有地址：根本无法知

---

① 2015 年，安妮斯出版了一部简短的回忆录——《活着》（*Vivre*），用行文流畅的散文回忆了自己和其他人在集中营里的辛劳。

道是谁印刷了这些东西。外人很难渗透进抵抗运动组织。"[25] 如上所述，大多数想"做些什么"的年轻人都遇到了这样的困境，除了共产主义组织的成员，他们早在 20 世纪 30 年代末就开始组织抵抗行动了。

安妮斯试图前往英国，但她母亲不允许她在没有朋友陪伴的情况下远行。没有人答应她的请求；大多数人都想等待战争结束，不惹出麻烦。最终，通过朋友的朋友，她联系到一个与英国情报部门有联系的女教授。很快她就被招募了，并被指派寻找和识别德国国防军的主要武器，尽管她在此事上毫无经验可言：

> 我对军事一窍不通，给我这样的任务简直是愚蠢至极；况且，我一想到完成不了任务就惊慌失措。让一个 19 岁的女孩分辨一辆坦克和另一辆的差别！……我连机枪和坦克的差别都分不清楚！在我看来，下士和上校根本没区别！[26]

当她被指派识别和清点离开巴黎郊区万赛讷（Vincennes）的德国坦克时，她大无畏地拿出了一卷裁缝的卷尺，巧妙地测量了坦克履带之间的距离差。她将这些信息发送给英国，指望那里的情报部门能识别出占领区的这些坦克类型。很快，她就被指派了各种各样的新任务，其中包括绘制炸弹爆炸图、识别德国掩体和围绕巴黎的防空气球。她变得非常擅长精准定位这些地点并拍摄照片，在勒阿弗尔（Le Havre）将情报传到英国。[①]当然，安妮斯的运气总要用光。1942 年 8 月，她从勒阿弗尔返回巴黎，此前她一直在勒阿弗尔为英国人收集情报，以便绘制一张能够精确定位破坏可能目标的地图，然后将情报带回巴黎。她在巴黎唯一的秘密联络人就是两年前招募她的那位教师。她抵达这位女士的住处后，发现公寓门口停着一辆黑色的大汽车，上面的官方证件赫然在目。有什么东西不对劲，她的直觉告诉她"不要上楼"，但她觉得那也许是一辆医生的汽车，就像她父亲的车一样，医生也能拿到这样的通行证。她爬上五楼，敲了敲门，期待着能看到教师的脸庞，门后却出现一个穿衬衫的年轻德国人。公寓已经暴露了，盖世太保正在搜查房间。安妮斯直直地走进一个陷阱，更糟的是，她的背包里还放着在勒阿弗尔拍摄的照片。

安妮斯由此开始了 3 年的监禁生活：先是在巴黎拉桑特监狱的一年，然后是弗雷讷监狱，最后是位于罗曼维尔（Romainville）的中转营。[②]大部分时间她都被单独监禁；尽管没有遭受酷刑的折磨，但死刑的威胁在她心头萦绕了 13 个月。1943 年 10 月，德国人突然命令她收拾东西，登上开往东方的列车，到拉文斯布吕克集中营去。在接下来的 18 个月里，她设法在这个地狱般的环境中生存

---

① 一直到 21 世纪，她才知道那些文件的翻译者之一就是著名的爱尔兰作家、诺贝尔文学奖获得者塞缪尔·贝克特（Samuel Beckett）。他是抵抗组织的积极成员，负责将文件从法语译成英语。

② 法国多年来一直都有"拘留营"，特别是在第一次世界大战期间，随着西班牙内战和德国占领，拘留营的数量激增。整个法国有超过 24 个收容营，罗曼维尔离巴黎非常近。

下去，直到 1945 年 4 月集中营解放。不是每个人都那么幸运。到战争结束时，没有人能统计集中营里被谋杀的女性和儿童的确切数目，但至少有 9 万人丧命，或许还有更多。

二战后，她嫁给了另一名抵抗者安德烈·波斯特尔－维奈（André Postel-Vinay），但她此生一直被一种深深的悲伤所笼罩，不只是因为她失去了自己的姐姐——她在被驱逐出境的过程中丧生，而是因为她似乎一直无法从过去走出来："我们回到一个已经解放了一段时间的国家，但那个国家已经忘却了它（回家）的囚犯。"[27] 人们在众多回忆录中都能找到类似的情绪，从德国或波兰的集中营回来是怎样的感觉；在德国被关押了 5 年的战俘回到祖国时也有同样的感受。他们的存在似乎在提醒法国人，正是他们在历史上的错误和道德上的败坏导致了战败和被占领。纳粹已经被击溃了，人们需要时间疗伤，需要时间忘记。但对那些无法忘记的人来说，回家只会给他们带来另一种永久性的伤害。

我们亏欠了这些年轻女性太多，正是她们不畏偏见，勇于抵抗凶残的敌人及其维希爪牙。多亏了她们的见证和回忆，从她们的记述中，我们依然感受得到她们对正义的激情。她们希望后世能记住，她们即使是在恐惧或迷惑的时候，依然努力参与抵抗运动，这是她们抵抗不公的另一种表现——尽管不公从未完全消失。

结　语

我感觉……（占领时期的）记忆……始终处于遗忘和健忘的持续斗争中。因为这层记忆繁多杂乱，因为遗忘掩盖了一切，我们只能窥见那段历史的碎片、那阴影处间断的显影和那段时间几乎无法掌控的人类命运。

——帕特里克·莫迪亚诺（Patrick Modiano）的 2015 年诺贝尔文学奖获奖演讲

写作这本书让我不断质疑大量的陈词滥调——关于成年、关于青春期男女的差异、关于离开童年的年轻人和他们长辈之间的关系，更不用说关于"抵抗运动"的定义了。我有时不得不揉揉眼睛，再来一杯梅多克葡萄酒。

这段悲剧的插曲很短，不到 5 年的时间里，四个不同的人群彼此之间爆发激烈的对抗：德国占领者、维希官僚及其支持者、抵抗运动成员和那些只想过好自己日子的人们。最后一个群体是人们所竭力争夺的，三个群体都极力想要争取他们的支持，或至少使他们在战争中保持中立。对任何人而言，这段时光都不轻松。但少数抵抗者的任务——无论是暴力的还是非暴力的——都是最艰难的。再次援引迈克尔·沃尔泽关于战争的道德要求与期望那复杂但极有帮助的研究，游击行动（这个术语从本质上定义了各种形式的抵抗行

动）在本质上具有欺骗性和道德上的腐蚀性。但战败者并没有太多
选择的余地去以其他形式进行反抗。"游击战在一开始进攻的时
候，只需要动员一小部分国民——非常小的一部分。他们依靠敌人
的反击来动员其他人……他们试图将滥杀无辜的战争罪行推给敌方
军队。"[1]

尽管法国年轻人对德国占领者的骚扰在军事上没有决定性的意
义，但这些年轻人确实在情绪上、心理上以及自尊心上，影响了那
些在法国只想坐等好结果的人。阿利亚·阿格朗认为，"抵抗运动"
更像是为了填补战败和胜利之间的空隙而存在的。[2] 抵抗的过程和
结果同样重要，甚至更重要。保持高昂的士气，提醒犯糊涂的公民
他们是罪行的受害者，并让大家对更美好的未来保持一点乐观，这
是这种带有明显政治色彩的准军事运动最显著的益处。

勇气让法国人突然做出反抗不公的决定。也许是我们太轻易使
用"勇气"这个词，来描述个人可能带来羞辱、伤害、驱逐或死亡
等一切具有惩罚性质的行为，让这个词变得烂俗。但这本书中描述
的大多数年轻人，所展现出的"突如其来的勇气"，却是一种罕见
的品质，眼前发生的事件迫使他们快速做出决定，且无暇考虑可能
的后果。

在法国被占领期间，有数百万年轻人没有加入任何抵抗组织。
我们看到，有一些人用不那么危险的方式，表达了对德国占领者的
厌恶。但也不要忘记，还有数不清的年轻人曾出于各种原因，抵抗
"抵抗运动"本身：因为他们父母的信仰，因为他们屈从于无处不
在的武力，因为他们觉得参与抵抗的同龄人是在炫耀自己，或者因
为他们被复兴的第三帝国迷住了。最后这群人，在 1942 年法国反

布尔什维主义志愿军团成立，或者 1943 年法兰西民兵成立时，立刻就报名加入了。这些男性青年在意识形态上并不成熟（老实说，许多支持戴高乐或共产党的年轻人也一样），但他们有一种与生俱来的本能，认为维持现状，或建立"新"欧洲的工作很重要。因此他们愿意响应唯一被承认的法国政府——法兰西国的号召，应征入伍。他们也有自己的故事，但他们不是我讨论的对象。

还有一些人，明白自己的生活发生了剧烈的变化，却不知如何应对。年轻的米舍利娜·布德就是这样的青少年。在她日记的最后一章，她总结了自己在那段日子的感受，从 14 岁到 18 岁，她一边成长，一边等待，试图从令人窒息的纳粹灰绿色制服之外寻求一丝解脱。这段文字记录于 1944 年 8 月 16 日，离巴黎解放还有 9 天时间：

> 为了这一刻，我们已经等待了 4 年！当我回想起（德国占领下）生命的不同阶段时，我看到自己，每 6 个月，都靠着唯一的希望——解脱，苦苦支撑。如果我们知道要等 4 年才能解脱，我们还会有勇气去生活、去等待吗？我们都心力交瘁。[3]

随着 1944 年夏末盟军成功登陆诺曼底的消息传开后，许多法国公民仍然对谁会赢得战争（或和平）一无所知，还有人半信半疑地认为也许会签署另一个停战协议，迫使德国人离开，或者让一个准法西斯的法国政权掌权。甚至有可能建立一个共产主义政权吗？共和国能幸存吗？尽管普通的法国公民没有太深的政治信仰，只想保全自己的性命，但他们渴望一个可预见的未来。

　　这种持续的迷茫导致了在战争的最后 10 个月中（1944 年 8 月
到 1945 年 5 月），越来越多年轻人被迫在成长中做出选择。他们
改变身份的行为堪称一出喜剧。最近的档案揭露了，年轻的法兰西
民兵——反戴高乐主义者、反共产主义者，以及一部分狂热的维希
支持者——设法让自己在每个阵营里都占有一席之地：他们身上
既有德国身份证，甚至是刚抵达法国的自由法国军队伪造的身份
证，也有地下组织成员的身份证明。有些人还会去寻找并加入游击
队，万一风向变了，与自己先前的预测不同——这种趋势也越来越
明显，他们好以此表明自己的诚意。隐秘的英国特别行动执行局
（British Special Operations Executive，简称 SOE）甚至会尝试招募年
轻的法兰西民兵作为法国内地军（FFI）的武装成员。英国特别行
动执行局会给这些年轻的无业游民一些除了德国通行证之外的其他
身份证件，方便他们自由行动；一些人则会冒充红十字会的工作人
员。他们随时准备加入似乎要胜利的任意一方。历史学家马克·贝
利埃（Marc Berlière）在研究战争末期这段绝望时光时，写道："国
民中有一大群人手里握着好多张牌，玩着双重甚至三重的欺骗游
戏……尽管是为了自己……他们同时伺候着不同的主子和靠山：德
国安全部门、法兰西民兵，还有抵抗运动组织。"[4]

　　此外我还提到，有另一种关于法国青少年对抗占领的叙事是值
得被关注的。历史学家瓦莱丽·迪肯（Valerie Deacon）指出，那
些最初极力反对莱昂·布鲁姆的人民阵线和左翼思想浪潮，并支持
贝当元帅的极右翼分子，后来在反对维希政府的时候也是最激进
的。很多这样在政治上立场不一的"重生"青少年，确实曾短暂地
做过抵抗者。

这些（极右主义）青少年在抵抗运动中的参与……说明了几件事……在重大危机到来的时候，根本无法预知人们会采取怎样的行动。人们只有回过头来思考才能确认，谁会或谁不会加入抵抗运动……这是一个不能用简单的概括来回应的问题。抵抗运动的社会学研究表明……年轻人更倾向于加入秘密的国内抵抗组织（也许他们觉得这样才能有更多的行动自由），而年长一些的人们更倾向于参与外部抵抗运动（戴高乐的自由法国）……但这些研究永远无法表明，战争中的行动就是由这些因素决定的。[5]

当然，这本书里被拿来举例的年轻人，都不是那么精于算计，也不太自私，他们值得被热爱政治自由的人们仰慕。但我们不要忘记，尽管戴高乐坚持不懈，并和他的助手让·穆兰付出了努力，却从未出现过官方牵头的铁板一块的抵抗运动。抵抗者始终是少数，即使在今天，我们已经解密了主要档案，也有很多口头和书写的见证，但许多抵抗者的动机和身份依然不为人所知。[①] 他们分散在法国各地，极其独立，对类似的其他组织持怀疑态度，时常受意识形态鼓舞，尽管如此，年轻的抵抗者们还是坚持着一个共同使命：削弱德军的军事力量，威胁维希政府这个恶劣的合作者。

青少年参与抵抗运动的历史——正如支持另一方的青少年，或那些只想观望的青少年一样——都是被事件驱动的，比如突然发生

---

① 这个事实在今天仍然令人惊讶。直到 2015 年 12 月，弗朗索瓦·奥朗德总统才终于打开政府持有的关于第二次世界大战的所有档案，包括奥赛码头（Quai d'Orsay，法国外交部所在地）、警察总局和国家档案馆的档案。

的军事变化，随着时间的推移，将对青少年产生微妙的影响。若说参与反抗的年轻人不像我们以为的那样成功，那就是忽视了德国占领期间相当一部分法国青少年的勇气，这种勇气有时很盲目，但通常充满激情。他们参与抵抗的原因也许千差万别，似乎缺乏目的性，但他们的判断确实导致他们采取了相关的行动。每个事件都能打开一扇通往未来的大门，而在那之前，这扇门是被阴云笼罩的。有些人只是受够了，想结束逃难回到家里；有些人想趁还来得及，赶紧加入；有些人则是因为别无选择，特别是犹太人。那个时代的法国年轻人有许多理由加入抵抗运动对抗两个残暴的政权。他们都是地下行动者，但他们的勇气昭然于天下。

||||||||||||||||||||||||||||

集体和组织的记忆塑造了一种强烈的幻觉，即第二次世界大战是一个以善胜恶的鲜明例子，是美国 20 世纪乃至 21 世纪最后一场真正的胜利。在某个道德秩序中，这种强烈的骄傲维系着我们的个人和社会自信。然而，我们内心深处都知道，这不过是一种幻觉，一种集体的安慰，因为任何一场人类冲突，都没有一方是完全善良而另一方是完全邪恶的。为了打败轴心国和他们可憎的意识形态，同盟国都做了什么？我们的行为就正当合理吗？到底什么是"战争罪行"？只有敌人的恶行才算"战争罪行"吗？第二次世界大战就明确无误是"正义的战争"吗？这样的问题会一直有人提出，而问题的答案也会一直被寻求。

大多数美国和欧洲公民都想要建立、维护一个理性、公平和公正的社会及政府表现模板。但正如我所写的，"第一世界"的许多国家，试图强行向世人灌输关于国家意识、宗教确信或种族纯洁的定义，结果导致数百万人再次被卷入曾主导了 20 世纪上半叶的共产主义、民族主义和法西斯主义的庞大试验中。倘若我们在 20 世纪后半叶成功解除了上述威胁，或至少对其加以遏制，那为什么它们会再次出现呢？这次又有什么不同呢？如果意大利、德国或美国的普通民众对于移民问题感到忧虑，我们如何能够缓解这种忧虑而不至于重走法西斯主义的老路呢？过去的解药能医治现在的弊病吗？历史还能作数吗？我们为什么不能记住历史，或者学会回顾历史呢？

　　另一个被不断提出的问题就是，如果没有青少年的积极参与，法国还会形成对专制政权的有效抵抗吗？事实上，早期抵抗运动的许多领袖和牺牲者都是成年人，年纪在 30—50 岁，甚至更年长。他们中的一些人是第一次世界大战的老兵，一些人在商界和政府的名望及人脉关系，给早期抵抗组织提供了巨大的优势。我并没有过多强调这一事实，因为其他人已经做过充分的论述了。此外，每个抵抗组织就像一支军队，都需要步兵。青少年在情感和心理上具有很强的可塑性，他们寻求认可，并随时准备张开才刚刚可以伸展的翅膀。他们当中最优秀的都不是随大流者。在危机时刻，许多年轻人看到改变自己未来的机会，因此偏离了长辈为他们规划的道路。他们被抵抗运动和任何有威胁性的意识形态所吸引，而无所谓其来源；他们也急于挑战那些破坏他们正在形成的信仰的人。对于青少年来说，在十几岁或 20 岁出头的年纪做决定，要比 10 年之后容易得多——虽然都不容易。青少年与同龄人的连接更紧密，无论在外表上还是内心深处，都与父母的经验和判断脱节。他们的道德世界更加清晰——这种"道德确定性"（moral certainty）是一种特质，而非偏差。

毋庸置疑，20 世纪 40 年代上半期在法国发生的事情是独一无二的。但各年龄层的人对历史事件的反应却是可以预测的。年纪稍长一些的人在挑战权威时也许有明确的原则，但可能会失去很多，如家庭、事业和好名声。因此，他们往往缺乏精力或内心的力量来改变既有的习惯。年轻人就没有那么多社会和道德上的困扰。通常他们都依赖于家庭或导师的支持，并期盼长辈的支持在他们对规则感到失望时也能保护他们。有些人的父母会支持他们，有些人的父母则不会。即使是最胆小的青少年也能找到一些勇气以穿过这个由义务和欲望组成的迷宫。

我在研究和交流的过程中发现，许多在 20 世纪 40 年代初参与抵抗德国占领的法国年轻人，都有一个压倒性的特质，那就是道德确定性。的确，那些没有对德国人感到愤怒或拿起武器抵抗的人，可能也十分确定自己的道德选择。但如果我们从这种表面的信念向下深挖一层，就会发现大量缘由证实了这些青少年事实上都在问同一个哲学上及意识形态上的问题：我要怎么过自己的生活？我要怎么保护我的家人？我要成为什么样的公民呢？我只需要考虑自己的幸福吗？

我在书中呈现的这些青少年，当时势让他们为一个更好的未来而献身时，他们自己也倍感惊讶。他们意识到还有比族群和家族感情更重要的价值，他们中有一些人甚至超脱了民族主义的限制，为一个更广阔的理念——在政治和社会上获得自由——而奔走。在这些黑暗岁月里，他们全身心投入这些事件中，试图对当下产生一些影响，以迎接一个更明朗的未来。但他们也许并不明白，自己在危险的公共领域里采取行动的决定，会影响到未来的年轻一代，这些未来的年轻人回过头来会问：我当时会怎么做？我能有多勇敢？ ①认为未来会更美好的想法并不新颖，也不局限于"激进分子"或"反动分子"，它更像是每个公民的梦想，尽管这个梦想已经被当权者的偏见所扭曲。我们当中许多人都是如此，无论当下有多么要紧的事，都像爱尔兰人说的，始终抱有一种对未来的期许。而对于过去，我们努力拒绝被选择性粉饰过的记忆。

这种反对暴力、傀偏政治和邪恶种族主义的激情，并没有随着第三帝国的覆灭和维希政府的瓦解而从法国消失。一个很好的例子可以解释这点：二战结束后的 40 年中，阿道弗·卡明斯基继续为那些抵抗殖民主义、独裁统治或受到不公正迫害的人们伪造证件。他的名声响彻全球——在南美、非洲、中东，甚至在美国，他帮助那些试图逃避越战征兵的人。他从没有暴露身份，也没有被捕。但最终，他担心自己的运气用尽，也希望能过上正常的生活。阿道弗于 20 世纪 70 年代放下了自己的伪造工具，开始了作为天才摄影师的全新职业生涯。从黑暗到暗室，他与世界互动，重现人们的记忆。

|||||||||||||||||||||||||

在危险和艰难时期的年轻人很少考虑到他们的行为能造成的最

---

① 2013 年，法国散文家皮埃尔·巴亚尔（Pierre Bayard）写了一本书《我会成为抵抗者还是刽子手？》（*Aurais-je été résistant ou bourreau?*）。在书中他思考了这个时期年轻人所承受的压力，并得出一个结论：他绝不会通敌，但可能会安静地等待占领结束，除非有一名好友或爱人促使他参与抵抗。事实上，他是在表明，他的"道德确定性"会处在不确定的状态中。

深远影响。我要行动，因为行动在召唤。我要行动，因为我深信某件事或物。我要行动，以确立我的身份和信仰。我要行动，以改变世界。他们很少会想得再远一点，比如我要行动，尽管这会让我丧命，或者我要行动，尽管会让我的家人处于危险中。在为高尚行为所付出的个人代价面前逞能，这是年轻人冒险的最大特点，就像今天的年轻人一样。青少年确实会违反规则，一些人会安然接受惩罚，有些人则会因这个不公平的世界没有考虑到个体的特殊性而愤怒。但当整座道德大厦出现裂痕甚至倾覆时，当青少年看到他们的长辈在不断变化的规则面前愤怒、彷徨或恐惧时，他们会觉得没有把握，因为他们一直都受到这些规则制定者的保护。不过他们也很兴奋——他们尝到了自由的味道，一种可以不按规矩行事的自由的味道。这就是1940—1945年的法国。

安妮·克里格尔认为，她和她的组织在黑暗岁月里所做的事，不能与年轻人为了让政府难堪而走上街头违反法规的行为相提并论。她说，无论战后的学生们在对抗警察的殴打、催泪弹和短暂的逮捕时多么勇敢，他们都不必冒着生命危险（当然，在一些社会里，直言不讳的年轻人确实可能遭受严重的伤害）。安妮与同时代的共产主义者和犹太同伴们，在别无选择的情况下被迫起身反抗。对他们而言，没有任何保护，不行动就只能躲藏，年龄和性别都不再重要。重要的是，他们要为这个国家已然失落的价值，为自己的价值，献出自己的生命。安妮有一个观点：起身反抗一个专制的、暴力的、极端不安全的国家，与只是批评一个国家顽固不化、冷酷无情，是两种完全不同的行为。她和她的同伴们向自己的家人撒了谎，他们迅速建立又迅速终止彼此的亲密关系，并时刻处在警觉中：

我们被危险和恐惧包围……当夜幕降临，伸手不见五指时，我会不断想到它——这种恐惧，它是从我被中断的童年中催生出来的。请理解我：勇气不是在一切都预示着危险时感受不到恐惧；勇气是冷静地去做必须要做的事，以确保（每一次成功），并且为同伴做同样的事。勇气迫使你重复地做出有制约性的行动……勇气是自制力，在讽刺和幽默的作用下它会变得令人愉悦，就像蓬松的蛋奶酥。[6]

关于勇气，我不知道是否还有比这些年轻人自己所描述的更好的定义。恐惧总是会存在——害怕警察，当然还害怕失败，害怕让同伴失望，害怕无意中泄露情报，害怕辜负信任。比起被朋友发现你的粗心大意或被吓得失去行动能力，被警察跟踪并没有那么可怕。

那我们是否可以得出结论，即我们永远都需要，甚至要指望，年轻人的激情（通常是因为他们没有负担的天真）来促使那些不再年轻的人更加勇敢？这本书中有很多内容都提醒老练的读者们，从童年到成年的过渡是一个灰色地带，而生理上的标志只能解释这种过渡的一部分。每个青少年长大的方式都不一样，这取决于他或她的社会阶层、家庭结构、居住环境、宗教和政治背景等。成长不但是一个艰难的过程，也几乎无法用任何方式去精准地解释。关于青少年如何在混乱、灾难或暴力环境下长大成熟的研究表明，一些我们常常赋予他们的特征，比如喜怒无常、粗鲁无礼、对隐私的高度需求、情绪混乱等，与他们在做出决定性行动时的责任感形成鲜明对比。正如有人曾说过，作为一名青少年，就意味着你不知道自己不该做或不能做什么。当然你曾经被告知规则是什么，但这些规则必须要经过检验，否则你可能会消失在一片森林里，成为其中一棵隐形的树。

今天的报纸和社交媒体上，满是世界各地的年轻人以热情和固执抵抗可怕未来的故事。[1] 气候变化、独裁政府的兴起、美国的枪支暴力、在即使是最宽容的国家也存在的赤裸裸的种族主义、女性面临的性别不平等以及再次出现的核毁灭阴影，激起了整整一代人的怒火。他们被称作"后千禧一代"或"Z世代"（那些在20世纪90年代中后期到21世纪初出生的人）。他们表明立场，让自己的声音洪亮到那些政治掌权者都能听到。正如我在前言中指出的，那些愤世嫉俗者以居高临下的态度欣赏他们。那些冷眼旁观的人会说："等到了要考试的时候，或到了夏天，或等到他们毕业了找到工作后，他们就会冷静下来了。"但我们当中有许多人，作为这些年轻人的长辈，都私心希望他们能够点燃一把火，让我们和那些控制我们生活的人感到畏惧。我们对他们的正直和直率表示敬意，但这不足以让我们放下自己的工作、事业或社会地位加入他们的行列。

我在开始写作这本书的时候意识到，法国很难细数在德国占领期间，其境内到底发生了什么。这不是判断，而是事实。同样，法国在过去几十年中变得越来越透明和坦诚，这也是事实。我询问克

---

[1] 就在我完成这本书的时候，奇怪的是，法国正在纪念1968年堪称准革命事件的"五月风暴"。该事件发生在1968年5—6月，最终导致了戴高乐总统的下台。而在2018年底至2019年初，发生了"黄马甲"运动，这场运动由法国经济上的中低阶层领导，因为他们认为自己被这个不平等的社会抛弃了。

劳德·魏尔，战后他是否因为与德国人两年多的斗争得到法国政府的嘉奖。他看上去十分惊讶，回答说："没有，为什么要嘉奖我呢？"他显然不认为自己是英雄，而是认为自己只不过是一个小小的齿轮，参与了一场为自由而战的斗争并最终取得了胜利。战后，他回到巴黎，继承了父亲的产业，事业成功。

我们都羡慕这些年轻人无私的勇气——以及他们拒绝认为自己超凡脱俗的谦逊——这种勇气是对他们的生活结构中预想不到的眼泪和意料之外的事件突然迸发的回应，无论他们是非法移民还是处境舒适的美国人。在我执教的几十年中，我见过还是青少年就参与投票的选民，也一直惊叹于他们的热情、好奇和正派。我问自己：他们长大后还会保持同样的道德热忱吗？当我们寻求社会和政治安定时，我们的民主制度在本质上，是以磨灭政治热情来维持稳定的吗？如果是这样，当愤怒的派系和不道德的领导人开始威胁我们最引以为傲的价值时，我们应当怎么办？谁能抵挡住诱惑，不至于默许让社会彻底退回到那个贫瘠又残酷无情的时代呢？只有孩子们吗？

致　谢

　　致谢总是写作一本书的过程中最令人胆怯的部分，因为一名作者不能仅仅靠检查自己的笔记、到图书馆查阅资料，或上网搜索，他还必须依赖自己的记忆，回想每一个曾经帮助他完成写作的人。而众所周知，记忆是多么的靠不住。为此，我已经力求做到最好。

　　我要将这本书献给以下三个人，我对他们的感激难以尽述。在他们的帮助下，这本书得到了极大完善。斯泰西·希夫（Stacy Schiff）是一名直觉敏锐的传记作家和极富天赋的写作者，她是一个我任何时候都能寻求帮助的专家。英格利希·肖沃尔特（English Showalter）一直用他的"激光眼"审视我的文字，就像几十年前他担任我的论文导师时那样。菲利普·罗什福尔（Philippe Rochefort）自己也是历史学者，总是愉快地与我一同讨论法国的历史。我向他们三位献上我的喜爱和敬意。

　　海关出版社（Custom House）的杰夫·山德勒（Geoff Shandler）是一名无可挑剔的编辑，我深深地感激他指引我完成又一部关于纳粹恶行和勇敢的法兰西人的作品。在这个作品成形之前他已抱有信心，这本书的完成有他的一半功劳。

　　在哈珀·柯林斯（Harper Collins）出版社、威廉·莫罗（William Morrow）出版社和海关出版社，我要感谢以下同事对我的作品从始至终的信心：利亚特·斯特赫利克（Liate Stehlik，威廉·莫罗的出版人）、凯利·鲁道夫（Kelly Rudolph）、莫琳·科尔（Maureen Cole，宣传总监）、尼亚美克·瓦利亚亚（Nyamekye Waliyaya）、安德烈亚·莫利托（Andrea Molitor）、埃万耶洛斯·瓦斯拉基斯（Evangelos Vasilakis）、欧文·科里根（Owen Corrigan，正是他设计了这么吸睛的封面）、林恩·格雷迪（Lynn Grady）、本·施泰因贝格（Ben Steinberg）、凯莉·乔治（Kayleigh George）、安迪·勒孔特（Andy LeCount，这是他经手优化的我的第二本书）、莫莉·根德尔（Molly Gendell）和一丝不苟的范迪卡·康纳（Vedika Khanna，是她敦促我遵照计划和时间完成写作）。我很荣幸由辛西娅·巴克（Cynthia Buck）来当本书的文字编辑，她细致入微、富有热情且坚持不懈。如果你在本书发现有任何错别字或病句，那错都在我不在她。

盖里·托马（Geri Thoma）是这本书忠实又富有野心的代理人，到现在还会以智慧和热情回复我的电话。她是我获得资讯的不竭来源。

30 年来，阿默斯特学院（Amherst College）都是我职业生涯的归宿，为我这个老师兼学者提供了理想的工作环境。在学院里，我不但能与求知欲旺盛的学生们交流，学院的行政部门也一直无私地支持我的研究——为了写书我需要付出时间、借用工具，并要时常出差。我去法国的多次旅行都是由机构拨款和奖金支付的，最新的一笔资助就来自学院院长凯瑟琳·爱泼斯坦（Catherine Epstein）的办公室，她本人也是德国纳粹的研究专家。此外，还有校友阿克赛尔·舒普夫（Axel Schupf）的慷慨支持，他多年来一直资助阿默斯特学院的研究和教学。

阿默斯特学院的研究和技术设备确保了我的研究效率。信息技术部门的杰恩·洛维特（Jayne Lovett）以耐心和幽默，帮助我解决Mac 电脑的问题，让我不至于抓狂。邓斯坦·麦克纳特（Dunstan McNutt）、苏珊·谢里登（Susan Sheridan）、朱迪·莱夫利（Judy Lively）、苏珊·金博尔（Susan Kimball）和史蒂文·海姆（Steven Heim）都是出色的图书管理员和研究员，让我在浩如烟海的资料里高效地找到我所需要的信息，从没有乱了阵脚。还有汉利（Hanley）、蕾切尔（Rachel）和朱莉娅（Julia）这几个好姐妹，一直没有放弃教我使用社交媒体。

而我学院的同事们，无论是在阿默斯特学院还是其他地方，我都要为你们献上我的感激，感谢你们聆听、询问并支持我的研究，有你们这样聪明、慷慨并会提出关键性批判的朋友们来纠正、鼓励和支持我，是我的幸运：凯瑟琳·拉法热（Catherine Lafarge）、朱迪丝·梅恩（Judith Mayne）和萨拉·布伦奈斯（Sara Brenneis）；我在阿默斯特学院法语系出色的同事们，劳雷·卡察罗斯（Laure Katsaros）、罗萨利纳·德拉卡雷拉（Rosalina de la Carrera）、保罗·罗克韦尔（Paul Rockwell）、拉斐尔·西加尔（Raphaël Sigal）、萨娜姆·纳迪尔－伊斯法哈尼（Sanam Nader-Esfahani）和雷纳·乌登（Raina Uhden）；以及我们不可或缺的学务助理伊丽莎白·埃迪（Elizabeth Eddy），她乐于助人的热情让人称赞不已。

我还要感谢那些在我完成这本书时，在大大小小的方面帮助过我的人：西德内·柯尼希斯贝格（Sidne Koenigsberg）、鲁达·多芬（Ruda Dauphin）、苏·塔尔博特（Sue Talbott）、哈丽雅特·罗什福尔（Harriett Rochefort）、约翰·卡岑巴赫（John Katzenbach）、马德琳·布莱（Madeline Blais）、乔·埃利斯（Joe Ellis）、威廉·库利（William Cooley）、詹姆斯·杨（James Young）、莉萨·埃兹（Lisa Ades）、居伊（Guy）、布里吉特·比佐（Brigitte Bizot）、莫妮克·拉茹尔纳德（Monique Lajournade）、米谢勒·拉茹尔纳德（Michèle Lajournade）、马克·舒尔茨（Marc Schulz）、已故的理查德·贝班（Richard Beban）、汤姆·施瓦布（Tom Schwab）、迈克尔·奈贝格（Michael Neiberg）、艾伦·马蒂（Alan Marty）和让·萨洛蒙（Jean Salomon）。

克劳德·魏尔今年已经 90 岁了，还几次邀请我到他家里做客，并且将他在法国被占领时期引人入胜的故事讲给我听。他的开放、正直和直率使我更加钦敬那许多年轻人的牺牲，是他们照亮了那个黑暗年代。

感谢所有曾读过《当巴黎黑暗时》后，鼓励我就这个阴郁的年代再写一本书的读者们，我为此感激不尽。

巴黎的犹太人大屠杀纪念馆（Mémorial de la Shoah）是我合作过的，最令人愉悦、乐于助人且成果丰硕的档案馆之一。我要特别感谢利奥尔·拉利厄－斯马亚（Lior Lalieu-Smadja）女士，是她介绍我了解研究中心丰富的照片档案。

这本书的大部分写作都得到了阿默斯特学院的学生们不可估量的协助，他们为此献出了大量的时间和精力。特里·李（Terry Lee）从一开始就是我得力的帮手，无论是在阿默斯特还是在巴黎；帕特里克·弗勒内特（Patrick Frenett）则教会我如何使用虚拟地图。

两名年轻学生雅各布·舒尔茨（Jacob Schulz）和亨利·牛顿（Henry Newton），他们来到阿默斯特的最初几个月就参与了《突如其来的勇气》这个项目。直觉告诉我这两个热切的年轻人头脑极其聪明，而且渴望学到更多常规课程之外的东西。亨利·牛顿是大学二年级学生，他以新人身份加入这个项目后就立刻快马加鞭地展开工作。他勤奋努力、聪明灵巧，在危机出现时总能沉着冷静。雅各布则是一名高年级学生，四年中他都是一个耐心沉稳、不知疲倦的研究者，甚至在波尔多政治学院（Institut d'études politiques de Bordeaux）开始学习后也如此。他的想象力和深刻的历史意识在整本书中都有所体现。他还成为我的好朋友，每次当我以为这个项目永远无法终结的时候，他都给我沉静的力量。我对他的感谢无以言表。

最后，我要向贝蒂（Betty）献上我最深切的感激，她是我的妻子、伴侣，是我从还年轻时就一直在身边的朋友。她的爱是我最大的财富；她对装腔作势和长篇大论的不耐烦，是对我最有用的指引。她敏锐的眼光一直在督促我精进自己的写作。我的儿子米歇尔（Micheal）和他的妻子海迪（Heidi）一直都在背后支持我。还有我的孙子伊迪（Edie）和格里芬（Griffin），经常提醒我年轻人身上的勇气、诚实和忠诚——这些品质你们都在书中读到了。

2019 年 1 月
于阿默斯特和巴黎

参考书目

Agence-France Presse. "Marine Le Pen Denies French Role in Wartime Roundup of Paris Jews."*Guardian*. April 9, 2017. https://www.theguardian.com/world/2017/apr/09/ marine-le-pen-deniesfrench-role-wartime-roundup-paris-jews.

Aglan, Alya. *La Résistance sacrifiée: Histoire du mouvement.* Paris: Flammarion, 2005.

————. *Le Temps de la Résistance* [Time in the Resistance]. Arles: Actes Sud, 2008.

————. *La France défaite 1940–1945: La Documentation photographique.* Dossier 8120 (November–December 2017). Paris: Documentation Française, 2017.

Alary, Éric. *Un Procès sous l'Occupation au Palais-Bourbon: Mars 1942* [A trial during the occupation at the Palais-Bourbon: March 1942]. Preface by Jean-Pierre Azéma. Paris: Assemblée Nationale, 2000.

Alary, Éric, Gilles Gauvin, and Bénédicte Vergez-Chaignon. *Les Français au quotidien, 1939–1949.* Paris: Tempus Perrin, 2009.

Albertelli, Sébastien. *Atlas de la France libre: De Gaulle et la France libre: Une Aventure politique* [Atlas of Free France: De Gaulle and Free France: A political adventure]. Paris: Éditions Autrement, 2010.

Amis de la Commission centrale de l'enfance. *Les Juifs ont résisté en France, 1940–1945.* Paris: AACCE, 2009.

Amouroux, Henri. *Vie des Français sous l'Occupation.* Paris: Arthème Fayard, 1961.

Andrieu, Claire. "Women in the French Resistance: Revisiting the Historical Record." *French Politics, Culture, and Society* 18, no. 1 (Summer 2000): 13–27.

Assouline, Pierre, et al. *Les Collabos.* Paris: Arthème Fayard, 2011.

Aubrac, Lucie. *La Résistance expliquée à mes petits-enfants.* Paris: Éditions du Seuil, 2000.

Audiat, Pierre. *Paris pendant la guerre: Juin 1940–août 1944.* Paris: Librairie Hachette, 1946.

Azéma, Jean-Pierre. *1940: L'Année noire.* Paris: Points, 2012.

————. *L'Occupation expliquée à mon petit-fils.* Paris: Éditions du Seuil, 2012.

Balvet, Dominique, Bruno Leroux, et al. *Dictionnaire historique de la Résistance.* Paris:

Robert Laffont, 2006.

Baronnet, Jean. *Les Parisiens sous l'Occupation: Photographies en couleurs d'André Zucca*. Paris: Gallimard, 2000.

Baruch, Marc Olivier. *Le Régime de Vichy*. Paris: La Découverte, 1996.

Basse, Pierre-Louis. *Guy Môquet, une enfance fusillée* [Guy Môquet, an executed childhood]. Paris: Stock, 2000.

Baumel, Jacques. *Résister: Histoire secrète des années d'Occupation*. Paris: Albin Michel, 1999.

Bayard, Pierre. *Aurais-je été résistant ou bourreau?* [Would I have been a resister or an executioner?]. Paris: Éditions de Minuit, 2013.

Bazin, André. *French Cinema of the Occupation and Resistance: Birth of a Critical Aesthetic*. Translated by S. Hochman. New York: Frederick Ungar, 1982.

Belot, Robert, ed., with Éric Alary and Bénédicte Vergez-Chagnon. *Les Résistants: L'Histoire de ceux qui réfusèrent*. Paris: Larousse, 2015.

Benoit, Floriane, and Charles Silvestre. *Les Inconnus de la Résistance: Livre d'un témoignage collectif*. Paris: Éditions Messidor, 1984.

Bensoussan, Georges, ed. *Atlas de la Shoah*. Paris: Autrement, 2014.

Berlière, Jean-Marc de. *Policiers français sous l'Occupation* [The French police under the Occupation]. Paris: Perrin, 2001.

Berlière, Jean-Marc de, and François Le Goarant de Tromelin. *Liaisons dangereuses: Miliciens, truands, résistants, Paris 1944* [Dangeous liaisons: Miliciens, truants, resisters, Paris 1944]. Paris: Perrin, 2013.

Berlière, Jean-Marc, and Franck Liaigre. *L'Affaire Guy Môquet: Enquête sur une mystification officielle* [The Guy Môquet affair: An official hoax]. Paris: Larousse, 2009.

Besse, Jean-Pierre, and Thomas Pouty. *Les Fusillés: Répression et exécutions pendant l'Occupation, 1940–1944* [The executed: Repression and executions during the Occupation, 1940–1944]. Paris: Éditions de l'Atelier, 2006.

Béthouart, Antoine. *Cinq Années d'espérance: Mémoires de guerre 1939–1945*. Paris: Plon, 1968.

Birnbaum, Pierre. *Léon Blum: Prime Minister, Socialist, Zionist*. Translated by Arthur Goldhammer. New Haven, CT: Yale University Press, 2015.

Bloch, Marc. *L'Étrange défaite: Témoignage écrit en 1940* [A strange defeat: Eyewitness account, written in 1940]. Paris: Gallimard, 1990.

Bohec, Jeanne. "La Plastiqueuse à bicyclette." *Vingtième Siècle: Revue d'histoire* 66, no. 1

(2000): 181–182.

Boiry, Philippe, and Jacques Baumel. *Les Jeunes dans la Résistance*. Périgueux: Pilote 24, 1996.

Bood, Micheline. *Les Années doubles: Journal d'une lycéenne sous l'Occupation*. [The double years: Journal of a high school girl under the Occupation]. Introduction by Jacques Labib. Paris: Robert Laffont, 1974.

Bourdais, Henri. *La JOC sous l'Occupation allemande: Témoignages et souvenirs d'Henri Bourdais*. Paris: Les Éditions de l'Atelier–Éditions Ouvrières, 1995.

Bourdieu, Pierre. "La 'Jeunesse' n'est qu'un mot." In *Questions de sociologie*. Paris: Éditions de Minuit, 1984.

Boursier, Jean-Yves. *La Politique du PCF, 1939–1945: Le Parti communiste français et la question nationale*. Collection Chemins de la Mémoire. Paris: L'Harmattan, 1992.

Bowers, Paige. *The General's Niece: The Little-known de Gaulle Who Fought to Free Occupied France*. Chicago: Chicago Review Presss, 2017.

Bragança, Manuel, and Fransiska Louwagie. *Ego-Histories of France and the Second World War: Writing Vichy*. New York: Springer International Publishing, 2018.

Broche, François. *Dictionnaire de la Collaboration: Collaborations, compromissions, contradictions*. Paris: Belin, 2014.

———. *Où était la France? Vél d'Hiv, juillet 1942*. Paris: Pierre-Guillaume de Roux, 2017.

Broche, François, and Jean-François Muracciole. *Histoire de la Collaboration (1940–1945)*. Paris: Tallandier, 2017.

Browning, Christopher R. *Ordinary Men: Reserve Police Battalion 101 and the Final Solution in Poland*. New York: Harper Perennial, 1998.

Bruneau, Antone. *Journal d'un collabo ordinaire*. Paris: Éditions Jourdan, 2018.

Buisson, Patrick. *1940–1945, Années érotiques*, vol. 1, *Vichy, ou, Les Infortunes de la vertu*. Paris: Librairie Générale Française, 2011.

———. *1940–1945, Années érotiques*, vol. 2, *De la Grande Prostituée à la revanche des mâles*. Paris: Librairie Générale Française, 2011.

Burrin, Philippe. *La France à l'heure allemande: 1940–1944*. Paris: Éditions du Seuil, 1995.

Bynner, John. "Rethinking the Youth Phase of the Life-Course: The Case for Emerging Adulthood?" *Journal of Youth Studies* 8, no. 4 (December 2005): 367–384. https://doi.org/10.1080/13676260500431628.

Cabanel, Patrick. *Chère mademoiselle: Alice Ferrières et les ende Murat, 1941–1944*. Preface by Mona Ouzof. Paris: Calmann-Lévy/Mémorial de la Shoah, 2010.

————. *Histoire des Justes en France*. Paris: Armand Colin, 2012.

————, ed. *La Montagne refuge: Accueil et sauvetage des Juifs autour du Chambon-sur-Lignon*. Paris: Albin Michel, 2013.

————. *Résister: Voix protestantes*. Nîmes: Alcide, 2014.

————. *De la Paix aux résistances: Les Protestants français de 1930 à 1945*. Paris: Arthème Fayard, 2015.

Capdevila, Luc, ed. *Hommes et femmes dans la France en guerre: 1914–1945*. Paris: Payot, 2003.

Carrard, Philippe. *The French Who Fought for Hitler: Memories from the Outcasts*. Cambridge: Cambridge University Press, 2010.

Cauchy, Pascal. *Les Six Miliciens de Grenoble*. Paris: Vendémiaire, 2015.

Cera, Jean-François. "Les Raisons de l'engagement de volontaires français sous l'uniforme allemande." Thesis, University of Nice Sophia Antipolis, 1992.

Chamboredon, Jean-Claude. "La Délinquance juvenile: Essai de construction d'objet." *Revue française de sociologie* 12, no. 3 (1971): 335–377.

Charles, François. *Vie et mort de Poil de Carotte: Robert Lynen, acteur et résistant* [Life and death of Carrot-top: Robert Lynen, actor and resister]. Strasbourg: La Nuée Bleue, 2002.

Chemla, Véronique. *Les Juifs ont résisté en France: 1940–1945*. Paris: Association des Amis de la Commission Centrale de l'Enfance, 2009.

Christophe, Francine. *Une Petite Fille privilégiée: Une Enfant dans le monde des camps, 1942–1945*. Paris: L'Harmattan, 1996.

Cloonan, William J. *The Writing of War: French and German Fiction and World War II*. Gainesville: University Press of Florida, 1999.

Cobb, Richard. *French and Germans, Germans and French: A Personal Interpretation of France under Occupations, 1914–1918/1940–1945*. Hanover, NH: University Press of New England, 1983.

Cohen, Asher. *Persécutions et sauvetages: Juifs et Français sous l'Occupation et sous Vichy*. Paris: Éditions du Cerf, 1993.

Cointet, Jean-Paul. *Paris 40–44*. Paris: Perrin, 2001.

Cointet, Michèle. *Marie-Madeleine Fourcade: Un Chef de la Résistance*. Paris: Perrin, 2006.

————. *Les Françaises dans la guerre et l'Occupation* [French women at war and during the Occupation]. Paris: Arthème Fayard, 2018.

Collectif, Agnes Blondel. *Manuel de résistance*. Paris: Des Équateurs, 2015.

Collet, Jean. *A 20 ans dans la Résistance 1940–1944*. Paris: Graphein, 1999.

Collette, Paul. *J'ai tiré sur Laval* [I shot at Laval]. Caen: Ozanne & Compagnie, 1946.

Collin, Claude. *Jeune Combat: Les Jeunes Juifs de la MOI dans la Résistance*. Grenoble: Presses Universitaires de Grenoble, 1998.

Combès, Gustave. *Lève-toi et marche: Les Conditions du relèvement français*. Toulouse: Édouard Privat, Libraire-Éditeur, 1941.

Corday, Pauline. *J'ai vécu dans Paris occupé* [I lived in Occupied Paris]. Montréal: Éditions de l'Arbre, 1943.

Cordier, Daniel. *Alias Caracalla*. Paris: Gallimard, 2007.

Cortanze, Gérard de. *Zazous*. Paris: Albin Michel, 2016.

Courtois, Stéphane, Denis Peschanski, and Adam Rayski. *Le Sang de l'étranger: Les Immigrés de la MOI dans la Résistance* [Blood of the foreigner: The immigrants of the MOI (Immigrant Workers) in the Resistance]. Paris: Arthème Fayard, 1989.

Crémieux-Brilhac, Jean-Louis. *La France libre: De l'Appel du 18 juin à la Libération*. [Free France: From the speech of 18 June (1940) until the liberation]. Paris: Gallimard, 1996.

———. *De Gaulle, la République, et la France libre*. Paris: Tempus Perrin, 2014.

Cyrulnik, Boris. *Sauve-toi, la vie t'appelle*. Paris: Odile Jacob, 2012.

Deacon, Valerie. *The Extreme Right in the French Resistance: Members of the Cagoule and Corvignolles in the Second World War*. Baton Rouge, LA: Louisiana State University Press, 2016.

Delbo, Charlotte. *Auschwitz et après: Aucun de nous ne reviendra* [Auschwitz and after: Not one of us will return]. Paris: Éditions de Minuit, 1970.

Déreymez, Jean-William, ed. *Être jeune en France (1939–1945)* [To be young in France (1939–1945)]. Paris: L'Harmattan, 2001.

Desprairies, Cécile, and Serge Klarsfeld. *Paris dans la Collaboration*. Paris: Éditions du Seuil, 2009.

Diamant, David. *250 Combattants de la Résistance témoignent*. Paris: L'Harmattan, 1991.

———. *Jeune Combat: La Jeunesse juive dans la Résistance*. Paris: L'Harmattan, 1993.

Domenach-Lallich, Denise. *Demain il fera beau: Journal d'une adolescente (5 novembre 1939–septembre 1944)*. Lyon: Éditions BGA Permezel, 2001.

Douzou, Laurent. *La Résistance française: Une Histoire périlleuse*. Paris: Éditions du Seuil, 2005.

———. "La Résistance: Une Affaire d'hommes?" *Cahiers de l'IHIP 31* (October 1995): 11–24.

Drapac, Vesna, and Gareth Pritchard. *Resistance and Collaboration in Hitler's Empire*.

Studies in European History. London: Palgrave, 2017.

Dreyfus-Armand, Geneviève. "L'Émigration politique espagnole en France après 1939." *Matériaux pour l'histoire de notre temps* (July–December 1985): 82–89. https://doi. org/10.3406/mat.1985.403925.

Druckerman, Pamela. "If I Sleep for an Hour, 30 People Will Die." *New York Times,* October 2, 2016. https://www.nytimes.com/2016/10/02/opinion/sunday/if-i-sleep-for-an-hour-30-people-will-die.html? smprod=nytcore-ipad&smid=nytcore-ipad-share.

Duranton-Cabrol, Anne-Marie. Review of Ralph Schor, "L'Antisémitisme en France pendant les années trente." *Vingtième Siècle: Revue d'histoire* 36, no. 1 (1992): 112–115.

Eismann, Gaël. *Hôtel Majestic: Ordre et sécurité en France occupée (1940–1944)* [Hotel Majestic: Order and security in Occupied France (1940–1944)]. Paris: Éditions Tallandier, 2010.

Elek, Hélène. *La Mémoire d'Hélène.* Paris: F. Maspero, 1977.

Endewelt, Robert. "L'Engagement dans la Résistance des jeunes Juifs parisiens avec la MOI (1940–1945)." *Cahiers d'histoire 129* (October 2015): 139–150.

Éparvier, Jean. *À Paris sous la botte des nazis.* Paris: Le Cherche Midi, 2014.

Fauxbras, César. *Le Théâtre de l'Occupation: Journal, 1939–1944.* Paris: Allia, 2012.

Fichtenberg, Roger. *Journal d'un résistant juif dans le sud-ouest.* [Journal of a Jewish resister in the southwest]. Paris: Éditions le Manuscrit, 2015.

Fishman, Sarah. *The Battle for Children: World War II, Youth Crime, and Juvenile Justice in Twentieth-Century France.* Cambridge, MA: Harvard University Press, 2002.

———. *We Will Wait: Wives of French Prisoners of War, 1940–1945.* New Haven, CT: Yale University Press, 1991.

Fiss, Karen. *Grand Illusion: The Third Reich, the Paris Exposition, and the Cultural Seduction of France.* Chicago: University of Chicago Press, 2009.

———. "Cinema in the 1930s: Exile as Experience and Metaphor." *In Encounters with the 1930s* (exhibition catalog): 251–264. Edited by MNCARS Publications Department and La Fábrica. Madrid: La Fábrica, 2012.

Fogg, Shannon Lee. *The Politics of Everyday Life in Vichy, France: Foreigners, Undesirables, and Strangers.* Cambridge: Cambridge University Press, 2009.

Fontaine, Thomas, and Denis Peschanski, eds. *La Collaboration: Vichy, Paris, Berlin, 1940–1945.* Exposition catalog. Paris: Tallandier, 2018.

Foulon, Charles-Louis, Christine Levisse-Touzé, and Jean-Noël Jeanneney. *Les Résistants,* vol. 1, *Jean Moulin et les soutiers de la gloire.* Paris: Société Éditrice du Monde, 2012.

Foulon, Charles-Louis, Christine Levisse-Touzé, and Grégoire Kauffmann. *Les Résistants, vol. 2, Lucie Aubrac et l'armée des ombres*. Paris: Société Éditrice du Monde, 2012.

Fourcade, Marie-Madeleine. *L'Arche de Noé* [Noah's Ark]. Paris: Fayard, 1968.

Fussell, Paul. *The Boys' Crusade: The American Infantry in Northwestern Europe, 1944–1945*. New York: Modern Library, 2003.

Garcin, Jérôme. *Le Voyant* [The seer]. Paris: Gallimard, 2016.

Gaulle, Charles de. *Mémoires de guerre: L'Appel, 1940–1942*. Paris: Plon, 1954.

Gaulle-Anthonioz de, Geneviève. *La Traversée de la nuit* [Crossing the night]. Paris: Éditions du Seuil, 2001.

Gensburger, Sarah, and Collectif. *C'étaient des enfants: Déportation et sauvetage des enfants juifs à Paris*. Paris: Skira, 2012.

Gildea, Robert. *Marianne in Chains: Everyday Life in the French Heartland under the German Occupation*. New York: Metropolitan Books, 2003.

———. "Resistance, Reprisals, and Community in Occupied France." *Transactions of the Royal Historical Society* 13 (December 2003): 163–185.

———. *Fighters in the Shadows: A New History of the French Resistance*. Cambridge, MA: Belknap Press of Harvard University Press, 2015.

Gilzmer, Mechtild, Christine Levisse-Touzé, and Stefan Martens. *Actes du colloque international de Berlin, 8–10 octobre: Les Femmes dans la Résistance en France*. Paris: Tallandier, 2003.

Giolitto, Pierre. *Histoire de la jeunesse sous Vichy*. Paris: Perrin, 1991.

———. *Histoire de la Milice*. Paris: Perrin, 1997, 2002.

Girard, Claire. *Lettres de Claire Girard: Fusillée par les Allemands le 17 août 1944*. Paris: Roger Lescaret, 1954.

Glass, Charles. *Americans in Paris: Life and Death under Nazi Occupation*. New York: Penguin Press, 2010.

Goldhagen, Daniel Jonah. *Hitler's Willing Executioners: Ordinary Germans and the Holocaust*. New York: Alfred A. Knopf, 1996.

Goldman, Pierre. *Souvenirs obscurs d'un Juif polonais né en France*. Paris: Éditions du Seuil, 1975.

Granet, Marie. *Les Jeunes dans la Résistance*. Paris: France Empire, 1996.

Grenard, Fabrice, Jean-Pierre Azéma. *Les Français sous l'Occupation en 100 questions* [The French under Occupation in 100 questions]. Paris: Tallandier, 2016.

Guéhenno, Jean. *Journal des années noires, 1940–1944*. Paris: Gallimard, 2002.

———. *Diary of the Dark Years, 1940–1944: Collaboration, Resistance, and Daily Life in Occupied Paris*. Translated by David Ball. New York and Oxford: Oxford University Press, 2016.

Guéno, Jean-Pierre, ed. *Paroles d'étoiles: Mémoire d'enfants cachés*. Paris: Radio France, 2002.

———, ed. *Paroles de l'ombre: Lettres, carnets, et récits des Français sous l'Occupation, 1939–1945*. Paris: E. J. L., 2009.

———, ed. *Paroles d'exode, mai–juin 1940: Lettres et témoignages des Français sur les routes*. Paris: E. J. L., 2015.

Guérin, Alain, Marie-Madeleine Fourcade, and Henri Rol-Tanguy. *Chronique de la Résistance*. Paris: Omnibus, 2000.

Guidez, Guylaine. *Femmes dans la guerre, 1939–1945*. Paris: Perrin, 1989.

Halls, W. D. *The Youth of Vichy France*. Oxford: Clarendon Press, 1981.

Hanley, Boniface. *The Last Human Face: Franz Stock, A Priest in Hitler's Army*. Self-published, 2010.

Hervet, Robert. *Les Chantiers de la jeunesse*. Paris: Éditions France-Empire, 1962.

Hirsch, Jean-Raphaël. *Réveille-toi papa, c'est fini!* [Wake up papa, it's over!]. Paris: Albin Michel, 2014.

L' Histoire. *Les Collabos*. Paris: Arthème Fayard, 2011.

Holban, Boris. *Testament: Après quarante-cinq ans de silence, le chef militaire des FTP-MOI de Paris parle*. Paris: Calmann-Lévy, 1989.

Humbert, Agnes. *Resistance: A Frenchwoman's Journal of the War*. Translated by Barbara Mellor. New York: Bloomsbury USA, 2008.

Huot, Paul. *J'avais 20 ans en 1943: Les Chantiers de [la] Jeunesse, le Maquis, le Commando de Cluny . . .* [I was 20 years old in 1943]. Bayonne: Éditions Jakin, 1996.

Hyman, Paula. *De Dreyfus à Vichy*. Paris: Arthème Fayard, 1985.

Jackson, Jeffrey H. *Making Jazz French: Music and Modern Life in Interwar Paris*. Durham, NC: Duke University Press, 2003.

Jackson, Julian. *The Popular Front in France: Defending Democracy, 1934–1938*. Cambridge: Cambridge University Press, 1988.

———. *France: The Dark Years, 1940–1944*. Oxford: Oxford University Press, 2001.

———. *De Gaulle*. Cambridge, MA: Belknap Press of Harvard University Press, 2018.

Jamet, Dominique. *Un Petit Parisien, 1941–1945*. Paris: Flammarion, 2000.

Josephson, Hannah, and Malcolm Cowley, eds. *Aragon: Poet of the French Resistance*. New

York: Duell, Sloan and Pearce, 1945.

Jouhandeau, Marcel. *Journal sous l'Occupation*, followed by *La Courbe de nos angoisses*. Paris: Gallimard, 1980.

Kaiser, Charles. *The Cost of Courage*. New York: Other Press, 2015.

Kaminsky, Sarah. *Adolfo Kaminsky: Une Vie de faussaire*. Paris: Calmann-Lévy, 2009.

———. *Adolfo Kaminsky: A Forger's Life*. Translated by Mike Mitchell. Los Angeles: Doppel House Press, 2016.

Kaufmann, J. E., and H. W. Kaufmann. *Fortress France: The Maginot Line and French Defenses in World War II*. Westport, CT: Praeger Security International, 2006.

Kedward, H.R. *In Search of the Maquis: Rural Resistance in Southern France, 1942–1944*. Oxford: Oxford University Press, 1993.

———. *Occupation and Resistance During World War II*. Oxford: Oxford University Press, 2005.

Kersaudy, François. *De Gaulle et Churchill*. Paris: Perrin, 2003.

Kershaw, Ian. *Hitler, 1889–1936: Hubris*. New York: W. W. Norton, 1999.

———. *Hitler, 1936–1945: Nemesis*. New York: W. W. Norton, 2000.

Klarsfeld, Beate, and Serge Klarsfeld. *Mémoires*. Paris: Flammarion/Arthème Fayard, 2015.

Kofman, Sarah. *Rue Ordener, rue Labat*. Paris: Galilée, 1994.

———. *Rue Ordener, Rue Labat*. Translated by Ann Smock. Lincoln, NE: University of Nebraska Press, 1996.

Kriegel, Annie. *Résistants communistes et Juifs persécutés: Réflexion sur les questions juives*. Paris: Hachette, 1984.

———. *Adolescente dans la Résistance communiste juive: Grenoble 1942–1944*. Paris: Éditions de la Fondation Nationale des Sciences Politiques, 1989.

———. *Ce que j'ai cru comprendre* [What I thought I knew]. Paris: Robert Laffont, 1991.

Krivopissco, Guy. *Les Fusillés de la Cascade du Bois de Boulogne, 16 août 1944*. Paris: Mairie de Paris, 2000.

———. *La Vie à en mourir: Lettres de fusillés (1941–1944)* [To love life to death: Letters from the executed, 1941–1944]. Paris: Tallandier, 2006.

Kupferman, Fred. *Pierre Laval*. Paris: Tallandier, 2016.

Laborie, Pierre. *L'Opinion française sous Vichy*. Paris: Éditions du Seuil, 2001.

———. *Les Français des années troubles: De la Guerre d'Espagne à la Libération*. Paris: Desclée de Brouwer, 2001.

———. *Les Mots de 39–45*. Toulouse: Presses Universitaires du Mirail, 2006.

————. *Le Chagrin et le venin: La France sous l'Occupation, mémoire et idées reçues*. Montrouge: Bayard, 2011.

Lajournade, Michèle. "[Jean] Lajournade Biography." Unpublished manuscript, n.d.

Laqueur, Walter, and Judith Tydor Baumel-Schwartz. *The Holocaust Encyclopedia*. New Haven, CT: Yale University Press, 2001.

Latour, Anny. *La Résistance juive en France (1940–1944)*. Paris: Stock, 1970.

Lefébure, Antoine. *Les Conversations secrètes des Français sous l'Occupation*. Paris: Plon, 1993.

Legrand, Freddy, and Antoine Bruneau. *Journal d'un collabo ordinaire*. Paris: Éditions Jourdan, 2018.

Lehr, Johanna. *De l'École au maquis: La Résistance juive en France*. Paris: Éditions Vendémiaire, 2014.

Leleu, Jean-Luc, Françoise Passera, and Jean Quellien. *La France pendant la Seconde Guerre Mondiale: Atlas historique*. Paris: Arthème Fayard, 2010.

Lévy, Claude. *Les Parias de la Résistance* [The Pariahs of the Resistance]. Paris: Calmann-Lévy, 1970.

Lévy, Claude, Paul Tillard, and Joseph Kessel. *La Grande rafle du Vél d'Hiv*. Paris: Tallandier, 2010.

L'Humanité. "50 otages fusillés à Nantes et 50 à Bordeaux par les Allemands." *L'Humanité* 135 (November 1941), http://archive.wikiwix.com/cache/? url=http%3A%2F%2Fitinerai resdecitoyennete.org%2Fjournees%2F22_oct%2Fimages%2Fhumanite.jpg.

Lloyd, Christopher. *Collaboration and Resistance in Occupied France: Representing Treason and Sacrifice*. New York: Palgrave Macmillan, 2004.

Loiseau, Jean-Claude. *Les Zazous*. Paris: Le Sagittaire, 1977.

Lottman, Herbert R. *The Fall of Paris: June 1940*. New York: HarperCollins, 1992.

Loubes, Olivier, Frédérique Neau-Dufour, Guillaume Piketty, and Tzvetan Todorov. *Pierre Brossolette, Geneviève de Gaulle Anthonioz, Germaine Tillion, et Jean Zay au Panthéon*. Preface by Mona Ozouf. Paris: Textuel, 2015.

Luneau, Aurélie, and Jean-Louis Crémieux-Brilhac. *Radio Londres*. Paris: Tempus Perrin, 2010.

————. *Je vous écris de France: Lettres inédites à la BBC, 1940–1944*. Paris: Points, 2016.

Lusseyran, Jacques. *Ce que l'on voit sans les yeux*. Paris: Cahiers de l'Unitisme, 1958.

————. *And There Was Light: Autobiography of Jacques Lusseyran, Blind Hero of the French Resistance*. New York: Parabola, 1998.

———. *What One Sees without Eyes: Selected Writings of Jacques Lusseyran*. Edinburgh: Floris Books, 1999.

———. *Against the Pollution of the I: Selected Writings*. Introduction by Christopher Bamford. Sandpoint, ID: Morning Light Press, 2006.

———. *Le Monde commence aujourd'hui*. 1959; reprint, Paris: Silène, 2012.

———. *Et la lumière fut*. Preface by Jacqueline Pardon. Paris: Folio, 2016.

Mairie de Paris. *Les 11,4000 enfants juifs déportés de France, juin 1942–août 1944*. Paris: Mairie de Paris, 2007.

Malraux, André. *Entre ici, Jean Moulin: Discours d'André Malraux, Ministre d'état chargé des affaires culturelles, lors du transfert des cendres de Jean Moulin au Panthéon, 19 décembre 1964*. Paris: Éditions Points, 2010.

Marcot, François, Bruno Leroux and Christine Levisse-Touzé. *Dictionnaire historique de la Résistance: Résistance intérieure et France libre*. Paris: Robert Laffont, 2006.

Marianne. "Les Résistances juives durant la Seconde Guerre Mondiale." *Marianne* (May 2015).

Marrus, Michael Robert, and Robert O. Paxton. *Vichy France and the Jews*. New York: Basic Books, 1981.

Martin, Jeanne-Marie. *Portraits de résistants*. Paris: J'ai Lu, 2015.

Martinez, Gilles, and Gilles Scotto di Covella. *La France de 1939 à 1945: Le Régime de Vichy, l'Occupation, la Libération*. Paris: Éditions du Seuil, 1997.

Matot, Bertrand. *La Guerre des cancres: Un Lycée au coeur de la Résistance et de la Collaboration* [War of the dunces: A high school at the heart of the Resistance and the Collaboration]. Preface by Patrick Modiano. Paris: Perrin, 2010.

May, Ernest R. *Strange Victory: Hitler's Conquest of France*. New York: Hill and Wang, 2000.

McCauley, Clark, and Sophia Moskalenko. "Understanding Political Radicalization: The Two-Pyramids Model." *American Psychologist* 72, no. 3 (April 2017): 205–216.

Meyers, Mark. "Feminizing Fascist Men: Crowd Psychology, Gender, and Sexuality in French Antifascism, 1929–1945." *French Historical Studies* 29, no. 1 (February 1, 2006): 109–142.

Mitchell, Allan. *Nazi Paris: The History of an Occupation, 1940–1944*. New York: Berghahn Books, 2008.

Modern Mechanix. "France Builds World's Greatest Defense System." *Modern Mechanix* (March 1931): 58–59. Archived and posted March 23, 2011, at: http://blog. modernmechanix.com/francebuilds-worlds-greatest-defense-system/ (accessed March

27, 2018).

Modiano, Patrick. *Dora Bruder*. Paris: Gallimard, 1997.

———. *Dora Bruder*. Translated by Joanna Komartin. Berkeley, CA: University of California Press, 1999.

———. *Discours à l'Académie suédoise* (Nobel lecture, December 7, 2014). Paris: Gallimard, 2015.

Monod, Alain. *Le Réseau du Museé de l'Homme: Une Résistance pionnière, 1940–1942*. Paris: Riveneuve Éditions, 2015.

Moorehead, Caroline. *A Train in Winter: An Extraordinary Story of Women, Friendship, and Resistance in Occupied France*. New York: Harper Perennial, 2012.

Mosier, John. *The Blitzkrieg Myth: How Hitler and the Allies Misread the Strategic Realities of World War II*. New York: HarperCollins, 2003.

Muller, Annette. *La Petite Fille du Vél d'Hiv*. Paris: Livre de Poche Jeunesse, 2014.

Muracciole, Jean-François, and Guillaume Piketty. *Encyclopédie de la Seconde Guerre mondiale*. Paris: Bouquins, 2015.

Naïtchenko, Maroussia. *Une Jeune Fille en guerre: La Lutte antifasciste d'une génération* [A girl at war: The antifascist struggle of a generation]. Preface by Gilles Perrault. Paris: Imago, 2003.

Noguères, Henri. *En France au temps du Front populaire: 1935–1938*. Paris: Hachette, 1977.

———. *La Vie quotidienne en France au temps du Front populaire, 1935–1938*. Paris: Hachette, 1977.

———. *La Vie quotidienne des résistants de l'armistice à la Libération, 1940–1945*. Paris: Hachette, 1984.

Oberski, Jona, and Jim Shepard. *Childhood*. Translated by Ralph Manheim. New York: Penguin Classics, 2014.

Oeuvre, L'. "Avis." *L'Oeuvre*. October 23, 1941.

Olson, Lynne. *Last Hope Island*. New York: Random House, 2017.

———. *Madame Fourcade's Secret War: The Daring Young Women Who Led France's Largest Spy Network Against Hitler*. New York: Random House, 2019.

Ophuls, Marcel, dir. *Le Chagrin et la pitié: Chronique d'une ville française sous l'Occupation*. Film, 1971.

Oppenheim, Daniel. *Des Adolescences au coeur de la Shoah*. Lormont: Le Bord de l'Eau, 2016.

Ory, Pascal. *Villes sous l'Occupation: L'Histoire des Français au quotidien*. Paris: Express

Roularta, 2012.

Ousby, Ian. *Occupation: The Ordeal of France, 1940–1944*. New York: Cooper Square Press, 2000.

Ouzoulias, Albert. *Les Bataillons de la jeunesse* [The Youth Battalions]. Paris: Éditions Sociales, 1969.

Paris-Musées. *1940: L'Année de tous les destins*. Paris: Paris-Musées, 2000.

Passera, Françoise. *Les Affiches de propagande: 1939–1945*. Caen: Mémorial de Caen, 2005.

Paxton, Robert O. *Parades and Politics at Vichy: The French Officer Corps under Marshal Pétain*. Princeton, NJ: Princeton University Press, 1966.

———. *Vichy France: Old Guard and New Order, 1940–1944*. New York: Alfred A. Knopf, 1972.

———. *The Anatomy of Fascism*. New York: Alfred A. Knopf, 2004.

Pearson, Chris. *Scarred Landscapes: War and Nature in Vichy France*. New York: Palgrave Macmillan, 2008.

Perrault, Gilles. *Dictionnaire amoureux de la Résistance*. Paris: Plon, 2014.

——— and Pierre Azéma. *Paris under the Occupation*. New York: Vendome Press, 1989.

Piketty, Guillaume. *Français en résistance: Carnets de guerre, correspondances, journaux personnels*. Paris: Robert Laffont, 2009.

Poliakov, Léon. *L'Étoile jaune*. Paris: Grancher, 1999.

Postel-Vinay, Anise. *Vivre* [To live]. Paris: Grasset, 2015.

Poznanski, Renée. "Reflections on Jewish Resistance and Jewish Resistants in France." *Jewish Social Studies* 1 (1995): 124–158.

———. *Jews in France during World War II*. Hanover, NH: Brandeis University Press/US Holocaust Memorial Museum, 2002.

———. *Propagandes et persécutions: La Résistance et le "problème juif," 1940–1944*. Paris: Arthème Fayard, 2008.

Preston, Paul. *The Spanish Civil War, 1936–1939*. New York: Grove Press, 1986.

Prost, Antoine. "Jeunesse et société dans la France de l'entre-deux-guerres." *Vingtième Siècle: Revue d'histoire* 13, no. 1 (1987): 35–44.

Pryce-Jones, David. *Paris in the Third Reich: A History of the German Occupation, 1940–1944*. New York: Holt, Rinehart and Winston, 1981.

Rajsfus, Maurice. *La Rafle du Vél d'Hiv*. Paris: Presses Universitaires de France, 2002.

———. *Opération Étoile jaune, followed by Jeudi noir*. Paris: Cherche Midi, 2002.

———. *Operation Yellow Star, followed by Black Thursday: The Roundup of July 16, 1942*.

Translated by Phyllis Aronoff and Mike Mitchell. Los Angeles: Doppel House Press, 2017.

Rancé, Christiane. *Simone Weil: Le Courage de l'impossible* [Simone Weil: Impossible courage]. Paris: Éditions du Seuil, 2009.

Rayski, Adam. *L'Affiche rouge: Une Victoire posthume.* Paris: Délégation à la Mémoire et à l'Information Historique, 1999.

Rearick, Charles. *The French in Love and War: Popular Culture in the Era of the World Wars.* New Haven, CT: Yale University Press, 1997.

Recchia, Holly E., and Cecilia Wainryb. "Youths Making Sense of Political Conflict: Considering Protective and Maladaptive Possibilities." *Human Development* 54, no. 1 (2011): 49–59.

Richert, Philippe, et al., eds. *Lettres de Malgré-nous: Témoignages d'incorporés de force alsaciens.* Strasbourg: La Nuée Bleue, 2012.

Riedweg, Eugène. *Les "Malgré-nous": Histoire de l'incorporation de force des Alsaciens-Mosellans dans l'armée allemande* [The "against our will": The history of the Alsatians-Mossellans forced to join the German army]. Strasbourg: La Nuée Bleue, 2008.

————. *Lettres de Malgrés-nous: Témoignages d'incorporés de force alsaciens.* Strasbourg: La Nuée Bleue, 2012.

Robrieux, Philippe. *L'Affaire Manouchian: Vie et mort d'un héros communiste.* Paris: Arthème Fayard, 1986.

Rosbottom, Ronald C. *When Paris Went Dark: The City of Light under German Occupation, 1940–1944.* New York : Little, Brown and Co., 2014.

Rossel-Kirschen, André, and Gilles Perrault. *Le Procès de la Maison de la Chimie (7 au 14 avril 1942): Contribution à l'histoire des débuts de la Résistance armée en France* [The trial at the Chemistry Palace (7 to 14 April 1942): Contibution to the history of the beginning of the armed resistance in France]. Paris: L'Harmattan, 2002.

————. *La Mort à quinze ans: Entretiens avec Gilles Perrault* [Death at fifteen: Interviews with Gilles Perrault]. Paris: Arthème Fayard, 2005.

Roussel, Eric. *Le Naufrage: 16 juin 1940.* Paris: Gallimard, 2009.

————. *Pierre Brossolette.* Paris: Arthème Fayard, 2011.

Rousso, Henry. *Le Syndrome de Vichy: 1944–198....* Paris: Éditions du Seuil, 1987.

————. *The Vichy Syndrome: History and Memory in France since 1944.* Cambridge, MA: Harvard University Press, 1991.

————. *La Seconde Guerre Mondiale expliquée à ma fille.* Paris: Éditions du Seuil, 2013.

Rousso, Henry, and Henri Michel. *Le Régime de Vichy*. Paris: Presses Universitaires de France, 2007.

Ruffin, Raymond. *Journal d'un J3* [Journal of a J3 adolescent]. Paris: Presses de la Cité, 1979.

Sabbagh, Antoine. *Lettres de Drancy*. Paris: Tallandier, 2002.

Sainclivier, Jacqueline, et al. *La Résistance et les Français: Enjeux stratégiques et environnement social*. Proceedings of the symposium "La Résistance et les Français: Le Poids de la stratégie, résistance, et société." Rennes: Presses Universitaires de Rennes, 1995.

Saint-Exupéry, Antoine de. *Pilote de guerre*. Paris: Gallimard, 1972.

Sajer, Guy. *The Forgotten Soldier*. New York: Harper & Row, 1971.

Salat-Baroux, Frédéric. *De Gaulle–Pétain: Le Destin, la blessure, la leçon*. Paris: Tallandier, 2013.

Sartre, Jean-Paul, and Chris Turner. *The Aftermath of War (Situations III)*. London and New York: Seagull Books, 2008.

Schiff, Stacy. *Saint-Exupéry: A Biography*. New York: Henry Holt, 2006.

Schroeder, Liliane. *Journal d'occupation, Paris, 1940–1944: Chronique au jour le jour d'une époque oubliée*. Paris: François-Xavier de Guibert, 2000.

Schwab, Thomas J. *Experiences of My French Jewish Family under German Occupation 1940–1944*. Unpublished manuscript, 2002.

Semelin, Jacques. *Persécutions et entraides dans la France occupée: Comment 75% des Juifs de France ont échappé à la mort*. Paris: Éditions du Seuil/Éditions des Arènes, 2013.

———. *The Survival of the Jews in France, 1940–1944*. Preface by Serge Klarsfeld. Oxford: Oxford University Press, 2019.

Snyder, Timothy. *On Tyranny: Twenty Lessons from the Twentieth Century*. New York: Tim Duggan Books, 2017.

Soo, Scott. *The Routes to Exile: France and the Spanish Civil War Refugees, 1939–2009*. Studies in Modern French History. Manchester: Manchester University Press, 2013.

Soucy, Robert. *French Fascism: The Second Wave, 1933–1939*. New Haven, CT: Yale University Press, 1995.

Soudagne, Jean-Pascal. *L'Histoire de la Ligne Maginot* [The story of the Maginot Line]. Rennes, Lille: Éditions Ouest-France, 2016.

Stern, Thomas. *Thomas et son ombre* [Thomas and his ghost]. Paris: Grasset, 2015.

Stock, Franz. *Journal de guerre: Écrits inédits de l'aumônier du Mont Valérien* [War journal:

Unpublished writings of the priest of Mont Valérien]. Translated (from the German) by Valentine Meunier, preface by Étienne François. Paris: Éditions du Cerf, 2017.

Stovall, Tyler. *Paris Noir: African Americans in the City of Light*. Boston: Houghton Mifflin, 1996.

Sudey, Robert. *Ma Guerre à moi: Résistant et maquisard en Dordogne* [My own war: Resister and member of the Maquis in Dordogne]. Périgueux: Décal'âge Productions Éditions, 2013.

Suleiman, Susan Rubin. *The Némirovsky Question: The Life, Death, and Legacy of a Jewish Writer in 20th-Century France*. New Haven, CT: Yale University Press, 2016.

Sullerot, Évelyne. *Nous avions 15 ans en 1940* [We were 15 in 1940]. Paris: Arthème Fayard, 2010.

Taflinger, Nicole H. *Season of Suffering: Coming of Age in Occupied France, 1940-1945*. Pullman, WA: Washington State University Press, 2010.

Taïeb, Karen, and Tatiana de Rosnay. *Je vous écris du Vél d'Hiv: Les Lettres retrouvées*. Paris: J'ai Lu, 2012.

Tandonnet, Maxime. *1940: Un autre 11 novembre* [1940: Another November 11]. Tallandier, 2009.

Texcier, Jean. *Écrit dans la nuit*. Paris: La Nouvelle Édition, 1945.

Thibault, Laurence, and Jean-Marie Delabre. *Les Jeunes et la Résistance*. Cahiers de la Résistance. Paris: La Documentation Française, 2007.

Thoraval, Anne. *Paris, les lieux de la Résistance: La Vie quotidienne de l'armée des ombres dans la capitale*. Paris: Parigramme, 2007.

Todorov, Tzvetan, and René Sadrin. *Une Tragédie française: Été 44: Scènes de guerre civile*, followed by *Souvenirs d'un maire*. Paris: Éditions du Seuil, 1994.

Torgovnick, Marianna. *The War Complex: World War II in Our Time*. Chicago: University of Chicago Press, 2005.

Torrès, Tereska. *Une Française libre: Journal 1939-1945*. Paris: France Loisirs, 2002.

Triboit, Philippe, dir. *Un Village français*. Television series, 2009-2017.

Tumblety, Joan. *Remaking the Male Body: Masculinity and the Uses of Physical Culture in Interwar and Vichy France*. Oxford: Oxford University Press, 2012.

Union des Femmes Françaises. "Les Femmes dans la Résistance." *Symposium proceedings, Paris, La Sorbonne, 22-23 November 1975*. Monaco: Éditions du Rocher, 1977.

Vegh, Claudine, Bruno Bettelheim. *Je ne lui ai pas dit au revoir: Des Enfants de déportés parlent*. Paris: Gallimard, 1996.

Veil, Simone. *Une Vie, une jeunesse au temps de la Shoah.* Paris: Le Livre de Poche, 2010.

Vergez-Chaignon, Bénédicte. *Les Vichysto-résistants.* Paris: Perrin, 2008.

———. La Résistance. Paris: Éditions Métive, 2016.

Verny, Françoise. *Serons-nous vivantes le 2 janvier 1950?* Paris: Grasset, 2005.

Vincenot, Alain. *Les Larmes de la rue des Rosiers.* Paris: Éditions des Syrtes, 2010.

Vinen, Richard. *The Unfree French: Life under the Occupation.* New Haven, CT: Yale University Press, 2006.

Walzer, Michael. *Just and Unjust Wars: A Moral Argument with Historical Illustrations.* 1977; 5th ed., New York: Basic Books, 2015.

Weber, Eugen Joseph. *The Hollow Years: France in the 1930s.* New York: W. W. Norton, 1996.

Weinberg, David H. *Les Juifs à Paris de 1933 à 1939.* Paris: Calmann-Lévy, 1974.

Weisman, Joseph, and Caroline Andrieu. *Après la rafle.* Paris: J'ai Lu, 2013.

Weitz, Margaret Collins. *Sisters in the Resistance: How Women Fought to Free France, 1940–1945.* New York: John Wiley & Sons, 1995.

Whitney, Susan B. "Embracing the Status Quo: French Communists, Young Women, and the Popular Front." *Journal of Social History* 30, no. 1 (1996): 29–53.

———. *Mobilizing Youth: Communists and Catholics in Interwar France.* Durham, NC: Duke University Press, 2009.

Wieder, Thomas. "Daniel Cordier: De Jean Moulin à la jeunesse d'aujourd'hui, la leçon de vie d'un homme libre." *Le Monde*, May 9, 2018, https://www.lemonde.fr/idees/article/2018/05/09/danielcordier-il-faut-etre-optimiste_5296372_3232.html.

Wieviorka, Annette. *Ils étaient Juifs, résistants, communistes* [They were Jews, resisters, Communists]. Paris: Perrin, 1986.

———. *Auschwitz expliqué à ma fille.* Paris: Éditions du Seuil, 1999.

Wieviorka, Olivier. *Une Certaine idée de la Résistance.* Paris: Éditions du Seuil, 1995.

———. *"La Résistance: Une Affaire de jeunes?"* [The Resistance: A youthful business?]. In *Être jeune en France*, edited by Jean-William Déreymez. Paris: L'Harmattan, 2001, 241–253.

———. *La Mémoire désunie: Le Souvenir politique des années sombres, de la Libération à nos jours.* Paris: Éditions du Seuil, 2010.

———. *Divided Memory: French Recollections of World War II, from the Liberation until the Present.* Translated by George Holoch. Stanford, CA: Stanford University Press, 2012.

———. *Histoire de la Résistance, 1940–1945.* Paris: Perrin, 2013.

Wieviorka, Olivier, and Jean Lopez. *Les Mythes de la Seconde Guerre Mondiale*. Paris: Perrin, 2015.

Wlasskikoff, Michel, and Philippe Delangle. *Signes de la Collaboration et de la Résistance*. Preface by Jean-Pierre Azéma, presentation by Jean-Pierre Greff. Paris: Éditions Autrement, 2002.

Wohl, Robert. *The Spectacle of Flight: Aviation and the Western Imagination, 1920–1950*. New Haven, CT: Yale University Press, 2005.

Young, James Edward. *The Texture of Memory: Holocaust Memorials and Meaning*. New Haven, CT: Yale University Press, 1993.

———. *At Memory's Edge: After-Images of the Holocaust in Contemporary Art and Architecture*. New Haven, CT: Yale University Press, 2000.

Zaidman, Annette. *Mémoire d'une enfance volée: 1938–1948*. Paris: Ramsay, 2002.

Zajde, Nathalie. *Les Enfants cachés en France*. Paris: Odile Jacob, 2012.

Zwerin, Mike. *Swing under the Nazis: Jazz as a Metaphor for Freedom*. New York: Cooper Square Press, 2000.

题 词

Introduction: Jay Falk, quoted in reference to an American high school shooting in which seventeen students and staff were killed. Matt Flegenheimer and Jess Bidgood, "After Gun Control Marches, 'It'll Go Away' vs. 'We Are Not Cynical Yet,'" in *New York Times*, April 2, 2018, A10.

Chapter 1: Jean Paulhan, *The Bee*. This first appeared in a clandestine paper called *Les Cahiers de Libération* in February of 1944 in a piece called "The Bee," written under the codename "Juste."

Chapter 2: Eugen Weber, *The Hollow Years*.

Chapter 3: Évelyne Sullerot, *Nous avions 15 ans in 1940*.

Chapter 4: Jacques Lusseyran, *And There Was Light*.

Chapter 5: Raymond Ruffin, *Journal d'un J3*.

Chapter 6: Guy Sajer, *The Forgotten Soldier*.

Chapter 7: Timothy Snyder, *On Tyranny*.

Chapter 8: Marie-Madeleine Fourcade, *L'Arche de Noé* (Noah's Ark).

Conclusion: Patrick Modiano, Nobel Prize in Literature acceptance speech, 2015.

注　释

导　言

1. Jay Falk, quoted in reference to an American high school shooting in which seventeen students and staff were killed. Matt Flegenheimer and Jess Bidgood, "After Gun Control Marches, 'It'll Go Away' vs. 'We Are Not Cynical Yet,'" in *New York Times*, April 2, 2018, A10.

2. Agence-France Presse, "Marine Le Pen Denies French Role in Wartime Roundup of Paris Jews,"*Guardian*, April 9, 2017, https://www.theguardian.com/world/2017/apr/09/marine-le-pen-deniesfrench-role-wartime-roundup-paris-jews.

3. François Broche, *Où était la France? Vél d'Hiv, juillet 1942* (Paris: Pierre-Guillaume de Roux, 2017), 157–158. All translations from the French in this book are mine, unless otherwise noted.

4. Alya Aglan, *Le Temps de la Résistance* (Arles: Actes Sud, 2008).

5. For this and other statistics about the Free French, see the excellent illustrated "atlas" of wartime France by Sébastien Albertelli, *Atlas de la France libre: De Gaulle et la France libre: Une Aventure politique* (Paris: Éditions Autrement, 2011). Figures cited here are found on pp. 12, 16.

6. Timothy Snyder, *On Tyranny: Twenty Lessons from the Twentieth Century* (New York: Tim Duggan Books, 2017), 84.

7. Holly E. Recchia and Cecilia Wainryb, "Youths Making Sense of Political Conflict: Considering Protective and Maladaptive Possibilities,"*Human Development* 54, no. 1 (2011): 51.

第一章　"现在！"

1. For a detailed history of this complex period, see Julian Jackson, *The Popular Front in France: Defending Democracy, 1934–1938* (Cambridge: Cambridge University Press, 1988).

2. For a remarkable description of how persistent and successful the Brigades were, see

Annette Wieviorka, *Ils étaient Juifs, résistants, communistes* (Paris: Perrin, 2018), esp. 211–236.

3. Some of this information has come from the punctiliously detailed study by Jean-Marc Berlière and Franck Liaigre, *L'Affaire Guy Môquet: Enquête sur une mystification officielle* (Paris: Larousse, 2009).

4. Ibid., 113.

5. Gaël Eismann, *Hôtel Majestic: Ordre et sécurité en France occupée (1940–1944)* (Paris: Tallandier, 2010), 311.

6. Berlière and Liaigre, *L'Affaire Guy Môquet*, 114.

7. Ibid., 122.

8. Pierre-Louis Basse, *Guy Môquet, une enfance fusillée* (Paris: Éditions Stock, 2000), 148–149.

9. Hannah Josephson and Malcolm Cowley, eds., *Aragon: Poet of the French Resistance* (New York: Duell, Sloan and Pearce, 1945), 137.

10. Ibid., 139.

11. Ibid., 68.

12. Basse, *Guy Môquet*, 27.

13. Albert Ouzoulias, *Les Bataillons de la jeunesse* (Paris: Éditions Sociales, 1969), 345.

14. "Maurice Druon: 'Pourquoi je lirai cette lettre,'"*Figaro*, October 22, 2001, http://www.lefigaro.fr/actualites/2007/10/22/01001-20071022ARTFIG90088-maurice_druon_pourquoi_je_lirai_cette_lettre.php.

第二章　在 20 世纪 30 年代长大成人

1. Boniface Hanley, *The Last Human Face: Franz Stock, A Priest in Hitler's Army* (privately published, 2010), 61.

2. Robert Wohl, *The Spectacle of Flight: Aviation and the Western Imagination, 1920–1950* (New Haven, CT: Yale University Press, 2005), 2–4.

3. Karen Fiss, "Cinema in the 1930s: Exile as Experience and Metaphor," in *Encounters with the 1930s* (exhibition catalog), ed. MNCARS Publications Department and La Fábrica (Madrid: La Fábrica, 2012), 251–264.

4. Charles Rearick, *The French in Love and War: Popular Culture in the Era of the World Wars* (New Haven, CT: Yale University Press, 1997), 142.

5. Eugen Joseph Weber, *The Hollow Years: France in the 1930s* (New York: W. W. Norton, 1996), 64.

6. Jean-Pascal Soudagne, *L'Histoire de la Ligne Maginot* (Rennes, Lille: Éditions Ouest-France, 2016), 26.

7. *Modern Mechanix*,"France Builds World's Greatest Defense System," *Modern Mechanix* (March 1931): 58–59.

8. Christiane Rancé, *Simone Weil: Le Courage de l'impossible* (Paris: Éditions du Seuil, 2009), 49.

9. Fred Kupferman, in his excellent biography of Laval, recounts in detail the political and diplomatic confusion that Hitler caused by his impudent invasion. See Kupferman, *Pierre Laval* (Paris: Tallandier, 2016), 193–194.

10. There is much information about this "militarization" of the Latin Quarter in Henri Noguères, *La Vie quotidienne en France au temps du Front populaire, 1935–1938* (Paris: Hachette, 1977).

11. Robert Sudey, *Ma Guerre à moi: Résistant et maquisard en Dordogne* (Périgueux: Décal'âge Productions Éditions, 2013), 10.

12. Weber, *The Hollow Years*, 64–65.

13. Radio allocution, June 10, 1936, *Sport* (17 June 1936): 3.

14. Joan Tumblety, *Remaking the Male Body: Masculinity and the Uses of Physical Culture in Interwar and Vichy France* (Oxford: Oxford University Press, 2012), 79.

15. Ibid.

第三章　到底发生了什么？

1. Évelyne Sullerot, *Nous avions 15 ans en 1940* (Paris: Arthème Fayard, 2010), 30.

2. Ibid., 72.

3. Ibid., 75.

4. Michèle Lajournade, "[Jean] Lajournade Biography" (unpublished typescript), 19.

5. Marc Bloch, *L'Étrange défaite: Témoignage écrit en 1940* (Paris: Gallimard, 1990), 55.

6. Ibid., 67.

7. John Mosier, *The Blitzkrieg Myth: How Hitler and the Allies Misread the Strategic Realities of World War II* (New York: HarperCollins, 2003), 284, 287.

8. See Lynne Olson, *Last Hope Island* (New York: Random House, 2017), an absorbing narrative about those exiled governments and their effectiveness during the war.

9. Jean-Louis Crémieux-Brilhac, *La France libre: De l'Appel du 18 juin à la Libération* (Paris: Gallimard, 1996), 98, 101.

10. Sullerot, *Nous avions 15 ans en 1940*, 85.

11. See Robert O. Paxton, *Parades and Politics at Vichy: The French Officer Corps under Marshal Pétain* (Princeton, NJ: Princeton University Press, 1966), 23.

12. Fabrice Grenard, with Jean-Pierre Azéma, *Les Français sous l'Occupation en 100 questions* (Paris: Tallandier, 2016), 81.

13. See a fuller account of the Napoleon II fiasco in my *When Paris Went Dark: The City of Light under German Occupation, 1940–1944* (New York: Little, Brown and Co., 2014), 113–116.

第四章　盲目的抵抗

1. Jacques Lusseyran, *And There Was Light: Autobiography of Jacques Lusseyran, Blind Hero of the French Resistance* (New York: Parabola, 1998), 15.

2. Jacques Lusseyran, *Against the Pollution of the I: Selected Writings*, introduction by Christopher Bamford (Sandpoint, ID: Morning Light Press, 2006), 13.

3. Lusseyran, *And There Was Light*, 59.

4. Lusseyran, *Against the Pollution of the* I, 84.

5. Lusseyran, *And There Was Light*, 147.

6. Ibid., 61.

7. Ibid., 106.

8. Ibid., 110.

9. Ibid., 160.

10. Lusseyran, *Against the Pollution of the* I, 34.

11. Lusseyran, *And There Was Light*, 145.

12. Annie Kriegel, *Ce que j'ai cru comprendre* (Paris: Robert Laffont, 1991), 178.

13. Bernard Matot, *La Guerre des cancres: Un Lycée au coeur de la Résistance et la Collaboration* (Paris: Perrin, 2010), 40–41.

14. Lusseyran, *And There Was Light*, 151.

15. Jérôme Garcin, *Le Voyant* (Paris: Gallimard, 2016), 62.

16. Lusseyran, *And There Was Light*, 145.

17. Ibid., 164

18. Ibid., 163.

19. Lusseyran, *Against the Pollution of the* I, 43.

20. Lusseyran, *And There Was Light*, 161.

21. For more on the impact of this new music, especially in France, see Tyler Stovall, *Paris Noir: African Americans in the City of Light* (Boston: Houghton Mifflin, 1996), 21–22.

22. Mike Zwerin, *Swing under the Nazis: Jazz as a Metaphor for Freedom* (New York: Cooper Square Press, 2000), 86.

23. Jeffrey H. Jackson, *Making Jazz French: Music and Modern Life in Interwar Paris* (Durham, NC: Duke University Press, 2003).

24. Jean-Claude Loiseau, *Les Zazous* (Paris: Le Sagittaire, 1977), 61.

25. Lusseyran, *And There Was Light*, 169.

26. Lusseyran, *Against the Pollution of the I*, 33.

27. Ibid.

28. Lusseyran, *And There Was Light*, 170.

29. Ibid., 171.

30. Ouzoulias, *Les Bataillons de la jeunesse*, 98.

31. Lusseyran, *And There Was Light*, 173.

32. Ibid., 225.

33. Ibid., 230.

34. Ibid., 181.

35. Ibid., 248.

36. Ibid., 251.

37. Ibid., 263.

38. Ibid., 267.

39. Ibid.

第五章　黑暗岁月里 J3 的生活

1. Raymond Ruffin, *Journal d'un J3* (Paris: Presses de la Cité, 1979), 250.

2. Jean-William Déreymez, ed., *Être jeune en France (1939–1945)* (Paris: L'Harmattan, 2001), 22–23.

3. Ruffin, *Journal d'un J3*, 11–13.

4. Ibid., 32.

5. Ibid., 54–55.

6. André Rossel-Kirschen and Gilles Perrault, *La Mort à quinze ans: Entretiens avec Gilles Perrault* (Paris: Arthème Fayard, 2005), 14. After the war, Kirschen used the pseudonym Rossel for his publishing and artistic ventures; later he adopted it permanently.

7. Ibid., 73.

8. Ibid., 37–38.

9. Maroussia Naïtchenko, *Une Jeune Fille en guerre: La Lutte antifasciste d'une génération*, preface by Gilles Perrault (Paris: Imago, 2003), 108.

10. Ibid., 127.

11. Ibid., 128.

12. Ibid., 151.

13. Eisman, *Hôtel Majestic*, 274.

14. Micheline Bood, *Les Années doubles: Journal d'une lycéenne sous l'Occupation*, introduction by Jacques Labib (Paris: Robert Laffont, 1974).

15. Ibid., 126.

16. Ibid., 118.

17. Ibid., 157.

18. Susan B. Whitney, *Mobilizing Youth: Communists and Catholics in Interwar France* (Durham, NC: Duke University Press, 2009), 243.

19. Matot, *La Guerre des cancres*, 84–85.

20. François Broche and Jean-François Muracciole, *Histoire de la Collaboration (1940–1945)* (Paris: Tallandier, 2017), 254.

21. This and other pertinent information about a rarely studied phenomenon may be found in Eugène Riedweg, *Les "Malgré-nous": Histoire de l'incorporation de force des Alsaciens-Mosellans dans l'armée allemande* (Strasbourg: La Nuée Bleue, 2008).

22. Ibid., 42.

23. Pauline Corday, *J'ai vécu dans Paris occupé* (Montréal: Éditions de l'Arbre, 1943), 193.

24. Paul Huot, *J'avais 20 ans en 1943: Les Chantiers de jeunesse, le Maquis, le Commando de Cluny* (Bayonne: Éditions Jakin, 1996), 38.

25. Roger Fichtenberg, *Journal d'un résistant juif dans le sud-ouest* (Paris: Éditions le Manuscrit, 2015), 43.

26. Ibid., 51–52.

27. Ibid., 63.

28. Ibid., 71.

29. Corday, *J'ai vécu dans Paris occupé*, 102.

30. This anecdote and the one about the Alsatian family named Muller were found in a fascinating exposition about women who lived through World War II and related their stories late in life. Composed of texts, photographs, and videos, the show was curated by Maureen Ragoucy, documentary photographer and videographer.

"Rappelle-toi, Barbara" was shown January 2–22, 2019, at the town hall of the eighth arrondissement in Paris.

31. Claude Lévy, *Les Parias de la Résistance* (Paris: Calmann-Lévy, 1970), 65–66.

32. Ibid, 67.

33. Fichtenberg, *Journal d'un résistant juif dans le sud-ouest*, 73.

34. Ibid.

35. Olivier Wieviorka, "La Résistance, une affaire de jeunes?," in Déreymez, *Être jeune en France*, 245.

36. Ruffin, *Journal d'un J3*, 72–74.

37. Ibid., 136.

38. Ibid., 137.

第六章　突如其来的勇气

1. Maxime Tandonnet, *1940: un autre 11 novembre* (Paris: Tallandier, 2009), 64.

2. Ibid., 90.

3. Jean Guéhenno, *Diary of the Dark Years, 1940–1944: Collaboration, Resistance, and Daily Life in Occupied Paris*, trans. David Ball (New York: Oxford University Press, 2015; first published as *Journal des anneés noires, 1940–1944* [Paris: Gallimard, 1947]), 34.

4. Ibid.

5. Rossel-Kirschen and Perrault, *La Mort à quinze ans*, 97.

6. Ibid., 98.

7. Ibid., 51.

8. Ibid., 54.

9. Paul Collette, *J'ai tiré sur Laval* (Caen: Ozanne & Compagnie, 1946), 13.

10. Ibid., 18.

11. Ibid., 27.

12. Ibid., 32.

13. Ibid., 50–51.

14. Robert Gildea, *Fighters in the Shadows: A New History of the French Resistance* (Cambridge, MA: Belknap Press of Harvard University Press, 2015), 45.

15. Much of the information in this section comes from Sarah Kaminsky's book, *Adolpho Kaminsky: Une Vie de faussaire* (Paris: Calmann-Lévy, 2009), published in the United States as *Adolpho Kaminsky: A Forger's Life*, trans. Mike Mitchell (Los

Angeles: Doppel House Press, 2016). For a brief documentary of Kaminsky's career, see Pamela Druckerman, "If I Sleep for an Hour, 30 People Will Die," *New York Times*, October 2, 2016, https://www.nytimes.com/2016/10/02/opinion/sunday/if-i-sleep-for-an-hour-30-people-will-die.html? smprod=nytcore-ipad&smid=nytcore-ipad-share.

16. Kaminsky, *Adolpho Kaminsky: A Forger's Life*, 23–24.
17. Ibid., 25.
18. Ibid., 34.
19. Jean-Raphaël Hirsch, *Réveille-toi papa, c'est fini!* (Paris: Albin Michel, 2014), 242.
20. Ibid., 292.
21. Ibid., 241.
22. Ibid., 200–201.
23. Ibid., 442.
24. François Charles, *Vie et mort de Poil de Carotte: Robert Lynen, acteur et résistant* (Strasbourg: La Nuée Bleue, 2002), 138.
25. Ibid., 89.
26. Ibid., 201.
27. Quite precise information has been gathered by Jean-Pierre Besse and Thomas Pouty in their *Les Fusillés: Répression et exécutions pendant l'Occupation, 1940–1944* (Paris: Les Éditions de l'Atelier, 2006). See especially pp. 181, 185–186.
28. Guy Krivopissko, ed., *La Vie à en mourir: Lettres de fusillés (1941–1944)* (Paris: Tallandier, 2006), 88–89.
29. Ibid., 88–91.
30. Ibid., 45.
31. Ibid., 47.
32. Ibid., 126–127.
33. Ibid., 164.

第七章 对抵抗运动的抵抗

1. Jean-Marc Berlière, *Policiers français sous l'Occupation* (Paris: Perrin, 2001, 2009), 7.
2. Michael Walzer, *Just and Unjust Wars: A Moral Argument with Historical Illustrations* (1977; 5th ed., New York: Basic Books, 2015), 178, 179.
3. Éric Alary, *Un Procès sous l'Occupation au Palais-Bourbon: Mars 1942* (Paris: Assemblée Nationale, 2000), 71.

4. André Rossel-Kirschen, *Le Procès de la Maison de la Chimie (7 au 14 avril 1942): Contribution à l'histoire des débuts de la Résistance armée en France* (Paris: L'Harmattan, 2002), 28.

5. Ibid.

6. Thomas Stern, *Thomas et son ombre* (Paris: Grasset, 2015), 199, 200. Thomas Elek has been the subject of another novel, *Le Tombeau de Tommy*, by Alain Blottière (Paris: Gallimard, 2009), about an actor who plays Elek in a film on his life.

7. Stéphane Courtois, Denis Peschanski, and Adam Rayski, *Le Sang de l'étranger: Les Immigrés de la MOI dans la Résistance* (Paris: Arthème Fayard, 1989), 363–364.

8. Hanley, *The Last Human Face*, 84.

9. Ibid., 140.

10. Christopher Browning, *Ordinary Men: Reserve Police Battalion 101 and the Final Solution in Poland* (New York: Harper Perennial, 1998), 182.

11. Ibid., 74, 76.

12. Franz Stock, *Journal de guerre: Écrits inédits de l'aumônier du Mont Valérien*, trans. Valentine Meunier, préface by Étienne François (Paris: Éditions du Cerf, 2017), 85–86.

13. Ibid., 80.

14. Ibid., 80–81.

15. Hanley, *The Last Human Face*, 235–236.

16. Lusseyran, *And There Was Light*, 278–279.

17. Ibid., 306–307.

第八章　抵抗运动有性别之分吗？

1. Michèle Cointet, *Les Françaises dans la guerre et l'Occupation* (Paris: Arthème Fayard, 2018), 160.

2. Caroline Moorehead, *A Train in Winter: An Extraordinary Story of Women, Friendship, and Resistance in Occupied France* (New York: Harper Perennial, 2011), 54.

3. Naïtchenko, *Une Jeune Fille en guerre*, 344.

4. Ibid., 325.

5. Ibid., 163.

6. Ibid., 173.

7. Ibid., 186.

8. Ibid., 214.

9. Ibid., 216.

10. Ibid., 241.

11. Ibid., 254, 216.

12. Ibid., 255.

13. Ibid., 345.

14. Ibid., 297.

15. Ibid., 382.

16. Ibid., 416.

17. Kriegel, *Ce que j'ai cru comprendre*, 103.

18. Ibid.

19. Ibid., 128, 179.

20. Ibid., 195.

21. Ibid., 227–228.

22. Geneviève de Gaulle-Anthonioz, *La Traversée de la nuit* (Paris: Éditions du Seuil, 1998), 42.

23. Ibid., 41, 48.

24. Ibid., 65–66.

25. Anise Postel-Vinay, Vivre (Paris: Grasset, 2015), 17.

26. Ibid., 20.

27. Ibid., 106.

结　语

1. Walzer, *Just and Unjust Wars*, 180.

2. Aglan, *La France défaite*, 13-14.

3. Bood, *Les Années doubles*, 314.

4. Jean-Marc Berlière and François Le Goarant de Tromelin, Liaisons dangereuses: *Miliciens, truands, résistants, Paris, 1944* (Paris: Perrin, 2015), 14.

5. Valerie Deacon, *The Extreme Right in the French Resistance: Members of the Cagoule and Corvignolles in the Second World War* (Baton Rouge: Louisiana State University Press, 2016), 179.

6. Kriegel, *Ce que j'ai cru comprendre*, 240.